Friedrich Weissensteiner • Berühmte Österreicher

FRIEDRICH WEISSENSTEINER

BERÜHMTE ÖSTERREICHER

50 PORTRÄTS
von Maria Theresia bis Helmut Qualtinger

Bildquellennachweis:

Imagno/Artothek: S. 25

Imagno/Austrian Archives: S. 10, 15, 56, 61, 66, 71, 76, 81, 96, 108, 113, 118, 123, 128, 154, 159, 164, 169, 237

Imagno/Viktor-Frankl-Institut: S. 211

Imagno/Interfoto: S. 20

Imagno/NB: S. 30, 40, 190, 196

Imagno/Barbara Pflaum: S. 45, 184, 252, 257, 262

Imagno/Nora Schuster: S. 50

Imagno/Ullstein: S. 35, 86, 91, 101, 133, 138, 143, 148, 201, 206, 216, 222, 227, 232, 242, 247

Imagno/Wiener Stadt- und Landesbibliothek: S. 174, 179

www.kremayr-scheriau.at

ISBN 978-3-218-00776-4
Copyright © 2007 by Buchverlage Kremayr & Scheriau/Orac, Wien
Alle Rechte vorbehalten
Schutzumschlaggestaltung: EBELING | Visuelle Kommunikation, Wien
Fotos auf dem Schutzumschlag: Imagno/Franz Hubmann (oben),
OEW/Trumler (unten)
Layout und Satz: Media & Grafik, Wien
Lektorat: Marie-Theres Pitner
Druck und Bindung: GGP Media GmbH, Pößneck

INHALT

VORWORT

Der zeitliche Bogen dieses Buches spannt sich von der Mitte des 18. Jahrhunderts bis in die unmittelbare Vergangenheit mit deutlich gegenwartsnäheren Bezügen. Das thematische Spektrum ist breit gefächert. Es umspannt sämtliche Bereiche, von der Politik bis zum Kabarett, von der Tonkunst und Malerei bis zur Verhaltensforschung und der Religionswissenschaft. Die Auswahl ist aus räumlichen Gründen begrenzt. Sie war schwer genug und hätte doppelt bis fünfmal so umfangreich sein können.

Die einzelnen Beiträge haben Porträtcharakter. Es sind literarische Miniaturen, die mit knappen Strichen die Konturen einer Persönlichkeit treffsicher darstellen, ihren Lebensweg nachzeichnen, ihren Charakter beleuchten und ihr Gesamtwerk skizzieren sollen. Ich hoffe, dass mir das im Großen und Ganzen gelungen ist.

Mit diesem Band beende ich meine jahrzehntelange schriftstellerische Tätigkeit. Mein Alter gebietet es. Ich werde kein neues Buch mehr schreiben. Es ist der letzte Beitrag in meinem Bemühen, das wechselvolle historische Geschick dieses Landes und seine kulturelle Ausstrahlung, vorwiegend mit dem Mittel der biografischen Darstellung, einem breiteren Interessentenkreis näher zu bringen. Ich danke meinen Leserinnen und Lesern, die mich auf Teilstrecken oder auf der ganzen Länge des Weges begleitet haben.

Wien, im März 2007
Dr. Friedrich Weissensteiner

HERRSCHER, STAATSMÄNNER UND POLITIKER

MARIA THERESIA

In der langen Dynastenreihe des Hauses Habsburg (-Lothringen) ist sie die einzige Frau. Aber ihr Name hat noch heute Leuchtkraft und ist im historischen Kollektivbewusstsein der Österreicher fest verankert. Maria Theresia, die „Magna Mater Austriae", ist eine Zentralgestalt der österreichischen Geschichte.

Die älteste Tochter Kaiser Karls VI. war eine starke Persönlichkeit mit prägnanten Charaktereigenschaften. Sie besaß eine wache Intelligenz, hatte einen gesunden Hausverstand, ein warm fühlendes Naturell, ein heiteres Temperament, war impulsiv, vital, selbstbewusst und lebensfroh.

Die Erzherzogin verbrachte am Wiener Kaiserhof eine unbeschwerte Kindheit und wuchs, vom gesellschaftlichen und politischen Getriebe größtenteils unbehelligt, zu einem anmutigen und lebhaften Mädchen heran. Schon als Teenager schwärmte sie für jenen Mann prinzlichen Geblüts, den sie mit wohlwollender Zustimmung des Vaters im Alter von kaum neunzehn Jahren heiratete und der zeitlebens ihr menschlicher Beziehungsmittelpunkt blieb: Franz Stephan von Lothringen. Es war eine ganz und gar unzeitgemäße und unzeremonielle Hochzeit, die im Februar 1736 in der Wiener Augustinerkirche und der Hofburg vonstatten ging, eine Liebesheirat ohne barocken Prunk und Pomp.

Knapp ein Jahr nach ihrer Vermählung brachte die Kaisertochter ihr erstes Kind zur Welt. In den nächsten zwei Jahrzehnten folgten im Abstand von ein bis zwei Jahren weitere Sprösslinge, insgesamt elf Töchter und fünf Söhne. Die habsburgische Landesmutter befand sich zwischen 1737 und 1756, als sie ihr letztes Kind namens Maximilian Franz gebar, ein wenig überspitzt formuliert, im Zustand permanenter Schwangerschaft.

Das Kinderkriegen war für Maria Theresia die natürlichste Sache der Welt. Die Kaisertochter war eine daseinsfreudige junge Frau, heiter, geradlinig, von entwaffnender Offenheit. Sie hatte ein ungestümes Temperament und war eine leidenschaftliche Tänzerin, sie liebte Bälle, vor allem Maskenbälle, vergnügte sich beim Karten- und Hasardspiel, gab sich genüsslich den Tafelfreuden hin, hatte eine Vorliebe für das Reiten und eine wahre Passion für das „Karussell", bei dem sie ihr sportliches Geschick und ihre Körperbeherrschung zu Schau stellte. Dieser Lebensstil war für eine Frau ihres Standes in der damaligen Zeit ungewöhnlich und trug ihr so manche Kritik seitens der Hofkreise ein.

Der um neun Jahre ältere Gemahl machte bei den Vergnügungen seiner Gattin mit. Er tanzte zwar nicht gerne, aber er war ein kluger, amüsanter Charmeur, dessen Vorliebe für das weibliche Geschlecht Maria Theresia noch so manchen Kummer bereiten sollte. Die Jahre unbeschwerter Lebensfreude fanden ein jähes Ende, als Kaiser Karl VI. am 20. Oktober 1740 unerwartet starb. Die politisch völlig unerfahrene Erzherzogin musste Hals über Kopf die Nachfolge im Habsburgerreich antreten. Keine zwei Monate nach Übernahme der Regierungsgeschäfte fiel Friedrich II. von Preußen mitten im Winter mit seiner schlagkräftigen Armee ohne Kriegserklärung in Schlesien ein, die Bayern besetzten Oberösterreich. Die militärische Lage schien hoffnungslos. Das Heer war in einem desolaten Zustand, die Staatskasse leer. Aber die junge Monarchin verzagte nicht. Mit entschlossener Tatkraft und zäher Energie nahm sei den Kampf mit ihren Gegnern auf, sprach ihren Heerführern und Beratern Mut zu, präsidierte Konferenzen mit ihren Ministern, studierte Akten, verfasste Denkschriften, gab Audienzen, traf schwer wiegende Entscheidungen, besuchte Gottesdienste und schenkte am 13. März 1741 einem Thronfolger, dem späteren Kaiser Josef II., das Leben. Maria Theresia behauptete ihr Erbe, wenn auch mit Verlusten. Schlesien musste sie schweren Herzens an Preußen abtreten, aber die Habsburgermonarchie blieb eine europäische Großmacht.

In den Jahren ihres beherzten Kampfes um den Bestand des Reiches reifte die junge Monarchin zu einer geachteten und geschätzten Herrscherpersönlichkeit heran Sie gewann in jeder Hinsicht an Statur. Aus einer zarten, vergnügungssüchtigen jungen Dame, die in den Tag hinein gelebt hatte, wurde unter der Leitung und den Anleitungen ihres Mentors, des portugiesischen Grafen Emanuel Silva-Tarouca, eine stattliche, pflichtbewusste Frau mit unverrückbaren Grundsätzen.

Nach der „Reform" ihrer persönlichen und dynastischen Lebensführung ging Maria Theresia mit Klugheit, Einfühlungsvermögen, Weitblick und staatsmännischem Geschick daran, aus der in vielen Bereichen rückständigen Habsburgermonarchie einen modernen Staat zu machen. Von den Reformen der Monarchin blieb mit Ausnahme Ungarns nichts und niemand verschont. Die gesamte Staatsverwaltung wurde neu organisiert und strukturiert, die Schlagkraft des Heeres erhöht, Adel und Geistlichkeit zur allgemeinen Steuerleistung herangezogen, die Leibeigenschaft gemildert, die Abgabenpflicht der Bauern an ihre Grundherren gemildert. Als Grundlage der Besteuerung diente der „Maria-Theresianische Kataster", ein Grundstücksverzeichnis, das sie anlegen ließ. Die Folter wurde abgeschafft, Handel und Gewerbe großzügig gefördert.

Eine grundlegende Reform erfuhr auch das Bildungswesen. Die Herrscherin erließ 1774 eine „Allgemeine Schulordnung", die alle Kinder ihres Reiches im Alter zwischen sechs und zwölf Jahren zur Teilnahme am Unterricht in einer Trivialschule (Volksschule) verpflichtete. In den höheren Schulen wurde der Einfluss der Kirche, vor allem der Jesuiten, in deren Händen auch die Universitätsausbildung lag, zurückgedrängt. Maria Theresia betrachtete die Schule als ein „Politicum", als Teil des öffentlichen Lebens. Mit ihrer persönlichen Einstellung zur Kirche und zur Religion hatte das absolut nichts zu tun. Sie war eine ausgesprochen fromme Frau, der die Gebote der römisch-katholischen Kirche als Richtschnur für ihre Lebensgestaltung dienten.

Bei allen ihren Reformen standen der Herrscherin tüchtige Ratgeber zur Seite, die sie mit geschickter Hand auszuwählen verstand (Sonnenfels, Felbiger, van Swieten, Haugwitz) und denen sie voll vertraute. Maria Theresia konnte Vertrauen und Liebe schenken. Das war eine ihrer größten Stärken – als Monarchin wie als Mensch.

Die Liebe, die sie in so reichem Maße verströmte, gehörte neben ihren Ländern, als deren allgemeine und erste Mutter sie sich fühlte, selbstverständlich auch ihrer Familie, dem Gemahl und ihren Kindern. Ihre Ehe war ein Liebesbund, auch wenn Franz Stephan ab und zu vom ehelichen Treuepfad abwich, was die sittenstrenge Gattin zwar in rasende Eifersucht versetzte, sie ihrem „Franzl" aber immer wieder verzieh.

Franz Stephan stand politisch völlig im Schatten seiner Gemahlin. Er trug zwar die Kaiserkrone und war rein formell Mitregent, aber das Regiment im Habsburgerreich führte sie. Der Gemahl wurde auf die Nebengeleise der Macht abgeschoben. Gutmütig, intelligent, aber nicht übermäßig gut gebildet, fand er sich nach anfänglichem Widerstreben damit ab. Von den Staatsgeschäften fern gehalten, fand der Kaiser, der den Ideen der Freimaurer nahe stand, Zuflucht und Selbstbestätigung bei seinen privaten Vorlieben. Franz Stephan war ein erfolgreicher, geradezu genialer Finanzmann und bedeutender Sammler, er besaß große landwirtschaftliche Güter und ein beträchtliches Vermögen.

Der plötzliche Tod ihres heiß geliebten „Alten" am 18. August 1765 stürzte Maria Theresia in einen Abgrund der Verzweiflung. Sie war ab diesem Zeitpunkt eine seelisch gebrochene Frau, das Leben hatte für sie seinen Sinn verloren. Ihre Trauer um den geliebten Gatten nahm geradezu antike Ausmaße an. Sie ließ sich das schöne, kaum ergraute Haar abschneiden, verschenkte ihren gesamten Schmuck und legte die Trauerkleidung zeitlebens nicht mehr ab.

Ihren Kindern, um die sie sich persönlich kümmerte, war Maria Theresia eine liebende, aber strenge und fordernde Mutter mit unverrückbaren Erziehungsgrundsätzen. Die Grundpfeiler ihres pädagogischen Credos waren Frömmigkeit, Gehorsam und Disziplin. Widerspruchsgeist und Starrköpfigkeit waren im maria-theresianischen Kinderzimmer absolut nicht gefragt. Die Herrscherin gab den Betreuern und Erziehern ihrer Sprösslinge genaue Instruktionen für ihre Tätigkeit und achtete streng auf deren Einhaltung. Von der absoluten Vorrangstellung des Mannes in Gesellschaft und Familie zutiefst überzeugt, wurden die kaiserlichen Söhne für ihre Aufgabe als künftige Herrscher sorgfältig und gründlich vorbereitet, während die Erziehung der Mädchen ganz auf ihre Rolle als Ehegattinnen zugeschnitten war. Die meisten ihrer Töchter hat Maria Theresia nach dynastischen Überlegungen an europäische Höfe verheiratet, ohne sich um ihre persönlichen Gefühle zu kümmern. Das mag, aus heutiger Sicht, verwerflich erscheinen, aber es lag durchaus im Zug der Zeit.

Maria Theresia gab ihren Kindern, wenn sie das elterliche Haus verließen, Lebensregeln und Verhaltensmaßnahmen mit auf den Weg, blieb mit ihnen in brieflicher Verbindung und scheute sich nicht, sie heftig zu rügen, wenn ihr deren Verhalten missfiel. Sie hörte ihr Leben lang nicht auf, auch die erwachsenen Söhne und Töchter zu bemuttern, zu belehren, zu loben und zu tadeln. Ihre Briefe sind voll von mütterlichen Ermahnungen, Vorwürfen, Rügen und Zurechtweisungen.

Natürlich musste das Leben auch nach dem Tod des geliebten Gemahls weiter gehen. Zum Mitregenten wurde über Vorschlag von Staatskanzler Wenzel Anton Kaunitz ihr ältester Sohn Josef ernannt. Jung, dynamisch und ehrgeizig versuchte Josef seine staatspolitischen Überlegungen, die in der Aufklärungsphilosophie des 18. Jahrhunderts wurzelten, in die Tat umzusetzen, stieß dabei jedoch auf den heftigen Widerspruch seiner Mutter. Maria Theresia gab die Zügel der Macht nicht aus der Hand. Es kam zu schweren, unüberwindbaren Konflikten. Mutter und Sohn trennten charakterliche und generationsbedingte Grundhaltungen in ihrer Einstellung zum Leben, zur Gesellschaft, zur Religion. Der tatenlustige Mitregent wollte die Welt verändern, die lebens- und welterfahrene Herrscherin sehnte sich nach Ruhe. Vor allem in außenpolitischen Fragen, der Annäherung an Preußen, der Teilung Polens und den Plänen Josefs, die österreichischen Niederlande gegen Bayern einzutauschen, stießen die gegensätzlichen Meinungen heftig aufeinander.

Maria Theresia war nicht frei von Schwächen. Sie war herrschsüchtig, in religiösen Fragen ausgesprochen intolerant und nur mittelmäßig gebildet. Für die hervorragenden Leistungen ihrer Zeit auf dem Gebiet der Literatur, der Philosophie, der Malerei und selbst der Musik hatte sie wenig übrig. Diese Schwachpunkte in ihrem Persönlichkeitsbild wurden von den Vorzügen bei weitem aufgewogen: von ihrer warmen Mütterlichkeit, ihrer angeborenen Klugheit, ihrer Großmut, ihrem ausgeprägten Sinn für Recht und Gerechtigkeit.

Die Magna Mater Austriae alterte rasch. Sie wurde korpulent, Atemnot und Husten plagten sie, ihr Lungenemphysem verschlechterte sich von Jahr zu Jahr. Trotzdem erledigte sie bis zuletzt pflichtbewusst ihre Regierungsgeschäfte. Die große Herrscherin schied am 29. November 1780 aus dem Leben.

JOSEF II.

Es gibt kaum eine andere Persönlichkeit in der langen Herrscher-reihe des Hauses Habsburg, deren Bild so facettenreich ist und de-ren Wirken auch heute noch so sehr zur Stellungnahme heraus-fordert, wie die Kaiser Josefs II. Das historische Urteil über den ältesten Sohn Maria Theresias, der 1780 die Herrschaft in der Habsburgermonar-chie antrat, liegt im Spannungsfeld zwischen verstehender Wertschätzung und schonungsloser Verurteilung.

Josef II. verkörperte eine neue Generation, eine neue Zeit, eine neue Auffassung vom Herrscheramt, einen neuen Regierungsstil. Er setzte die Reformen, die seine Mutter mit behutsam-taktvoller Vorsicht begonnen hatte, mit so kompromissloser Radikalität fort, er krempelte den habsburgischen Vielvölkerstaat so total um, dass man nicht umhin kann, das Jahrzehnt zwischen 1780 und 1790 als das revolutionärste in der jahrhundertelangen Geschichte der Dynastie zu bezeichnen. Es war eine geistige, eine unblutige Revolution von oben, von der Staatsspitze her, die der Kaiser mit seinem gigantischen Reformwerk in die Tat umsetzte, kein mit Demonstrationen und bewaffneten Zusammenstößen verbundener Umsturz von unten, wiewohl sie zu guter Letzt fast in allen Ländern in Aufständen gegen das kaiserliche Regime endete.

Wie immer man zu Josefs überstürzter Reformtätigkeit weltanschaulich stehen mag, der Revolutionär auf dem Kaiserthron hat der Habsburgermonarchie eine blutige politische und gesellschaftliche Umwälzung im Stil der Französischen Revolution erspart. Das sollte jede Kritik bei der Beurteilung seiner Maßnahmen stets im Auge behalten.

Im Zentrum der Reformen Josefs II. stand der Umbau des habsburgischen Vielvölkerstaates in einen zentral verwalteten Einheitsstaat. Die bisher nur lose miteinander verbundenen Länder und Völker der Monarchie sollten mithilfe eines zentralistisch organisierten Verwaltungsapparates zu einem ganzheitlichen Organismus zusammengeschweißt werden. Diese Umbaupläne stießen vor allem in Ungarn auf heftigsten Widerstand, sodass sich der Kaiser gezwungen sah, sie im letzten Jahr seiner Regierung wieder zurückzunehmen.

Nicht minder umstritten waren die kirchenpolitischen Maßnahmen des von rastloser Ungeduld getriebenen Herrschers. Bereits 1781 erließ Josef das „Toleranzpatent", das den Lutheranern, Calvinisten und Griechisch-Orthodoxen die freie Ausübung ihrer Religion gestattete. Sie durften nun ihre eigenen Bethäuser errichten, jedoch ohne Türme und Glocken sowie mit einem eigenen Zugang von der Straße her. Die Position der römisch-katholischen Kirche als Staatsreligion blieb unangetastet. Das „Toleranzpatent" gewährte den Nichtkatholiken auch die bürgerliche Gleichberechtigung mit der katholischen Bevölkerungsmehrheit. Von nun an durfte ein Protestant öffentliche Ämter bekleiden, ein Gewerbe erlernen und akademische Würden erwerben. 1782 erleichterte ein Judenpatent auch das Leben dieser Bevölkerungsgruppe.

Auf diese Maßnahmen folgte die spektakulärste und folgenschwerste kirchenpolitische Entscheidung Josefs: die Aufhebung aller jener Klöster, deren Insassen weder in der Jugenderziehung noch in der Seelsorge oder Krankenpflege tätig waren. Ungefähr ein Drittel der mehr als zweitausend Klöster im habsburgischen Staatsverband mussten ihre Pforten schließen.

Ihr Besitz wurde veräußert und einem „Religionsfonds" zugeführt, der ausschließlich zur Finanzierung kirchlicher Einrichtungen verwendet wurde. Beim Verkauf bzw. der Versteigerung des Klosterbesitzes kam es zur Verschleuderung wertvollen Kulturgutes, was gewiss nicht im Sinne des Kaisers war. Mit der Klosteraufhebung verbunden waren eine neue Pfarr- und Diözesaneinteilung sowie eine Neugestaltung der Priesterausbildung.

Josef II. griff auch in das Glaubensleben und die Gottesdienstordnung ein. Die meisten Prozessionen wurden abgeschafft, die Wallfahrten reduziert, die Zahl der Feiertage herabgesetzt. Der Kaiser schreckte nicht davor zurück, die Anzahl der Kerzen, die an den Altären brennen durften, per Erlass festzusetzen und zu verfügen, dass aus Gründen der Hygiene und der Sparsamkeit die Toten nicht mehr in Särgen, sondern in Säcken beizusetzen seien. Mit diesen Eingriffen in den Volksglauben und die Volksfrömmigkeit überschritt der reformwütige Kaiser zweifellos den Rubikon seiner Kirchenpolitik. Sie verletzten die religiösen Gefühle von Millionen Menschen und mussten teilweise zurückgenommen werden. Mit Widerspruch und Widerstand reagierte auch die Amtskirche. Die Intervention Papst Pius' VI., der eigens nach Wien kam, um den Kaiser zur Rücknahme einiger seiner Maßnahmen zu bewegen, blieb jedoch erfolglos.

Zukunftsweisend und ihrer Zeit weit voraus waren die Gesundheitspolitik und die Fürsorgemaßnahmen Josefs II. Vom humanitären Geist der Aufklärungsphilosophie beseelt, ließ er ein Blinden- und Taubstummeninstitut, Armen-, Waisen- und Findelhäuser sowie Spitäler errichten. Die beachtlichste Leistung auf diesem Gebiet war das „Allgemeine Krankenhaus". Die riesige Spitalsanlage umschloss sieben Höfe und verfügte über eine Aufnahmekapazität von 2.000 Kranken. Der Bau nahm nach den notwendigen Planungsarbeiten lediglich zwei Jahre in Anspruch. Im neuen Krankenhauskomplex waren in fünf Abteilungen 111 Krankenzimmer untergebracht, es gab ein Gebärhaus, ein Tollhaus (Narrenturm), ein Siechen- und ein Findelhaus. Im Gebärhaus konnten Frauen jeden Standes ohne Preisgabe der Identität ihr Kind zur Welt bringen. Wollte eine Mutter ihr Kind nicht behalten, kam es in das Findelhaus oder zu einer Amme auf dem Land. Für das 18. Jahrhundert war das eine ausgesprochen fortschrittliche Regelung, die an die Babyklappe in heutigen Krankenanstalten denken lässt. Auch die Bezahlung der Anstalts- und Behandlungskosten war ungeheuer modern. Es gab eine soziale Staffelung: Kranke, die es sich leisten konnten, mussten die Kosten aus der eigenen Tasche berappen, Arme und Unbemittelte wurden kostenlos behandelt. Zur bekanntesten Abteilung avancierte sehr rasch der Narrenturm. Die geisteskranken Insassen, die zuvor wie Tiere behandelt worden waren, erfreuten sich nun einer menschenfreundlicheren Behandlung.

Zu den bleibenden Leistungen des josefinischen Zeitalters zählt auch die Rechtsreform: Die Folter und die Todesstrafe wurden abgeschafft.

Das Reformwerk Josefs II. hatte gigantische Ausmaße. Der Kaiser hat allerdings in zu kurzer Zeit zu viel gewollt und zu übereilt in die Tat umzusetzen versucht. Diese rastlose Tätigkeit basierte auf der aufklärerischen Maxime, dass der Herrscher der erste Diener des Staates zu sein und seine ganze Arbeitskraft dem Wohl seiner Untertanen zu widmen habe. Möglicherweise ist sie auch damit zu erklären, dass der Monarch um sein frühes Ende wusste. Er wurde nur 49 Jahre alt.

Persönlich war der Kaiser anspruchs- und bedürfnislos. Die einfachen Speisen, die er zu sich nahm, wurden nicht mehr in der Hofküche, sondern von einer einzigen Köchin zubereitet. Josef II. rasierte sich selbst und schlief in einem einfachen Bett. Jedwedem Zeremoniell abhold, empfing er Bittsteller aus dem Volk nicht in einem der Prunkräume in der Wiener Hofburg, sondern im so genannten „Kontrollorgang", wo er mit ihnen ein ungezwungenes Gespräch führen konnte. Den Hofknicks und den Handkuss schaffte er ab, den Augarten und den Prater, Jagdgebiete des Adels, machte er seinen Untertanen zugänglich. Auf seinen vielen Reisen war er bestrebt, das Leben des Volkes kennen zu lernen.

Der Kaiser war ein seelisch zerrissener, glückloser Mensch. Er heiratete im Alter von neunzehn Jahren auf Wunsch seiner Mutter aus dynastischen Gründen Isabella von Parma, eine Enkelin König Ludwigs XV. von Frankreich. Isabella war eine anmutige, kluge Frau, die er aus ganzem Herzen liebte und verehrte. Isabellas Zuneigung gehörte jedoch nicht ihm, sondern ihrer Schwägerin Marie Christine, was Josef jedoch verborgen blieb. Die heißblütige Italienerin war in ihrer Rolle als Gattin des habsburgischen Thronfolgers keineswegs glücklich, verbarg ihre Gemütsregungen jedoch sorgfältig vor der Außenwelt. Isabella gebar in drei Ehejahren zwei Töchter, die jung starben. Sie selbst schied, von einer steten Todessehnsucht erfüllt, 22-jährig aus dem Leben. Josef war zutiefst betroffen. „Ich habe alles verloren", klagte er seinem Schwiegervater, „meine angebetete Gattin, der Gegenstand meiner ganzen Zärtlichkeit, ist nicht mehr."

Er hat diesen Schicksalsschlag nie mehr überwunden. Die ihm von der Mutter aufgezwungene zweite Ehe mit Josefa von Bayern scheint er nicht vollzogen zu haben. Er behandelte seine Gattin mit erbarmungsloser Herzlosigkeit. Als Josefa nach zweieinhalbjähriger Ehehölle starb, ging er keine Ehe mehr ein und widmete sich mit ganzer Kraft nur noch seinen herrscherlichen Pflichten.

Die selbstzerstörerische Rastlosigkeit und monomanische Ausschließlichkeit, mit der sich der Kaiser den Staatsgeschäften widmete, untergruben seine ohnehin schwache Gesundheit. Als er am 20. Februar 1790 starb, stand die Welt ringsum in Flammen. In Frankreich tobte die Revolution, Aufstände in den Niederlanden und Ungarn gefährdeten sein Reformwerk.

WENZEL ANTON KAUNITZ

D er Staatskanzler Maria Theresias war keineswegs eine liebens-
werte, gewinnende Persönlichkeit, aber er war ein ganz großer
Staatsmann und Diplomat, einer der bedeutendsten, die dem
Hause Habsburg dienten.

Wenzel Anton Kaunitz war schrullig, launenhaft, überempfindlich und
selbstgefällig. Von Kindheit an zart, von schmächtiger Konstitution und
kränklich, entwickelte er sich zum übellaunigen Hypochonder, der aus
Angst vor einer Krankheit jeden Luftzug mied, der in ständiger Angst vor
dem Tod lebte und dennoch viele seiner Zeitgenossen überlebte: Er wurde 83 Jahre alt.

Maria Theresia, die ihren Staatskanzler über alle Maßen schätzte, nahm seine Launen gelassen hin. Sie, die selbst an kalten Wintertagen die Fenster ihres Arbeitszimmers offen hielt, ließ Türen und Fenster schließen, wenn sich Kaunitz, leise hüstelnd, zum Vortrag näherte. Sie ertrug seine Schwächen und Grillen, wusste sie doch, was sie an ihm hatte. Ihren Ratgebern brachte sie volles Vertrauen entgegen.

Kaunitz war ein gewissenhafter und fleißiger Arbeiter, ein Meister der Zeiteinteilung, ein Pedant. Von den alltäglichen Kleinigkeiten – der exakt abgewogenen Menge der Speisen, die er zu sich nahm –, bis zu den wichtigsten Staatsgeschäften wurde alles sorgfältig geplant. Improvisation und Unordnung waren ihm ein Gräuel.

Der Staatskanzler war ein ausgesprochen nüchterner Verstandesmensch. Er hatte einen scharfen Intellekt und ein ausgewogenes Urteilsvermögen. Seine Geduld war sprichwörtlich. Würde und ein ausgeprägter Sinn für Repräsentation kennzeichneten sein Auftreten in der Öffentlichkeit.

Wenzel Anton Kaunitz wurde am 2. Februar 1711 in Wien geboren. Er entstammte dem tschechischen Adel und erhielt eine dem aristokratischen Stil der Zeit entsprechende vielseitige, aber keineswegs gründliche Ausbildung. Von Hauslehrern unterrichtet lernte er Sprachen (Latein, Französisch, Italienisch, Tschechisch), Erdkunde und Geschichte und wurde in die naturwissenschaftlichen Fächer eingeführt. Kultiviertes Verhalten und höfliches Benehmen gehörten selbstverständlich zum Kodex dieser Erziehung. Der junge Kaunitz lernte eifrig, fand Freude an sprachlicher Gewandtheit und entwickelte sich zu einem Stilisten hohen Grades, eine Fähigkeit, die ihn für eine Diplomatenlaufbahn prädestinierte. Als zweiter Sohn und sechstes von 16 Kindern war er allerdings für den geistlichen Stand vorgesehen, für den er freilich wenig Neigung zeigte.

Wenzel Anton Kaunitz studierte in Leipzig Rechts- und Staatswissenschaften und ging dann auf die im 18. Jahrhundert übliche standesgemäße Bildungsreise, die so genannte „Kavalierstour", die ihn nach Holland, Italien und Paris führte.

Von der Bildungsreise nach Wien zurückgekehrt wurde er im Jahre 1735 im Alter von 24 Jahren in den Hofdienst aufgenommen und sogleich zum Wirklichen Reichshofrat ernannt. Seine Karriere in habsburgischen Diensten, die steil nach oben führen sollte, hatte begonnen. 1736, im Todesjahr des Prinzen Eugen, heiratete der standesbewusste junge Mann in den österreichischen Hochadel ein. Er ehelichte die Gräfin Maria Ernestine Starhemberg, die ihm sechs Söhne und eine Tochter schenkte, nach 13-jähriger Ehe jedoch verstarb. Kaunitz ging keine weitere Ehe mehr ein. Er entschied sich für den Witwerstand, der offenbar seinem Naturell entsprach.

Der Sprung in die Diplomatenlaufbahn gelang dem jungen Beamten nach dem Tod Kaiser Karls VI. Maria Theresia, die 1740 die Herrschaft in den habsburgischen Erblanden übernahm, entsandte Kaunitz über Vorschlag ihres Gemahls Franz Stephan von Lothringen als Botschafter nach Turin. Die nächsten Stationen des aufstrebenden Diplomaten, dessen Urteilsvermögen, Selbstbeherrschung und scharfer Verstand die Fachwelt schon bald zu beeindrucken begannen, waren Florenz und Rom. Nach Wien zurückberufen profilierte sich Kaunitz durch Denkschriften, in denen er scharf gegen die aggressive Außenpolitik Preußens unter König Friedrich II. Stellung bezog. Die von ihren Gegnern hart bedrängte Herrscherin schenkte ihm ihr Vertrauen und machte ihn zum bestimmenden Ratgeber in außenpolitischen Fragen. Im Jahre 1748 leitete der neue Stern am Himmel der habsburgischen Diplomatie nach den Schlesischen Kriegen mit viel Geschick die Friedensverhandlungen in Aachen. Den Verlust Schlesiens konnte er nicht verhindern.

Alle seine bisherigen Erfahrungen mündeten in die staatspolitische Erkenntnis, dass die Rückgewinnung Schlesiens nur mit Frankreich, dem Erbfeind der Habsburgermonarchie, als Bündnispartner zu bewerkstelligen sei. Diese geradezu revolutionäre Idee führte er in einem 126 Seiten umfassenden Memorandum näher aus, das an Kühnheit, Intelligenz und Scharfsinn nichts zu wünschen übrig ließ.

Der Vorschlag, der der Herrscherin aus der Seele sprach, löste bei den Ministerkollegen Erstaunen, geradezu Bestürzung aus. Maria Theresia gefiel das kühne außenpolitische Konzept. Sie schickte Kaunitz als Botschafter nach Paris, um das Terrain dafür zu erkunden.

Die Aufgabe war ganz nach seinem Geschmack. Kaunitz ging nüchtern und zielbewusst an die Arbeit. Der eitle, geschmeidige diplomatische Sonderling gewann das Vertrauen König Ludwigs XV. und seiner Mätresse, der einflussreichen Madame de Pompadour. Als er 1753 nach Wien zurückbeordert wurde, hatte er den Bündnisvertrag zwar noch nicht in der Tasche, aber die Aussichten für ein Abkommen standen gut. Maria Theresia ernannte ihren fähigsten Mitarbeiter zum Staatskanzler, eine Position, die er bis zum Tod der Herrscherin innehatte.

Die revolutionäre Umgestaltung der europäischen Bündnispolitik wurde am 1. Mai 1756 in Versailles besiegelt. Frankreich und Österreich schlossen an diesem Tag ein Defensivbündnis. Einige Monate später brach der Siebenjährige Krieg aus, in dem Preußen von Großbritannien unterstützt wurde.

Der neue Herr am Wiener Ballhausplatz ging sogleich daran, „eine ganz neue Staatskanzlei oder ein Bureau des affaires étrangères" zu schaffen, wie der eifrige Chronist der Zeit, Fürst Johann Khevenhüller-Metsch, berichtet. Alle wichtigen Positionen wurden mit Männern seines Vertrauens besetzt und Kaunitz, den die Herrscherin 1764 in den Fürstenstand erhob, änderte auch die Geschäftsordnung bis ins kleinste Detail.

Obwohl die Außenpolitik weiterhin seine Domäne blieb, wirkte Wenzel Anton Kaunitz auch bei der Maria-Theresianischen Staats- und Verwaltungsreform tatkräftig mit. Seine Handschrift ist in vielen Formulierungen der einzelnen Gesetzesbestimmungen deutlich zu erkennen.

Maria Theresia und ihr Kanzler arbeiteten mehr als ein Vierteljahrhundert für das Wohl der Monarchie zusammen, auch wenn es zwischen ihnen dann und wann zu Meinungsverschiedenheiten, Verstimmungen und Misshelligkeiten kam. Die Herrscherin verzieh ihrem *malade imaginaire* alle seine Launen. „Sein schwindliger Kopf ist mir lieber und kostbarer als die unsrigen in ihrer Stärke und Vollkommenheit", soll sie einmal geäußert haben.

Josef II., Maria Theresias Mitregent und Nachfolger, kam weniger gut mit ihm aus. Obwohl den aufklärerisch und kosmopolitisch gesinnten Staatskanzler mit dem ungestümen Kaiser geistig vieles verband, waren sie in manchen politischen Fragen, etwa der Haltung gegenüber Preußen, doch verschiedener Auffassung. Auch charakterlich passten sie nicht zusammen. Der Rat des erfahrenen Staatsmannes war wohl weiterhin gefragt, aber er wurde nur noch selten befolgt.

Wenzel Anton Kaunitz widmete sich in zunehmendem Maße seinen persönlichen Interessen und Neigungen. Der alte Staatsmann hatte ein scharf ausgeprägtes intellektuelles und kulturelles Profil. Er sammelte Bilder, Grafiken und Kunstblätter, wirkte an der Gründung der Akademie der bildenden Künste in Wien mit, war ein eifriger Förderer Mozarts, las Voltaire und schätzte die Lustspiele Molières. Je älter er wurde, desto sorgsamer pflegte er seine Hypochondrien. Es verging kein Tag, an dem der greise Fürst in seinem Palais in Wien-Mariahilf nicht über Übelkeit und Kopfweh klagte, aber auch seine Eigenheiten kultivierte. Sein Tagesablauf war minutiös geregelt, er befolgte strenge Diätregeln und putzte sich, was in der damaligen Zeit mehr als ungewöhnlich war, nach jeder Mahlzeit die Zähne.

An der Weltpolitik nahm der alte Herr weiterhin Anteil, wenn auch nicht mehr als ihr Gestalter, sondern als interessierter Zuseher. Der Ausbruch der Französischen Revolution im Jahre 1789 regte ihn zu Gedanken über die Idee der Freiheit, Gleichheit und Brüderlichkeit an, die er vor sich hin murmelte und die sein Sekretär pflichtschuldigst zu Papier brachte. Freilich: Niemand hat sich mehr darum gekümmert. 1792 reichte Fürst Wenzel Anton Kaunitz um seine Entlassung ein, die Kaiser Franz II. gerne entgegennahm. Die Weltgeschichte war längst über ihn hinweggeschritten.

Am Abend des 27. Juni 1794 schloss Wenzel Anton Kaunitz, einer der ganz großen Staatsmänner Österreichs, für immer die Augen. Sein Leichnam wurde in die Familiengruft nach Austerlitz in Böhmen übergeführt, wo der „Meister der Politik", der im Europa der Aufklärung eine entscheidende Rolle gespielt hatte, seine letzte Ruhestätte fand.

CLEMENS WENZEL LOTHAR METTERNICH

Er war eine Persönlichkeit von prägnantem geistigem Profil, hochintelligent, geistreich, kultiviert, ein charmanter Grandseigneur von pfauenhafter Eitelkeit, ein geschmeidiger Diplomat und Staatsmann von europäischem Format.

Clemens Metternich war Rheinländer. Er kam am 15. Mai 1773 in Koblenz zur Welt. Der Vater, Diplomat in kaiserlichen Diensten, erzog seinen hochbegabten Sohn im Sinn der beiden Bildungsideale der Zeit: Vernunft und Humanität. Er schickte den Jüngling an die damals berühmte Diplomatenschule der Universität Straßburg, wo der Student im Juli 1789 Augenzeuge revolutionärer Vorgänge wurde. Es war das Schlüsselereignis in seinem Leben.

Nach einem mehrjährigen Aufenthalt in Mainz übersiedelte der elegante, aristokratische Bonvivant, der längst gelernt hatte, sich auf dem glatten diplomatischen Parkett galant zu bewegen, mit seiner Familie nach Wien, wo der Zuwanderer in der Hocharistokratie auf eiskalte Abweisung stieß. Seiner ehrgeizigen Mutter gelang es jedoch, diese Standesschranken zu überwinden. Sie brachte eine Heirat mit Lorel Kaunitz, einer Enkelin des Staatskanzlers Maria Theresias, zustande, die dem jungen Kavalier Zutritt zu den einflussreichsten Kreisen der Habsburgermonarchie verschaffte. Diese eheliche Verbindung war das Sprungbrett für eine steile, einmalige Karriere, die innerhalb von fünfzehn Jahren bis zur Spitze des Staates und an die Hebeln der Macht führte. Dazu gehörten natürlich Qualitäten wie Weltgewandtheit, Anpassungsfähigkeit, diplomatische Raffinesse, aalglatte Geschmeidigkeit und politisches Feingefühl, Fähigkeiten, die Clemens Metternich in reichem Maße besaß.

Der 28-Jährige wurde vom Kaiser zum österreichischen Gesandten am sächsischen Hof in Dresden ernannt, 1803 übernahm er in ereignisreicher Zeit den Gesandtenposten am preußischen Königshof in Berlin. In diesen Jahren schlug die Weltgeschichte Purzelbäume. Nach den Stürmen der Französischen Revolution hatte ein skrupelloses militärisches Genie das Gesetz des Handelns an sich gerissen, das den europäischen Fürstenhöfen Angst und Schrecken einjagte: Napoleon Bonaparte. Der siegreiche Feldherr in allen bisherigen Kriegen griff schon bald nach der politischen Macht. 1804 krönte er sich zum Kaiser der Franzosen, im Jahr darauf brachte er der mit den Russen verbündeten österreichischen Armee bei Austerlitz eine vernichtende Niederlage bei.

Metternich konnte die ihm gestellte Aufgabe, Preußen auf die Seite Österreichs zu ziehen, nicht erfüllen und wurde nach Wien zurückberufen. Es hätte das Ende seiner Diplomatenlaufbahn sein können, aber er war ein Sohn des Glücks. Der Kaiser der Franzosen wünschte sich ihn als Vertreter des besiegten Habsburgerreiches in Paris. Napoleon konnte nicht ahnen, dass er innerhalb eines knappen Jahrzehnts der diplomatischen Kunst dieses Mannes erliegen würde. Am 10. August 1806 überreichte der gepflegte Höfling mit den ausgesucht feinen Umgangsformen dem Emporkömmling mit den ungehobelten Manieren, der (auch) bei dieser Begegnung den Dreispitz nicht abnahm, sein Beglaubigungsschreiben.

Der Charmeur aus Wien spielte in der Stadt an der Seine, von deren gepflegten Avenuen, eindrucksvollen Plätzen und schönen Palästen er beeindruckt war, seine beiden größten Trümpfe aus: seine weltkluge Kunst des Intrigierens und seine Anziehungskraft auf das weibliche Geschlecht.

Clemens Lothar Metternich war ein berüchtigter, äußerst erfolgreicher Liebhaber von Format. Seine Verführungskünste entbehrten nicht des diplomatischen Raffinements. Er benützte die adeligen Damen, denen er sein und die ihm ihr Herz schenkten, nicht selten für seine Zwecke, machte mit ihnen, über und durch sie Politik. Metternich kostete es keine Skrupel, seine zahlreichen Liaisons mit seiner vor Gott geschlossenen Ehe auf einen Nenner zu bringen. Er hatte allerdings eine Gattin, die ihm seine Liebschaften und amourösen Abenteuer großherzig verzieh. Im Übrigen war er dreimal verheiratet und Vater zahlreicher Kinder.

Kaiser Franz I. (II.), der als sittenstreng galt, nahm am zügellosen Liebesleben Metternichs keinen Anstoß. Er schätzte dessen diplomatische Fähigkeiten und betraute ihn 1809 mit der Leitung der Staatskanzlei (des Außenministeriums) am Wiener Ballhausplatz. Ab diesem Zeitpunkt verfolgte Metternich nur ein Ziel: den Sturz des ungehobelten Emporkömmlings aus Korsika. Dazu war ihm jedes Mittel recht. So fädelte er die Heirat Marie Louises, der ältesten Tochter des Kaisers, mit Napoleon ein und stellte dem größenwahnsinnigen Eroberer, der ohne mit der Wimper zu zucken Hunderttausende Soldaten seinen ehrgeizigen Plänen opferte, für seinen Russlandfeldzug ein österreichisches Hilfskorps von 30.000 Mann zur Verfügung.

Nach dem Scheitern der gigantischen militärischen Operation trat der gefinkelte Staatskanzler nach einem raffinierten diplomatischen Doppelspiel der Koalition gegen Napoleon bei, nachdem er mit dem von ihm gehassten Parvenü in einer dramatischen Unterredung in Dresden geistig die Klingen gekreuzt hatte. Den Sturz des Usurpators empfand er als sein Werk. Der Kaiser erhob ihn in den erblichen Fürstenstand.

Auf dem Wiener Kongress vom Herbst 1814 bis zum Sommer 1815, der sich das Ziel setzte, die vornapoleonische politische und gesellschaftliche Ordnung in Europa wieder herzustellen, stand Fürst Metternich am Gipfelpunkt seiner Karriere. Wien war damals das politische Zentrum der Welt. In der Kaiserstadt an der Donau wurden die Weichen für eine europäische Friedensordnung gestellt, die jahrzehntelang Bestand haben sollte. Die Fäden der politischen Gespräche, die hinter der Kulisse des Frohsinns und der Heiterkeit, hinter Redouten, Truppenparaden, Schlittenfahrten, Wildschweinjagden und anderen Amüsements zwischen den europäischen Staatsmännern geführt wurden, hielt der österreichische Staatskanzler in der Hand. Er präsidierte den Sitzungen, er drückte dem Kongress den Stempel seiner Ideenwelt auf.

Metternichs weltanschauliche Grundsätze beruhten auf mehreren Säulen: auf dem Prinzip der Legitimität, der Rechtmäßigkeit des erbmonarchischen Herrschaftssystems, dem Grundsatz des Gleichgewichts der europäischen Großmächte, dem Postulat der Aufrechterhaltung der gesellschaftlichen Verhältnisse. Metternich fühlte sich als ein „Fels der Ordnung" und stemmte sich mit allen Mitteln und aller Kraft gegen die historischen Triebkräfte der Zeit, gegen Liberalismus und Nationalismus. Jede freiheitliche Regung, gleichgültig in welchem Land, wurde von Russland, Österreich und Preußen, die sich zur „Heiligen Allianz" zusammenschlossen, wenn nötig mit militärischen Mitteln im Keim erstickt.

Das „System Metternich" erfuhr in der Zeit zwischen 1815 und 1848, die mit einem Hang zur idyllischen Verklärung als Biedermeierzeit bezeichnet wird, im habsburgischen Vielvölkerstaat seine markanteste Ausprägung. Für die repressiven Maßnahmen im absolutistischen Überwachungs- und Polizeistaat Kaiser Franz' I. und dessen Nachfolger Ferdinand war Metternich nicht allein und auch nicht in erster Linie verantwortlich. Ihre Durchführung lag im Wesentlichen in den Händen von Graf Josef Sedlnitzky, dem berüchtigten Präsidenten der Polizei- und Zensurhofstelle. Seine Beamten nahmen nicht nur das gedruckte Wort unter die Lupe, sie beschnüffelten auch die Privatkorrespondenz der Bürger, unterzogen die Vorlesungen der Universitätsprofessoren einer Kontrolle und untersuchten selbst Porträts auf staatsgefährdende, unmoralische und religionsfeindliche Anspielungen. Die bemitleidenswertesten Opfer der bornierten Zensurmethoden im österreichischen Kaiserreich waren die Schriftsteller. Franz Grillparzer, Johann Nestroy, Ferdinand Raimund und Eduard von Bauernfeld, um nur ein paar Namen zu nennen, hatten darunter schwer zu leiden. Charles Sealsfield (Karl Postl), der in die Vereinigten Staaten von Amerika floh, klagte mit spitzer Feder: „Der österreichische Schriftsteller ist wohl das meistgequälte Geschöpf auf Erden. Er darf nicht freisinnig, nicht humoristisch, kurz, er darf nicht sein."

Metternich war es recht. Er hatte kein politisches und gesellschaftliches Programm für die Zukunft. Ideen lassen sich freilich, wenn sie zu historischen Triebkräften werden, auf die Dauer nicht unter Kuratel stellen. Das musste auch Metternich bitteren Herzens zur Kenntnis nehmen. Am 13. März 1948, dem Tag des Ausbruchs der Revolution in Wien, unterschrieb er sein Rücktrittsgesuch und verließ fluchtartig das Land. Er fand im freiheitsliebenden Großbritannien Aufnahme. Nach der Niederschlagung der Revolution kehrte Metternich 1851 nach Wien zurück, wo er am 11. Juni 1859 starb.

„Das Urteil der Nachwelt", meinte er einmal, „das ist das einzige Urteil, nach dem ich geize, das einzige, das mir nicht gleichgültig ist."

Was war Clemens Lothar Metternich nun eigentlich? Ein großer Europäer, wie manche Historiker meinen, oder ein despotischer Reaktionär, für den ihn andere halten? Ein differenziertes Urteil wird wohl in der Mitte zwischen diesen Extrempositionen zu suchen sein.

KARL RENNER

In die Wiege wurde es dem im südmährischen Dorf Unter-Tannowitz
bei Nikolsburg am 14. Dezember 1870 geborenen Sohn einer ver-
armten Weinbauernfamilie nicht gesungen, dass er zweimal, 1918 und
1945, an der Spitze eines republikanischen Österreich stehen würde. In
seinem Geburtsjahr krachte es nach militärischen Niederlagen und im Stadium wirtschaftlicher und gesellschaftlicher Umbrüche zwar im Gebälk
der österreichisch-ungarischen Doppelmonarchie, aber an einen Zerfall
des Vielvölkerstaates, wie er dann eintrat, dachte wohl kaum jemand ernst-
haft.

Karl Renner hat als junger Mann den Nationalitätenhader, der das multinationale Staatsgebilde erschütterte, miterlebt und versucht, ihm mit Lö-

sungsvorschlägen entgegenzutreten. Seine Überlegungen und Erkenntnisse fielen auf unfruchtbaren Boden. Es nützte auch wenig, dass er früher als andere mit geradezu visionärem Blick die eminente wirtschaftliche und politische Bedeutung des Donauraumes innerhalb Europas erkannte und für den Fall des Auseinanderbrechens dieser geopolitischen Einheit die schlimmsten Folgen voraussagte. Und so konnte auch Dr. Karl Renner den Zusammenbruch der Monarchie nicht verhindern, so wenig wie die vielen anderen Persönlichkeiten, die an entscheidenderer Stelle standen als er. Gegen die Triebkräfte der Geschichte ist der Einzelne machtlos.

Der große sozialdemokratische Staatsmann und Politiker hatte eine schwere Kindheit und Jugend. Aber das Schicksal entschädigte ihn für die Dürftigkeit der materiellen Verhältnisse, in die er hineingeboren wurde, durch eine glänzende geistige Begabung. Auf Anraten des Dorfschullehrers schickte ihn der Vater auf das Gymnasium nach Nikolsburg. Dass der begabte Bub es überhaupt besuchen und absolvieren konnte, ist der finanziellen Hilfe von Privatpersonen, staatlichen Stipendien, vor allem aber seiner Begabung, seinem Fleiß und seinem zähen Durchhaltevermögen zu verdanken. Da die Eltern nach der Versteigerung ihres bäuerlichen Kleinbesitzes in das Armenhaus ziehen mussten, war der erst Vierzehnjährige völlig auf sich allein gestellt. Aber er machte mit der Verbissenheit des sozialen Außenseiters seinen Weg.

Karl Renner maturierte mit Auszeichnung, diente ein freiwilliges Einjährigenjahr in der k. u. k. Armee ab und inskribierte dann an der Wiener Universität Rechtswissenschaft. In diese Zeit fielen zwei Ereignisse von entscheidender Bedeutung für sein weiteres Leben: seine Heirat mit Luise Stoisits, die sechs Jahrzehnte lang in vorbildlicher Ehegemeinschaft durch alle Fährnisse der Zeiten treu zu ihm stand, und seine Begegnung mit dem Sozialismus. Karl Renner schloss sich der Sozialdemokratischen Partei an, die zu dieser Zeit noch nicht einmal im Reichsrat vertreten war. Die ersten 14 Sozialdemokraten zogen 1897 in das Parlament der Monarchie ein. Karl Renner war ab dem Jahr 1895 in der Reichsratbibliothek tätig und veröffentlichte unter einem Pseudonym zahlreiche Zeitungsartikel und Bücher (u. a. *Staat und Nation*). Bereits in diesem frühen Stadium seines langen und bewegten Lebens bewies er seine intellektuelle Vielseitigkeit und sein unfassendes Begabungspotenzial. An dieser Stelle sei festgehalten, dass Karl Renner nicht nur und nicht allein mit politischen Maßstäben zu messen ist. Er war Wissenschaftler, Historiker, Verwaltungsjurist, Nationalökonom und in seinen jungen Jahren auch Dichter.

Renners eigentliche politische Karriere begann 1907, als er als Mandatar eines niederösterreichischen Wahlkreises in das Parlament einzog. Er profilierte sich als Experte für Fragen des Budgets und des Justizwesens und machte als exzellenter Redner auf sich aufmerksam. 1914 befürwortete er den „Verteidigungskrieg" der Mittelmächte und bekundete bis zum Ende des Ersten Weltkrieges dem habsburgischen Vielvölkerstaat seine Loyalität. Den Zerfall der Doppelmonarchie bedauerte der k. u. k. Sozialdemokrat, der es gewohnt war, in größeren Zusammenhängen zu denken, zutiefst. Dennoch half er im November 1918 zielstrebig und an vorderster Front mit, das republikanische Österreich aus der Taufe zu heben. Er hielt den neu gegründeten Staat allerdings nicht für lebensfähig. Der Baumeister und Staatskanzler der Ersten Republik war ein Freund des Anschlusses an das demokratische Deutschland und betonte bei jeder Gelegenheit seine geistige Verbundenheit mit der deutschen Kultur- und Staatsnation. Er stand mit diesem Bekenntnis in der Sozialdemokratie nicht allein. Gleichwohl wird man ihm seine großen Verdienste um das neue republikanische Staatswesen nicht absprechen können. Als Leiter der österreichischen Friedensdelegation erwies sich Renner 1919 in St. Germain als geschickter Verhandler und unermüdlicher Anwalt für die Sache Österreichs. Auch sein Bemühen um die Schaffung der neuen österreichischen Bundesverfassung, mit deren Ausarbeitung er Hans Kelsen, den Universitätsprofessor für Staats- und Verwaltungsrecht in Wien, beauftragte, verdient Anerkennung.

Als 1920 die Koalition zwischen Sozialdemokraten und Christlichsozialen zerbrach und er die Staatsführung aus der Hand legen musste, drückte Karl Renner bis 1934 die Bänke der sozialdemokratischen Opposition. Er schrieb Aufsätze, wissenschaftliche Abhandlungen und Bücher, wirkte als Lehrer an der Arbeiterhochschule, gründete die Arbeiterbank und reorganisierte das Genossenschaftswesen. Politisch wurde er von Dr. Otto Bauer, dem Führer des linken Parteiflügels, mehr und mehr in den Hintergrund gedrängt.

Karl Renner suchte den Ausgleich mit dem politischen Gegner, allerdings nicht um jeden Preis, und trat für das Miteinander, für die Verständigung und die Zusammenarbeit zwischen den politischen Lagern ein. Diese Haltung ist, rückblickend gesehen, wohl das größte Vermächtnis, das uns der sozialdemokratische Brückenbauer hinterlassen hat. Trotzdem blieb ihm im Februar 1934 das Los des Arrestanten nicht erspart. Renner wurde regelmäßig verhört, aber selbst drei Monate Freiheitsentzug konnten seiner Unbekümmertheit nichts anhaben. Den alltäglichen Tagesab-

lauf goss der humanistisch gebildete Staatsmann in lateinische und alt-
griechische Verse.

Nach seiner Enthaftung zog sich der Altkanzler mit seiner Gattin in sein
Haus in Gloggnitz zurück. Er traf sich an geheimen Orten mit einigen seiner Parteifreunde, enthielt sich aber ansonsten jeglicher illegalen politischen Betätigung. Politisch trat Karl Renner erst vier Jahre später wieder
an das Licht der Öffentlichkeit, als er im April 1938 in einem Zeitungsin-
terview im *Neuen Wiener Tagblatt* dazu aufrief, für den Anschluss an das
nationalsozialistische Deutschland zu stimmen. Welche Motive ihn auch
immer zu diesem Schritt bewogen haben mögen, es war ein schwerer Fehler, der ihm nicht zu Unrecht den Vorwurf des Opportunismus, ja sogar
der Gesinnungslosigkeit eingetragen hat. In der Tat wird man nicht leug-
nen können, dass sich Karl Renner in so mancher heiklen politischen Situation extrem anpassungsfähig verhalten hat.

Im April 1945 führte das Schicksal den lebensklugen, erfahrenen Pragmatiker noch einmal in die politische Arena zurück, als er über persönliche Weisung des sowjetischen Diktators Josef Stalin mit der Wiederer-
richtung eines neuen österreichischen Staatswesens beauftragt wurde. Karl
Renner unterzog sich dieser Aufgabe mit großem diplomatischen Geschick, politischem Weitblick und zäher Konsequenz.

Stalin hielt den damals 75-Jährigen offenbar für eine Marionette, die sich
für seine politischen Absichten mühelos gebrauchen ließe. Er sollte sich
gründlich täuschen. Karl Renner setzte einen Schritt nach dem anderen,
nahm neben seinen eigenen Parteifreunden Vertreter der neu gegründeten Österreichischen Volkspartei und der Kommunisten in seine provisio-
rische Regierung auf und proklamierte am 27. April 1945 die Unabhängigkeit Österreichs. Die Zweite Republik war geboren. Das von den Sow-
jets eingesetzte Kabinett Renner weitete im Laufe des Jahres seine Kom-
petenzen über das ganze Bundesgebiet aus und wurde schließlich auch von
den übrigen Besatzungsmächten, den Vereinigten Staaten von Amerika,
Großbritannien und Frankreich, anerkannt. Dass Österreich im Gegensatz zu Deutschland die staatliche Teilung erspart blieb, ist nicht zuletzt
Karl Renner zu verdanken, der unermüdlich und mit klugen, gezielten
Maßnahmen für die Einheit des Landes eintrat.

Aus der entscheidenden, Weichen stellenden Nationalratswahl vom
25. November 1945 ging die Österreichische Volkspartei als Sieger hervor. Das Kabinett Renner demissionierte und wurde von einer Konzen-
trationsregierung (ÖVP, SPÖ, KPÖ) unter der Führung Leopold Figls ab-

gelöst. Als Dank für seine historischen Leistungen im Schicksalsjahr 1945 wählte die Bundesversammlung (Nationalrat und Bundesrat) Dr. Karl Renner zum ersten Bundespräsidenten der Zweiten Republik. Es war die Krönung seiner politischen Laufbahn.

Der betagte Bundespräsident war zur Vaterfigur geworden. Er strahlte Autorität aus, wirkte jedoch gütig, besonnen, liebenswürdig und strotzte vor Vitalität. Dr. Karl Renner machte Reisen durch die Bundesländer, nahm regen Anteil an der Bundespolitik und beobachtete mit gespanntem Interesse die Verhandlungen zum Abschluss eines österreichischen Staatsvertrages, den er allerdings nicht mehr erleben sollte. Der alte Herr scheute sich auch nicht, bei Gelegenheit immer wieder das Ende des Besatzungsregimes zu verlangen.

Am 14. Dezember 1950 feierte er seinen 80. Geburtstag, am Weihnachtsabend erlitt er einen Schlaganfall und fiel in ein tiefes Koma, aus dem er nicht mehr erwachte. Am 31. Dezember 1950 schloss der Mann, der trotz mancher Irrtümer für sein Vaterland Großes geleistet hat, für immer die Augen.

IGNAZ SEIPEL

Der Theologe und Priester Ignaz Seipel drückte der von Partei-
fehden beherrschten Ersten Republik den Stempel seiner prägnanten Persönlichkeit auf. Mit ihm, dem bedeutendsten Expo-
nenten des politischen Katholizismus im Österreich der Zwischenkriegs-
zeit, konnte nur Otto Bauer mithalten, sein kongenialer Gegenspieler auf
sozialdemokratischer Seite.

Seipels Wirken als Politiker ist bis heute umstritten. Während die einen
den asketischen Mann mit dem markanten Cäsarenkopf als Staatsmann
preisen, der die kleine Alpenrepublik durch das monetäre Sanierungswerk
des Jahres 1922 vor dem wirtschaftlichen Bankrott rettete, werfen die anderen dem „Prälaten ohne Milde" soziale Empfindungslosigkeit, Ungeduld

und intellektuellen Hochmut vor. Seine christlichsozialen Freunde und Parteigänger begegneten Seipel mit Ehrfurcht, seine Gegner schmähten ihn als Machiavellisten und rückten seine politische Überzeugung in die Nähe faschistischen Machtstaatsdenkens. Ein überzeugter Demokrat war Ignaz Seipel ganz gewiss nicht. Altbundespräsident Dr. Michael Hainisch, der ihn gut kannte, war der Meinung, des Kanzlers Herz habe schwarz-gelb geschlagen, also kaiserlich.

Im Grunde seines Herzens war Ignaz Seipel kein Politiker, sondern Priester und Theologe. Sein Priestertum war der bestimmende Faktor seines Lebens, die Richtschnur seines persönlichen und politischen Handelns. Auch sein staatsmännisches Wirken war von seinem Priestertum bestimmt. Politik war für ihn angewandte Moraltheologie. Seelsorge ist freilich weder ein Mittel noch ein Instrument der Politik. Priesterliches Ethos und politischer Machtwille sind unvereinbar. Seipel, der beides zu vereinen suchte, hat unter diesem seelischen Zwiespalt schwer gelitten. Wo der Priester milde, verständnisvoll und barmherzig hätte sein müssen, war der Politiker hart, unbeugsam und unerbittlich. Barmherzigkeit und individuelle Großzügigkeit konzentrierten sich bei ihm auf den Bereich der privaten Moral. So blieben Ignaz Seipel innere Zweifel und Anfechtungen über die Richtigkeit vieler Entscheidungen nicht erspart.

Als Staatsmann dachte Seipel in großen räumlichen Dimensionen. Kleinkariertes nationalstaatliches Denken war ihm fremd. Seipel war ein Staatsmann von scharfem Intellekt, von höchster Geistesbildung und sittlicher Kraft. Eine geborene Herrschernatur, kühl, überlegt und leidenschaftslos, ging von ihm eine intellektuelle Faszination aus, die Freund und Feind in Bann zog. Ein Mann des Volkes war er freilich nie.

Ignaz Seipel entstammte dem Kleinbürgertum. Er wurde am 19. Juli 1876 als Sohn eines Fiakers geboren. Die Mutter starb, als der Bub drei Jahre alt war, der Vater musste das Fuhrwerksgewerbe aufgeben und sich als Hausmeister verdingen. Mit Glücksgütern war Seipel nicht gesegnet, wohl aber mit viel Begabung. Er besuchte das k. k. Staatsgymnasium in Untermeidling, wo er 1895 die Matura mit Auszeichnung ablegte. Im selben Jahr begann Seipel mit dem Theologiestudium an der Wiener Universität und wurde nach acht Semestern zum Priester geweiht. Er war einige Jahre als Seelsorger in Niederösterreich tätig, promovierte 1903 zum Doktor der Philosophie und schlug anschließend die wissenschaftliche Laufbahn ein. Der Moraltheologe habilitierte sich an der Alma Mater Rudolphina und erhielt dann eine Professur in Salzburg.

In den acht Jahren seines Aufenthaltes in der Stadt an der Salzach setzte der junge Wissenschaftler im kirchlichen Leben beachtliche Initiativen und erwies sich dabei als durchaus gemäßigter und undoktrinärer Denker. Unter dem Einfluss von Heinrich Lammasch, dem international anerkannten Völkerrechtler und Kämpfer für den Frieden, und dem deutschen Pazifisten Friedrich Wilhelm Foerster schrieb Seipel sein wichtigstes Buch. Das Werk, das 1916 erschien, trug den Titel *Nation und Staat*, trat mitten im Krieg für den Frieden ein und brachte dem Verfasser öffentliche Beachtung. In seinem Buch sprach sich der Moraltheologe auch entschieden gegen den Nationalismus aus und machte interessante Vorschläge für eine Reform der Donaumonarchie. Sein politisches Engagement zeitigte Früchte. Im Oktober 1918 berief ihn Kaiser Karl als Minister für soziale Fürsorge in das Kabinett Lammasch, dem die schwere Aufgabe zufiel, die Monarchie in ordnungsgemäßer Form zu liquidieren.

Seipel war der erste kaiserliche Minister im Priestergewand. Bei den Entscheidungen des Kabinetts im November 1918 spielte der Neuling eine wichtige Rolle. Die Abdankungsurkunde, in welcher der Kaiser auf jeden Anteil an den Regierungsgeschäften verzichtete, trägt im Kern Seipels Handschrift.

Am vergleichsweise reibungslosen Übergang von der Monarchie zur Republik hatte Ignaz Seipel großen Anteil. Er wurde 1919 in die Konstituierende Nationalversammlung gewählt, befürwortete die Koalition zwischen Sozialdemokraten und Christlichsozialen und war an der Ausarbeitung der Verfassung beteiligt. Im Juni 1921 übernahm der Prälat die Obmannschaft der Christlichsozialen Partei, Ende Mai 1922 wurde er zum Bundeskanzler bestellt.

Die junge Republik befand sich wirtschaftlich in einem katastrophalen Zustand. Die Inflation hatte verheerende Formen angenommen, die Finanzlage des Staates war verzweifelt. In dieser beinahe ausweglosen Situation erwies sich der vom Rechtsanwalt und Finanzexperten Dr. Gottfried Kunwald beratene Bundeskanzler als Meister der Staatskunst. Bei Reisen nach Prag, Berlin und Verona lenkte er die Aufmerksamkeit Europas auf die kleine Alpenrepublik und deren Rolle für Mitteleuropa. Seinen Bemühungen gelang es, eine Völkerbundanleihe von 650 Millionen Goldkronen zu bekommen, deren Annahme er gegen den Widerstand der Sozialdemokraten im Parlament durchsetzte. Der Kurs der Krone stabilisierte sich, die Produktion stieg, das Budgetdefizit wurde abgebaut. Am 1. Jänner 1925 wurde die Schillingwährung eingeführt.

Seipels Sanierungswerk hatte aber auch Schattenseiten. Zehntausende Beamtenposten wurden gestrichen, neue Verbrauchssteuern verteuerten die Waren, Lohnkürzungen verringerten die Kaufkraft der Bevölkerung, die Arbeitslosigkeit stieg.

Ignaz Seipel wurde am 1. Juni 1924 durch ein Attentat schwer verletzt. Der Bundeskanzler, der seinen Amtsgeschäften mehrere Monate lang nicht nachgehen konnte, gab im November 1924 seine Demission bekannt. In den nächsten beiden Jahren entwickelte er Visionen über die Neugestaltung des Kontinents und betätigte sich als Drahtzieher hinter den Kulissen der politischen Szene. Im Oktober 1926 feierte er sein Comeback als Regierungschef.

In seine zweite Amtszeit als Bundeskanzler, die bis zum Mai 1929 dauerte, fielen die tragischen Ereignisse des 15. Juli 1927. Bei einer Massendemonstration der Wiener Arbeiter gegen das Urteil eines Geschworenengerichtes, bei der der Justizpalast in Brand gesteckt wurde, kam es zu blutigen Auseinandersetzungen mit der Exekutive, bei denen 85 Demonstranten getötet wurden. Die sozialdemokratische Parteiführung hatte die Kontrolle über die Massen verloren, der Kanzler behielt klaren Kopf. Er lehnte einen Akt der Versöhnung mit der Opposition ab und sagte am Schluss einer Rede im Parlament: „Verlangen Sie nichts von der Regierung, das den Opfern und den Schuldigen an den Unglückstagen gegenüber milde erscheint, aber grausam wäre gegenüber der verwundeten Republik."

Die Sozialdemokraten organisierten gegen den „Prälaten ohne Milde" eine Kirchenaustrittsbewegung, die den Priester schwer traf. Seipel steuerte in Hinkunft einen Kollisionskurs, suchte nach Alternativen zur parlamentarischen Demokratie und sah in der Heimwehrbewegung, der Siegerin des 15. Juli, einen Bundesgenossen. Er gab damit den antidemokratischen Strömungen der Zeit Nahrung und Auftrieb.

Außenpolitisch agierte der Priesterkanzler in seiner zweiten Amtszeit eher glücklos. Die Spannungen zum Italien Benito Mussolinis verschärften sich, Seipel trat jedoch beharrlich für den Schutz der deutschsprachigen Minderheit in Südtirol ein. Als in der Innenpolitik wenig weiterging und sich die Widerstände gegen ihn in der eigenen Partei verstärkten, gab Ignaz Seipel seinen Rücktritt bekannt. Die Sozialdemokraten frohlockten, die Christlichsozialen waren verblüfft, die bürgerliche Presse kommentierte seinen Abgang mit Bedauern.

Seipel zog sich nicht völlig aus dem politischen Leben zurück. Er betätigte sich als graue Eminenz, schoss aus dem Hinterhalt Pfeile gegen sei-

nen Intimfeind Johann Schober ab, der in schwierigen Zeiten die Kanz-
lerschaft übernommen hatte, liebäugelte mit der Ständestaatsidee und betrat als Außenminister im Minderheitenkabinett Buresch noch einmal die
politische Bühne. 1931 spielte er mit dem Gedanken, sich um das Amt
des Bundespräsidenten zu bewerben, und machte den Sozialdemokraten
ein Koalitionsangebot. Beide Vorhaben blieben ohne Resultat. Der schwer
kranke, bereits vom Tod gezeichnete Politiker war auf der ganzen Linie ge-
scheitert. Den heraufdämmernden Nationalsozialismus hat er in seiner ganzen Schrecklichkeit nicht durchschaut.

Ignaz Seipel starb am 2. August 1932 im Sanatorium Pernitz in Niederösterreich.

LEOPOLD FIGL

Die Lebensspanne des niederösterreichischen Bauernsohnes und christlichsozialen Politikers fiel in eine Zeit (welt-)politischer Umbrüche, wirtschaftlicher Veränderungen und gesellschaftlicher Spannungen, die er miterlebt, miterlitten und in führender Position mitgestaltet hat.

Leopold Figl wurde am 2. Oktober 1902 in Rust im Tullnerfeld geboren. Der begabte Bub, der im Alter von elf Jahren den Vater verlor, besuchte in St. Pölten das Gymnasium und machte anschließend an der Hochschule für Bodenkultur in Wien seinen Diplomingenieur. Er trat der CV-Studentenverbindung „Norica" bei, betätigte sich schon in jungen Jahren in der Christlichsozialen Partei und stieg im Bauernbund rasch in hohe Funktionen auf. Bereits im Alter von 31 Jahren bekleidete der überzeugte österreichische Patriot die Funktion eines Direktors in der niederösterreichischen Standesorganisation.

Der 12. März 1938, einer der dunkelsten Tage in der jüngeren Geschichte Österreichs, war auch eine Schicksalswende im Leben Leopold Figls. Der Bauernbunddirektor wurde von den Nazis verhaftet und in das Polizeigefängnis auf der Rossauer Lände gebracht. Nach endlosen Verhören lieferte man ihn am 1. April 1938 gemeinsam mit anderen prominenten Häftlingen in das Konzentrationslager Dachau ein. Ein unvorstellbarer, grausamer Leidensweg begann. „Wir mussten hunderte Kniebeugen machen, unser Gegenüber ohrfeigen und einander ins Gesicht spucken, zehn Stunden ohne Unterlass", schilderte später einer seiner Mithäftlinge die Fahrt „per Bahn" von Wien nach München. Es war ein kleiner Vorgeschmack auf das Martyrium, das noch vor ihm lag.

Figl wurde als Häftling Nr. 13.897 Block 13, dem Österreicherblock, zugeteilt. Er musste schwere körperliche Arbeit verrichten und qualvolle Demütigungen über sich ergehen lassen. Als er einmal das Wort „Österreich" in den Mund nahm, wurde er zu einer Prügelstrafe und zur Dunkelhaft verurteilt. Bewusstlos und mit blutverschmiertem Rücken schleppten ihn zwei Aufseher in ein fensterloses Verlies, in dem er bei Wasser und Brot sechs Wochen zubringen musste. Leopold Figl überstand diese und alle anderen Torturen und überlebte mit knapper Not eine schwere Typhuserkrankung. Aber die 62 Monate im KZ haben seiner Gesundheit schwer zugesetzt.

Am 8. Mai 1943 wurde der unbeugsame Antifaschist, der seine Lebens- und Überlebenskraft aus einer tiefen Religiosität schöpfte, aus Dachau entlassen. Sein Freund Julius Raab verschaffte ihm eine Stelle als Bauleiter einer Straßenbaufirma. Diese Tätigkeit erforderte einen häufigen Ortswechsel, da verschiedene Bauvorhaben zu beaufsichtigen waren. Figl nützte sie zu Kontakten mit Parteifreunden, mit denen er politische Zukunftsfragen besprach. Bei einer dieser geheimen Zusammenkünfte mit dem ehemaligen Landeshauptmann von Niederösterreich, Josef Reither, beschloss man die Gründung eines neuen Österreichischen Bauernbundes. Es war allerdings noch lange nicht so weit. Noch tobte an mehreren Fronten der Zweite Weltkrieg und Leopold Figl stand noch ein weiteres Golgatha bevor.

Nach dem Hitler-Attentat vom 20. Juli 1944 wurde er abermals verhaftet. Diesmal lieferte man ihn in das KZ Mauthausen ein, von wo er nach pausenlosen Verhören im Jänner 1945 mit dem Vermerk VH (Volksgerichtshof) in das Wiener Landesgericht überstellt wurde. Ein Todesurteil war ihm sicher. Aber das Schicksal hatte anderes mit ihm vor, es sparte ihn auf für neue Aufgaben. Als Anfang April 1945 russische Truppenverbände vom Süden und Westen her das Stadtgebiet von Wien erreichten, nahm das Leben Leopold Figls eine neue Wende. Die Tür zur Todeszelle wurde geöffnet, der Todeskandidat in die Freiheit entlassen.

Leopold Figl hatte Entsetzliches durchgemacht, er war bis zum Skelett abgemagert, aber sein Glaube an Österreich war nicht erschüttert. Der NS-Häftling fand zunächst im Keller seines Wohnhauses Unterschlupf. Etwa eine Woche nach seiner Entlassung aus dem Gefängnis holten ihn die Russen aus seinem Versteck. Marschall Fjodor Tolbuchin, der Oberbefehlshaber der russischen Besatzungstruppen in Österreich, beauftragte ihn mit der Organisation der Lebensmittelbeschaffung für die Bevölkerung Wiens. Es war ein schier unbewältigbarer Auftrag, aber Figl zögerte keinen Augenblick ihn anzunehmen.

Auch in der Politik stellte er sich sogleich der Verantwortung. Er übernahm die Führung des Bauernbundes, gründete mit seinen alten christlichsozialen Freunden die Österreichische Volkspartei, organisierte mit dem Sozialdemokraten Oskar Helmer provisorisch die niederösterreichische Landesverwaltung und wurde von Staatskanzler Karl Renner als Staatssekretär ohne Portefeuille in seine Regierung berufen. Im September 1945 wählte die Führung der ÖVP den kontaktfreudigen Politiker zum Parteiobmann. Nach den Nationalratswahlen vom 25. November 1945, bei denen die Volkspartei die absolute Mehrheit errang, übernahm er das Amt des Bundeskanzlers. Das große Jahrzehnt in seinem Leben war angebrochen.

Leopold Figl war zur richtigen Zeit der richtige Mann am richtigen Ort. Er konnte mit jedem und jedermann in seiner Sprache reden, auch mit den hohen Offizieren der Besatzungsmächte, obwohl er nur sehr geringe Fremdsprachenkenntnisse besaß. Er nahm sich kein Blatt vor den Mund, er war offen, unbekümmert, freundlich und trinkfest. Beim Heurigen, mit einem Glas Wein oder Wodka in der Hand, erreichte er von den Russen und den Amerikanern mehr, als es geschliffene Worte und diplomatische Redefloskeln vermocht hätten. Dass es in den Nachkriegsjahren doch immer wieder gelungen ist, Lebensmittel für die hungernde Bevölkerung aufzutreiben, ist vor allem seinem unermüdlichen persönlichen Einsatz und seinem Verhandlungsgeschick zu verdanken.

Leopold Figl, der Volks- und Wiederaufbaukanzler, war die Symbolfigur des um seine politische Freiheit und Unabhängigkeit sowie um seinen wirtschaftlichen Aufstieg ringenden Landes. Der Bundeskanzler organisierte für das durch den Krieg völlig ausgeblutete Land ausländische Wirtschaftshilfe. Auch wenn er bei jeder Gelegenheit gegen das Besatzungsregime seine Stimme erhob, die Alliierten schätzten seine Geradlinigkeit, seine Geselligkeit, seine Zivilcourage. Dem „Poldl", der die Gabe besaß, innerhalb kürzester Zeit Kontakte zu knüpfen, Vertrauen herzustellen, Freunde zu gewinnen, flogen die Herzen zu. Obwohl er seinen Landsleuten nicht nach dem Mund redete, sie unverblümt über die schwierige wirtschaftliche und politische Situation des Landes informierte, war Leopold Figl ungeheuer populär. Seine Popularität ist, so scheint es, bis zum heutigen Tag ungebrochen. Zumindest aber ist sie zur Legende geworden.

Der Bundeskanzler, der mit der SPÖ, seinem Koalitionspartner, eine vertrauensvolle Zusammenarbeit praktizierte, war in seiner Partei lange Jahre unumstritten. 1953 wurde er dann aber doch von seinem väterlichen Freund Julius Raab in dieser Funktion abgelöst. Enttäuscht verließ er den Ballhausplatz. Raab holte ihn als Außenminister in seine Regierung. Es war eine versöhnliche Geste und eine durchaus richtige Entscheidung im richtigen Augenblick. Die Wirtschaftslage des Landes hatte sich gebessert, die politische Lage war stabil. Aber noch immer war Österreich kein freier, unabhängiger Staat. Die Verhandlungen über den Abschluss eines Staatsvertrages zogen sich in die Länge, waren immer wieder unterbrochen, abgebrochen, verschoben worden.

Nach dem Tod des sowjetischen Diktators Josef Stalin gab es seitens der neuen Kremlführung positive Signale in der Österreichfrage. Die Regierung Raab wusste sie richtig zu deuten. Die Verhandlungen wurden wieder aufgenommen und führten letztendlich zu einem erfolgreichen Abschluss.

Die Unterzeichnung des Staatsvertrages am 15. Mai 1955 im Oberen Belvedere in Wien war dann einer der bewegendsten Augenblicke im Leben Leopold Figls. Sein Ruf „Österreich ist frei" wird über Generationen hinweg stets assoziativ mit seiner Person verbunden bleiben. Nach dem Ende der feierlichen Zeremonie öffneten sich die Flügeltüren zum Balkon des Schlosses. Die Außenminister der vier Signatarstaaten traten ins Freie. Zu ihren Füßen, im Garten des Belvedere, jubelte ihnen eine begeisterte Menschenmenge zu. Leopold Figl spürte die Größe des historischen Augenblicks. Er hob das Vertragswerk mit den Unterschriften und den Siegeln in die Höhe und zeigte es den Menschen. Es war eine typische Geste des volksnahen Vollblutpolitikers.

Nach dem für die ÖVP ungünstigen Nationalratswahlergebnis des Jahres 1959 musste Figl das Außenministerium an Bruno Kreisky abgeben. Er wurde Nationalratspräsident und kehrte Anfang 1962 als Landeshauptmann von Niederösterreich in seinen ursprünglichen Wirkungsbereich zurück. Ein Lebenskreis hatte sich geschlossen. Es war der versöhnliche Ausklang eines abwechslungsreichen Politikerlebens. Leopold Figl war allerdings mit seinen Kräften am Ende. Am 9. Mai 1965 starb er, noch keine 63 Jahre alt. Am Tag seines feierlichen Staatsbegräbnisses säumten hunderttausende Menschen die Wiener Ringstraße. Sie betrauerten einen Mann, dessen Volkstümlichkeit mittlerweile sprichwörtlich geworden ist.

JULIUS RAAB

Julius Raab, der als Staatsvertragskanzler in die österreichische Geschichte eingegangen ist, war eine in sich ruhende, gefestigte Persönlichkeit, ein Mann mit eindrucksvollen Charaktereigenschaften. Fleißig, bescheiden, verlässlich, schlicht, fromm und persönlich anspruchslos, verkörperte er die besten Tugenden des (Klein-)Bürgertums, dem auch sein Lebensstil entsprach. Die Virginia und die Knackwurst, die berühmte „Beamtenforelle", waren seine Markenzeichen. Pomp, Blasiertheit oder gar Staralüren lagen ihm vollkommen fern, Selbstbewusstsein und Selbstherrlichkeit sind ihm nicht abzusprechen.

Er war wortkarg, kurz angebunden, häufig griesgrämig. Seine Formulierungen hatten oft Holzschnittcharakter. Raab hatte einen spröden, trockenen Humor und Sinn für einen „g'sunden Schmäh". Für intellektuel-le Geistreicheleien hatte er überhaupt nichts übrig, musische oder künst-lerische Ambitionen hatte er offenbar nicht. Seine Biografen verlieren da-rüber jedenfalls kein Wort.

Julius Raab wurde am 29. November 1891 in St. Pölten geboren. Er be-suchte in seiner Heimatstadt die Volksschule und drei Klassen Gymnasi-um und übersiedelte dann in das Stiftsgymnasium Seitenstetten, wo er 1911 die Reifeprüfung mit Auszeichnung ablegte. Bei den Benediktinern und in der CV-Studentenverbindung „Norica" erfuhr er seine christlich-kon-servative Prägung. Dazu kam seine Disziplinierung beim Militär. Raab mel-dete sich als Einjährig-Freiwilliger zu den Sappeuren (Pionieren) in Krems. Im Ersten Weltkrieg war er zunächst an der russischen, später an der ita-lienischen Front im Einsatz, wo er zehn Isonzo-Schlachten mitmachte. Das Studium an der k. k. Technischen Hochschule in Wien, das er vor dem Krieg begonnen hatte, setzte er danach fort. 1923 heiratete er Hermine Haumer, die Tochter eines Kaufmannes. Die Ehe blieb kinderlos.

Seine politische Laufbahn begann Raab als Christlichsozialer im St. Pöl-tener Gemeinderat. Gleichzeitig war er Abgeordneter zum Nationalrat und niederösterreichischer Heimwehrführer. Im Ständestaat widmete er sich dem Aufbau einer einheitlichen Standesorganisation für die Gewerbetrei-benden, zwischen 1938 und 1945 arbeitete er in der Straßenbauabteilung der Wiener Baufirma Kohlmayer. Die Nationalsozialisten ließen ihn un-geschoren. Ab 1945 stellte Julius Raab seine ganze Kraft der neuen Repu-blik zur Verfügung.

Julius Raab war ein nüchterner, machtbewusster Realpolitiker, ein bis-weilen unbeugsamer Verhandler, der seine politischen Ziele konsequent und unbeirrbar verfocht, seine Meinung oft auch innerhalb seiner eigenen Partei mit autoritärer Entschiedenheit durchsetzte. Liebenswürdiges Zu-reden und Zuwarten war seine Sache nicht. Er kannte keine Umschweife, Umwege machte er nur ungern.

Wie Leopold Figl und Adolf Schärf war auch Julius Raab im April 1945 ein Mann der ersten Stunde. Er war Mitbegründer der Österreichischen Volkspartei und in der Provisorischen Regierung Renner Staatssekretär für öffentliche Bauten, Übergangswirtschaft und Wiederaufbau. Figl, der nach den Nationalratswahlen vom 25. November 1945 eine Konzentrationsre-gierung (ÖVP, SPÖ, KPÖ) bildete, hätte seinen langjährigen (Partei-) Freund gerne als Handelsminister in seinem Kabinett gesehen. Die Rus-

sen erhoben jedoch Einspruch dagegen. Einem ehemaligen Heimwehrführer und einem Mitglied der Regierung Schuschnigg IV versagten sie
ihre Zustimmung für einen Ministerposten. Julius Raab übernahm daraufhin den Posten des Klubobmanns der ÖVP-Fraktion im Nationalrat
und war außerdem Präsident der Bundeswirtschaftskammer. Diese beiden
Funktionen gaben ihm die Möglichkeit, an allen wichtigen Entscheidungen mitzuwirken: an den Sozial- und Verstaatlichungsgesetzen, an der Wäh-
rungsreform, der Entwicklung der Sozialpartnerschaft, der Einrichtung
der Paritätischen Kommission. Er war kein begeisterter Parlamentarier,
aber er leistete gute Arbeit. Sein Verhältnis zum politischen Gegner war
korrekt und sachbezogen.

Schon in der frühen Nachkriegszeit war Julius Raab in der ÖVP der starke Mann im Hintergrund, ohne die Führungsrolle Figls in Frage zu stellen. Nach der verlorenen Bundespräsidentenwahl des Jahres 1951 und der
Nationalratswahl von 1953, bei der die Sozialisten zur stimmenstärksten
Partei wurden, musste Figl zunächst als Parteiobmann und dann auch als
Bundeskanzler weichen. Julius Raab beerbte ihn in beiden Funktionen.
Zum Generalsekretär bestellte der neue ÖVP-Chef Alfred Maleta, der aber
nichts zu reden hatte. Maleta: „Unter Raab waren die statutenmäßig vor-
gesehenen Institutionen wenig gefragt. Er war ein sehr autoritärer Mann
und hatte daher weniger den Charakter eines Vereinsobmannes, sondern
mehr den einer Führergestalt."

Raab setzte auf dem Höhepunkt seiner Macht in der Bundesparteileitung alles durch, was er wollte. Als sich einmal, so Maleta, alle gegen eine
Sache aussprachen, die Raab vertrat, hörte er eine Weile zu und brumm-
te dann: „Na ja, ich bin dafür, und damit ist dieser Punkt einstimmig angenommen." Julius Raab war eine willensstarke Persönlichkeit, ein „Mann
der einsamen Entschlüsse" (Maleta).

Der neue Bundeskanzler setzte sogleich starke Initiativen. Gemeinsam
mit seinem Finanzminister Reinhard Kamitz begründete er in der Wirtschaftspolitik einen neuen Kurs: Die soziale Marktwirtschaft löste die staat-
lich gelenkte Wirtschaft der Kriegs- und Nachkriegszeit ab. Das private
Unternehmertum wurde gefördert, die Währung stabilisiert, das Budgetdefizit verringert, die Steuerprogression gemildert, der Außenhandel li-
beralisiert, die Investitionen angekurbelt. In der Ära Raab–Kamitz wurden aber auch wichtige Sozialgesetze wie etwa das Allgemeine Sozialver-
sicherungsgesetz (ASVG) beschlossen.

In der Außenpolitik nutzte Raab nach dem Tod Stalins im Jahre 1953
mit sicherem politischem Instinkt die Gunst der Stunde für eine Verbes-

serung der Beziehungen zur Sowjetunion. Es nütze nichts, meinte er, wenn man „den russischen Bären, der mitten im österreichischen Garten drinnensteht, immer durch lauttönende Sonntagsreden in den Schwanzstummel zwickt". Eine solche Bemerkung war für den nüchternen Pragmatiker beinahe schon ein poetischer Erguss.

Bei guter Gelegenheit ersetzte er den Amerika-freundlichen Außenminister Karl Gruber durch den auch von den Russen geschätzten Leopold Figl. Es war ein geschickter politischer und auch menschlich beachtenswerter Schachzug, der einer Versöhnung mit seinem Parteifreund gleichkam.

Nach zähen Verhandlungen mit den Besatzungsmächten brachte das Verhandlungsteam unter der Führung Raabs und seines Vizekanzlers Adolf Schärf 1955 den Abschluss des österreichischen Staatsvertrages zustande. Der durchschlagskräftige Bundeskanzler stand auf dem Höhepunkt seines Ansehens und seiner Popularität. Die Neuwahlen zum Nationalrat im Jahr darauf bestätigten seinen Erfolgskurs. Die ÖVP errang 82 Mandate und verfehlte nur um ein Mandat die absolute Parlamentsmehrheit. Während der Ungarnkrise im Oktober 1956 bewies der Kanzler seine staatsmännische Festigkeit.

Danach setzte wie im griechischen Drama die Peripetie ein. Im Mai 1957 erlitt Raab, der gemeinsam mit der FPÖ den überparteilichen Chirurgen Wolfgang Denk gegen Adolf Schärf in das Rennen um das Amt des Bundespräsidenten geschickt hatte, eine erste empfindliche Schlappe. Dem politischen „Denk-Fehler" folgte ein gesundheitlicher Rückschlag. Am 31. August 1957 erlitt der Kanzler bei der Eröffnung der Rieder Messe einen leichten Schlaganfall, von dem er sich zwar bald erholte, der ihn jedoch viel Substanz kostete. Von nun an war Raab nach der Meinung von Freunden und Zeitgenossen nicht mehr der „Alte". Der Bundeskanzler verlor seine Instinktsicherheit bei wichtigen Entscheidungen. So überließ er etwa den Sozialisten das neue, öffentlichkeitswirksame Medium Fernsehen. „Wozu brauch ma des Bildlgspül? Ob zwatausend in des Narrenkastl schau'n, kann uns wurscht sein", soll er sich geäußert haben.

Bei den Nationalratswahlen des Jahres 1959 setzte es für die ÖVP wiederum eine Niederlage. Die Sozialisten wurden wie schon 1953 die stimmen-, wenn auch infolge des Wahlrechtes nicht die mandatsstärkste Partei.

Der Sieg hat viele Väter, eine Niederlage kennt nur einen Verlierer. Die Raab-Kritiker formierten sich. Wie schon am Ende des Ersten Weltkrieges, als der Oberleutnant Julius Raab seine Kompanie von der Piave-Front geschlossen in die Heimat zurückgeführt hatte, trat der Bundeskanzler einen geordneten Rückzug aus der Politik an. Im Februar 1960 gab er die Parteiobmannschaft ab, am 11. April 1961 legte er das Amt des Bundeskanzlers zurück. Das Ende war dennoch schmerzlich. Noch einmal trat er in das Rampenlicht der Öffentlichkeit, als er sich, bereits von der Todeskrankheit gezeichnet, um das Amt des Bundespräsidenten bewarb. Er unterlag seinem ehemaligen Vizekanzler Adolf Schärf klar: 600.000 Stimmen fehlten zum Sieg. Julius Raab nahm es mit Galgenhumor. „Gestern hamma an Schraufn kriegt", kommentierte er die schwere Niederlage am Morgen nach der Wahl in der Bundesparteileitung.

Im Juli 1963 verfasste er sein Testament, in dem er inständig darum bat, „die rotweißrote Fahne hochzuhalten und unser schönes Österreich als einen Hort der Freiheit zu bewahren". Das Testament schloss mit den Worten: „Ich fürchte den Tod nicht. Er ist Erlösung von der Erdenschwere, von der vergänglichen Materie, ein schöner Schritt dem wirklichen Endziel zu: Gott zu schauen und seine Herrlichkeit." Am 8. Jänner 1964 schied der große Österreicher Julius Raab aus dem Leben.

BRUNO KREISKY

Er war eine Persönlichkeit von markantem geistigem Zuschnitt, ein charismatischer Vollblutpolitiker, ein Staatsmann von internationaler Reputation. Der erste sozialdemokratische und bisher am längsten im Amt befindliche Bundeskanzler der Zweiten Republik war größer als das Land, das er regierte, und ungleich weltoffener und konzilianter als die Partei, der er vorstand.

Bruno Kreisky hatte einen breiten, profunden Bildungshorizont, er war ein Mann mit Visionen, ein integrer, humorvoller, aber auch streitlustiger Mensch. Zuweilen konnte er auch herrisch sein, ungeduldig und ungerecht.

Der „Journalistenkanzler", der am 22. Jänner 1911 in Wien zur Welt kam,

war der Spross einer großbürgerlichen jüdischen Industriellenfamilie. Er
stieß schon in jungen Jahren, nicht gerade zur Freude der Eltern, zur Sozialdemokratie. Bereits als Vierzehnjähriger trat er der Vereinigung der Sozialistischen Mittelschüler bei und war dann Obmann der Sozialistischen
Arbeiterjugend. Im Jänner 1935 wurde er wegen Verdachts des Hochver-
rats festgenommen und nach einem Strafprozess erst Anfang Juni 1936 wieder aus dem Gefängnis entlassen. Am 14. März 1938 legte der Jusstudent
Kreisky an der Wiener Universität seine letzte Prüfung ab, am Tag darauf
wurde er von der Gestapo in Schutzhaft genommen, bis August festgehalten und unter der Bedingung freigesetzt, das Land unverzüglich zu verlassen.

Bruno Kreisky emigrierte nach Schweden. Die Emigration sollte zwölf
Jahre währen. Der junge Jurist erlernte die fremde Sprache, wurde Ange-
stellter der schwedischen Konsumgenossenschaft, verschaffte sich einen
gründlichen Einblick in das Programm und die Ziele der dortigen Sozialdemokratie und heiratete im April 1942 Vera Fürth. Die Tochter einer
wohlhabenden jüdischen Unternehmerfamilie, die mehrere Sprachen perfekt beherrschte und ausgebildete Dolmetscherin war, schenkte ihm zwei
Kinder: Sohn Peter, geboren 1944, und Tochter Suzanne, die 1948 zur Welt
kam.

Nach dem Ende des Zweiten Weltkrieges organisierte Kreisky das Ös-
terreich-Hilfsprogramm der schwedischen Regierung, trat in den diplomatischen Dienst ein und kehrte 1951 mit seiner Familie nach Österreich
zurück. Seine Erlebnisse im Ständestaat und die schwedische Emigration
hatten ihn zutiefst geprägt.

Nach einem kurzen Zwischenspiel in der handelspolitischen Abteilung des
Außenministeriums wurde Kreisky Kabinettsvizedirektor bei Bundespräsident Theodor Körner. Die Grundlage für seine politische Karriere war
damit gelegt. Im April 1953 entsandte ihn die SPÖ als Staatssekretär im
Außenministerium in die Koalitionsregierung Raab/Schärf und rückte ihn
damit in das Zentrum des politischen Geschehens. Als Staatssekretär war
er auch Mitglied der Regierungsdelegation, die 1955 die Staatsvertrags-
verhandlungen in Moskau zum Abschluss brachte. Als 1959 ein selbst-
ständiges Außenministerium geschaffen wurde, übernahm Kreisky das
neue Ressort. In den sieben Jahren seiner Tätigkeit als Außenminister
knüpfte er Kontakte zu den Ostblockstaaten und brachte die Südtirol-Fra-
ge vor die UNO. Auch an der Aussöhnung der Sozialdemokratie mit der
katholischen Kirche hatte er maßgeblichen Anteil.

In seiner Partei war der wortgewandte, gebildete Diplomat vorerst nur schwach verankert. Erst 1956 erhielt er im Wahlkreis St. Pölten ein Nationalratsmandat, rückte dann aber rasch in den Parteivorstand auf. Seine Wahl zum SPÖ-Vorsitzenden verlief nicht widerstandslos. Die Wiener Landesparteiorganisation und die sozialistischen Gewerkschafter unter der Führung Anton Benyas sprachen sich gegen ihn aus. Sie nominierten als Gegenkandidaten Hans Czettel, gegen den sich Kreisky in einer Kampfabstimmung durchsetzte.

Bruno Kreisky söhnte sich mit seinen Gegnern aus und gab seiner Partei, die in einer tiefen Krise steckte, ein neues, liberaleres Profil. Er ließ von Experten für wichtige gesellschaftspolitische Bereiche (Wirtschaft, Umwelt, Kultur usw.) ein „Programm für Österreich" erarbeiten, das die Grundlage für eine Modernisierung des Landes sein sollte. Gegenüber den Kommunisten grenzte er die Partei in der „Eisenstädter Erklärung" programmatisch eindeutig ab.

1970 errang die SPÖ unter Kreisky zum ersten Mal in der republikanischen Geschichte Österreichs die Mehrheit an Stimmen und Mandaten und durchstieß damit eine politische Schallmauer. Ab diesem Zeitpunkt war Kreisky die unangefochtene Führungspersönlichkeit in der Sozialdemokratie, wenn auch manche seiner personal- und wirtschaftspolitischen Entscheidungen nicht unwidersprochen blieben. Die Spannungen erreichten im Konflikt mit seinem Finanzminister Hannes Androsch einen dramatischen Höhepunkt.

Bruno Kreisky hat die SPÖ dreimal hintereinander – 1971, 1975 und 1979 – zu Wahlsiegen mit absoluter Mehrheit geführt und war 13 Jahre lang Bundeskanzler. Man kann daher mit Recht von einer „Ära Kreisky" sprechen.

Die 13 Jahre sozialdemokratischer Alleinregierung haben Österreich grundsätzlich verändert, moderner und liberaler gemacht. Unter der Devise „Durchflutung aller Lebensbereiche mit Demokratie" wurden zahlreiche Reformen auf den verschiedensten Gebieten durchgeführt. Im Justizbereich wurde gegen den Willen des Kanzlers die „Fristenlösung" beschlossen, die unter bestimmten Voraussetzungen in den ersten drei Monaten die straffreie Unterbrechung der Schwangerschaft gestattet. Sie stieß seitens der katholischen Kirche auf heftigen Widerstand. Reibungsloser verlief die große Strafrechtsreform von 1975, mit der das Strafrecht entkriminalisiert und das patriarchalische Ehe- und Familienrecht durch ein partnerschaftliches ersetzt wurde. Im Bildungswesen wurden durch die

Schülerfreifahrt und das Gratisschulbuch die Bildungschancen vor allem der Landkinder vergrößert, die Ordinarienuniversität erhielt eine demokratische Struktur. Der Wehrdienst wurde verkürzt, der Zivildienst eingeführt, der ORF durch eine „Lex Bacher" reformiert. Neue Sozialgesetze bezogen die Selbstständigen in das Sozial- und Pensionsversicherungssystem ein, der Urlaubsanspruch der unselbstständig Beschäftigten wurde auf fünf Wochen erhöht.

In der Wirtschaftspolitik galt die Hauptsorge des Kanzlers der Aufrechterhaltung der Vollbeschäftigung. Eingedenk der Weltwirtschaftskrise in den dreißiger Jahren des vorigen Jahrhunderts, die er miterlebt hatte, bereiteten ihm „ein paar Milliarden (Schilling) Schulden weniger schlaflose Nächte als ein paar hunderttausende Arbeitslose". Den Ölschock von 1973 und seine Auswirkungen bekämpfte er daher durch eine expansive Budgetpolitik (*deficit spending*"). Tatsächlich gelang es, die Arbeitslosenrate im internationalen Vergleich niedrig zu halten, allerdings um einen (zu) hohen Preis. An der Subventionierung der maroden Verstaatlichten Industrie hat der Kanzler ohne Zweifel zu lange festgehalten. Das trug ihm massive Kritik ein.

Bruno Kreiskys Domäne war die Außenpolitik. Sein außenpolitischer Weitblick ging meilenweit über den Kleinstaat, den er regierte, hinaus. Seine Nahost-Politik war wegweisend, seine Idee eines Marshall-Planes für die Dritte Welt visionär.

Natürlich unterliefen dem „Sonnenkönig", wie manche Medien ihn mit unterschwelliger Häme titulierten, auch Irrtümer und Fehleinschätzungen. Im warmen Bett der Machtausübung machten sich Korruptionisten breit, den Abbau der Politikerprivilegien bekam der Bundeskanzler nicht in den Griff. Im Kärntner Ortstafelkonflikt und im Fall des Atomkraftwerkes Zwentendorf schätzte er, der im Allgemeinen ein feines Gespür für Gefühlslagen und Strömungen hatte, die Volksstimmung falsch ein.

Vor allem bei seinen Personalentscheidungen griff Bruno Kreisky oft daneben. Menschenkenntnis war seine Stärke nicht. Seinem ersten Kabinett gehörten etliche Minister an, die Mitglieder der NSDAP gewesen waren, in der Wiesenthal-Affäre um die NS-Vergangenheit des freiheitlichen Politikers Friedrich Peter hat er sich im Ton vergriffen. Aber auch einige seiner Parteifreunde bekamen seine Härte zu spüren. Manche dieser Entscheidungen sind möglicherweise auf seinen schlechten Gesundheitszustand zurückzuführen. Bruno Kreisky war seit 1978 auf einem Auge blind und musste sich auf Grund eines schweren Nierenleidens dreimal pro Woche einer Blutwäsche unterziehen, was ihn viel Substanz kostete.

Nach der Nationalratswahl des Jahres 1983, bei der die SPÖ die absolute Mehrheit verlor, schied Bruno Kreisky aus der Regierung aus und legte den Parteivorsitz zurück. An der Weichenstellung für die kleine Koalition zwischen SPÖ und FPÖ war er aber maßgeblich beteiligt.

Trotz seiner angeschlagenen Gesundheit gönnte sich Bruno Kreisky auch als Privatmann keine Ruhe. Er verfolgte mit großem Interesse die Entwicklungen in der Weltpolitik, interessierte sich für den Nord-Süd-Dialog, unternahm Reisen, traf Freunde und Politiker aus dem In- und Ausland, nahm an Konferenzen und Diskussionsveranstaltungen teil, organisierte eine internationale Konferenz zur Bekämpfung der weltweiten Arbeitslosigkeit, hielt Vorträge, unterzog sich einer Nierentransplantation und schrieb seine Memoiren.

Die Vorgänge in der Innenpolitik, insbesondere die Überlassung des Außenministeriums an die ÖVP nach der Bildung der großen Koalition im Jahr 1986 unter Bundeskanzler Franz Vranitzky, verärgerten ihn zutiefst. Empört legte er die SPÖ-Ehrenmitgliedschaft zurück. Später söhnte er sich mit seiner Partei jedoch wieder aus. Der schwerste Schicksalsschlag seines Lebens traf ihn am 5. Dezember 1988, als seine Frau unerwartet starb. Eineinhalb Jahre später, am 29. Juli 1990, nahm auch er Abschied von einer Welt, die er mit seinen zukunftsweisenden Visionen und seiner immensen politischen Willenskraft versucht hatte gerechter und humaner zu gestalten.

KOMPONISTEN
UND DIRIGENTEN

JOSEPH HAYDN

Seine Biografie liest sich beinahe wie eine amerikanische Erfolgsstory: Wie der älteste Sohn einer Handwerkerfamilie, der in einem kleinen Dorf in ärmlichen Verhältnissen aufwuchs, durch geniale Begabung und Fleiß langsam zum berühmten Komponisten aufstieg, dem die Universität Oxford die Ehrendoktorwürde verlieh und der bei seinem Tod ein für die damalige Zeit ansehnliches Vermögen hinterließ. Joseph Haydn ist ein ganz Großer der Musikgeschichte, ein Gigant, dessen exemplarisches Schaffen bis heute noch immer nicht in seiner ganzen Breiten- und Tiefenwirkung gewürdigt wird.

Joseph Haydn kam am 31. März 1732 in Rohrau an der Leitha zur Welt. Seine Vorfahren gehörten der gesellschaftlichen Unterschicht an. Der Urgroßvater war noch Taglöhner und auch Großvater und Vater führten mit ihren Familien ein karges Leben, obwohl sie den Beruf eines Wagenbauers erlernten und ausübten.

Von musikalischer Betätigung war da weit und breit keine Spur. Da es in Rohrau keine Dorfschule gab, schickte der Vater den Buben nach Hainburg, wo ein entfernter Verwandter der Familie das Amt des Schulleiters ausübte. Er war zwar kein pädagogisches Genie, aber er weckte in dem begabten Knaben die Freude an der Musik.

Der kleine Haydn wurde 1740 vom Domkapellmeister von St. Stephan, dem der Knabe anlässlich einer Dienstreise nach Hainburg vorgestellt wurde, in seinen Chor aufgenommen. Die Übersiedlung von der tiefsten Provinz in die Kaiserstadt an der Donau markierte einen tiefen Einschnitt im Leben des achtjährigen Buben. Joseph erhielt als Sängerknabe am Wiener Stephansdom eine ausgezeichnete musikalische Ausbildung, lernte das Klavier- und Violinspiel und wirkte bei kammer- und tafelmusikalischen Veranstaltungen bei Hof mit, ehe er im Alter von achtzehn Jahren infolge Stimmbruchs unsanft aus dem Ensemble entlassen wurde. Ob Maria Theresia tatsächlich, wie es die Fama überliefert, den Anstoß zu seiner Entlassung gab? „Der Sängerknabe Joseph Haydn singt nicht, er kräht wie ein Hahn", soll die Regentin bemerkt haben. Für den Chorleiter war es jedenfalls ein willkommener Vorwand, den unnütz gewordenen Zögling zu entlassen.

„Hilflos, ohne Geld, mit drei schlechten Hemden und einem abgenutzten Rock ausgestattet", berichtet Haydns erster Biograf, begann für den jungen Mann ein neuer Lebensabschnitt. Was sollte er tun, welchen Weg einschlagen? Wagner, wie der Vater, wollte er nicht werden, den Rat der Mutter, in einen Orden einzutreten, schlug er aus. In den nächsten Jahren war er gezwungen, Gelegenheitsarbeiten zu verrichten, und war auf die Hilfe von Freunden und Bekannten angewiesen. Ein Chorsänger an der Michaelerkirche gewährte ihm Unterschlupf in einer ärmlichen Dachkammer. Haydn brachte sich als Kirchenmusiker, Serenadensänger und Klavierlehrer höchst kümmerlich durch das Leben, erlernte die „echten Fundamente der Setzkunst", schrieb die ersten Quartette, Klavierwerke, Trios und Serenaden.

Schließlich erhielt er 1759 als Kammerkomponist und Musikdirektor im Hause des böhmischen Grafen Karl Joseph Morzin eine erste gesicherte Anstellung. Der Graf verbrachte die Wintermonate in seinem Wiener Palais und den Sommer auf seinem Schloss südlich von Pilsen. Joseph Haydn schrieb für ihn seine ersten Symphonien und heiratete ein Jahr nach seinem Dienstantritt Maria Anna Keller, die Tochter eines Perückenmachers. Die Trauung fand im Wiener Stephansdom statt. Die keineswegs harmonische Ehe währte vier Jahrzehnte und blieb kinderlos. Die Gattin soll aufwändig gelebt, einen herrischen Charakter gehabt und der Musik ihres Gemahls überhaupt kein Verständnis entgegengebracht haben. Joseph Haydn war kein treuer Ehemann. „Mein Weib war unfähig zum Kindergebären", konstatierte er einmal, „und daher war ich auch gegen die Reize anderer Frauenzimmer weniger gleichgültig."

Das Jahr 1761 brachte dann die entscheidende Wende im Leben des mittlerweile angesehenen Komponisten. Der Musikus trat mit einem Jahresgehalt von 400 Gulden als Vizekapellmeister in die Dienste des Fürsten Paul Anton Esterházy, der den Ehrgeiz hatte, mit der Musikkultur am Wiener Kaiserhof in Konkurrenz zu treten. Der Arbeitsvertrag, den Haydn unterfertigte, entsprach den feudalrechtlichen Verhältnissen der Zeit und enthielt Bestimmungen, die ihm aus heutiger Sicht die Rolle eines leibeigenen musikalischen Befehlsempfängers zuwiesen. Der Herr Kapellmeister wurde wie ein Hausoffizier gehalten, hatte Uniform zu tragen und täglich „in weißen strümpffen, weisser wäsche, eingepudert, und entweder in zopf oder harbeutel" vor seinem Herrn zu erscheinen. Er musste sich verpflichten, auf Wunsch des Fürsten zu komponieren und ohne dessen ausdrückliche Genehmigung keine anderen Kompositionsaufträge anzunehmen. Der Vizekapellmeister sollte Streitereien zwischen den Musikern schlichten, die Sängerinnen unterrichten und die Aufgaben eines Bibliothekars übernehmen. Er wurde gut entlohnt, aber er war eben ein Mädchen für alles.

Joseph Haydn fand sich nur scheinbar mit diesen im Grunde demütigenden Bedingungen ab. Er setzte sich bei wachsendem Ansehen und unter stillschweigender Duldung seines fürstlichen Brotgebers mit kluger Beharrlichkeit allmählich über diese arbeitsrechtlichen Bestimmungen hinweg und ging unbeirrt seinen Weg als schöpferischer Komponist. In den fast dreißig Jahren, die er im Dienst der Familie Esterházy stand, schuf er ein riesiges musikalisches Œuvre: Symphonien, Streichquartette, Klaviersonaten, Opern, Messen, Oratorien, Märsche, Tänze, Chöre und Lieder. Das Werksverzeichnis, das an die 2.000 Druckseiten umfasst, registriert 104 Symphonien, mehr als 50 Klaviersonaten und 83 Streichquartette, eine gewaltige Leistung.

Joseph Haydn setzte Maßstäbe. Er war mehr als ein gemütlicher, zu allen möglichen Streichen aufgelegter Musikant, mehr als nur der gutmütige „Papa Haydn", als den ihn manche Biografen bis auf den heutigen Tag zu bezeichnen pflegen. Er gab der Symphonie Inhalt und Form, eine klare Struktur und wies anderen musikalischen Gattungen neue Wege. Er war ein bedächtiger, langlebiger und beharrlicher kompositorischer Revolutionär.

1790 schied Joseph Haydn aus dem Dienst der Familie Esterházy aus, übersiedelte nach Wien und unternahm seine erste Konzertreise, die ich nach England führte. Warnungen vor der beschwerlichen Reise – Haydn war immerhin bereits 58 Jahre alt – schlug er in den Wind. Der Komponist wurde auf der Insel ausgesprochen freundlich aufgenommen. Er wurde von höchsten gesellschaftlichen Kreisen zum Dinner, auf Bälle und Feste eingeladen, seine Konzerte wurden umjubelt. Das Programm war außerordentlich reichhaltig und bunt. Neben Symphonien gab es Ouvertüren und Vokaldarbietungen. Nach eineinhalbjährigem Aufenthalt kehrte Haydn über Bonn, wo er mit dem jungen Beethoven zusammentraf, nach Wien zurück. 1794 trat er in Begleitung seines Dieners Johann Elßler, dem Vater der gefeierten Tänzer Fanny Elßler, seine zweite große England-Reise an, die ihm abermals großen musikalischen Ruhm eintrug. Dann ließ er sich endgültig in Wien nieder.

Den musikalischen Hauptertrag seiner beiden Englandaufenthalte bildeten seine zwölf „Londoner" Symphonien. Aus England brachte er aber auch die Idee für das Oratorium *Die Schöpfung* mit, das 1798 erfolgreich uraufgeführt wurde. Mit den *Jahreszeiten* zählt es bis heute zu seinen populärsten Kompositionen. 1797 war zum Geburtstag Kaiser Franz' II. zum ersten Mal das Lied „Gott erhalte Franz den Kaiser" erklungen, das zur Kaiserhymne wurde. In seinen letzten Wiener Jahren entstanden noch einige Streichquartette, Klaviertrios und Bearbeitungen schottischer und walisischer Volkslieder.

In seinem Haus im Vorort Gumpendorf, das er 1796 bezog, empfing der Komponist, dessen Größe man zu seiner Zeit wohl nicht erkannte – Haydn steht auch heute noch im Schatten Mozarts und Beethovens – zahlreiche Besucher, unter anderen Carl Maria von Weber, seinen Schüler Ignaz Pleyel, dessen musikalisches Schaffen erst jüngst wieder entdeckt wurde, und den Dramatiker August Wilhelm Iffland.

Zuletzt komponierte Haydn, der ein geschäftstüchtiger und fleißiger, aber auch ein ungemein fröhlicher, humorvoller und bedürfnisloser Mensch war, nicht mehr. Im Jahr 1800 starb seine Frau, 1804 verlieh ihm die Stadt Wien die Ehrenbürgerschaft, 1808 erschien er anlässlich einer

Aufführung der *Schöpfung* in der Aula der Universität zum letzten Mal in der Öffentlichkeit.

Die Zeiten waren stürmisch und standen ganz im Zeichen Napoleon Bonapartes. Am 13. Mai 1809 besetzten die Truppen des Kaisers der Franzosen Wien und Joseph Haydn musste, schwer krank, noch den Kanonendonner mit anhören, der bis in sein Schlafzimmer drang. Am 31. Mai 1809 schied er aus dem Leben. Sein Leichnam wurde auf dem Hundsturmer Friedhof beigesetzt, ehe die Gebeine, ohne den Schädel, der noch im Todesjahr aus dem Grab gestohlen wurde, 1820 in die Bergkirche nach Eisenstadt übergeführt wurden. Der geraubte Schädel wurde erst Jahrzehnte später wieder gefunden, die kostbare Reliquie 1954 mit den anderen sterblichen Überresten vereinigt.

WOLFGANG AMADEUS MOZART

Wie soll man ein so knappes Lebensbild über eine so außergewöhnliche, geniale Persönlichkeit gestalten? Wie dem gigantischen Gesamtwerk auch nur einigermaßen Rechnung tragen? Die Antwort auf diese Fragen kann nur lauten: Es kann sich bestenfalls nur um Stückwerk handeln. Selbst dickleibige Biografien und Bücher haben es nicht zustande gebracht, den Genius dieses Mannes gültig zu beschreiben, trotz der Fülle an Quellenmaterial (Tagebücher, Briefe usw.), das zur Verfügung steht. In fast jedem Buch blickt dem Leser ein anderer Mozart entgegen, so als wäre er ein Lebewesen von einem anderen Planeten gewesen. Aber auch seine Opern und Symphonien, seine Streichquartette und Messen werden von jeder Generation verschieden und neu interpretiert.

Wolfgang Amadeus Mozart war ein Frühreifer und Frühvollendeter. Er schuf in der kurzen Lebensspanne (1756–1791), die ihm das Schicksal zumaß, ein musikalisches Werk, das in seiner Vielseitigkeit, seinem Einfallsreichtum und seiner Klangfülle zum Größten und Wunderbarsten der Musikgeschichte gehört. Joseph Haydn, den Mozart tief verehrte und der den Jüngeren freimütig und offenherzig anerkannte, urteilte: „Wenn Mozart nichts anderes geschrieben hätte als seine Violinquartette und sein Requiem, würde er allein dadurch schon unsterblich geworden sein."

Mozart war ein musikalisches Wunderkind. Musik strömte ihm von überall her zu, beflügelte seine Gedanken, durchpulste seine Adern. Der Vater, Leopold Mozart, Vizekapellmeister am Hof des Salzburger Fürsterzbischofs, war selbst ein Musiker von hohen Graden. Eine Violinschule, die länger als ein Jahrhundert als Standardwerk diente, weist ihn als hervorragenden Musikpädagogen aus. Er war aber auch ein liebevoller, fürsorglicher Familienvater. Von dem Augenblick an, als Leopold Mozart das Genie seines Sohnes erkannte, und das war sehr früh, stellte er seine eigenen musikalischen Pläne hintan und widmete sich mit ganzer Hingabe der Ausbildung Wolfgangs. Die Korrespondenz zwischen Vater und Sohn beweist das enge menschliche und fachliche Verständnis, das zwischen den beiden bestand. Natürlich gab es auch Dissonanzen und persönliche Verstimmungen zwischen ihnen, aber zu einem Bruch kam es nicht.

Leopold Mozart ging bereits mit dem Sechsjährigen und dessen Schwester Nannerl auf Reisen, um vor allem Wolfgang der Musikwelt zu präsentieren, ihn an den Umgang mit der vornehmen Gesellschaft zu gewöhnen. Man machte ihm das zum Vorwurf, zieh ihn egoistischer Impresariomethoden. Wohl sehr zu Unrecht. Der Vater war sich seiner pädagogischen Verantwortung durchaus bewusst. Auf diesen Reisen, die sie nach Wien führten, nach Deutschland, in die Schweiz, nach Italien, Paris und London lernte der kleine Wolfgang viel, sammelte musikalische Erfahrungen und lernte die große Welt kennen.

Wolfgang Amadeus begann schon als Knabe zu komponieren und feierte als Zwölfjähriger mit dem Singspiel *Bastien und Bastienne* seinen ersten Bühnenerfolg. Das Kind reifte frühzeitig zum Mann, der mit wenigen Strichen Menschen und Dinge treffend charakterisieren, tiefe Gedanken intuitiv erspüren und ihnen musikalischen Ausdruck geben konnte. Wolfgang Amadeus Mozart schleuderte bald ein Werk nach dem anderen mit eruptiver Urgewalt aus sich heraus und ging, unbekümmert um die äußeren Lebensumstände, seinen vorgezeichneten künstlerischen Lebensweg weiter. Vorerst waren ihm allerdings die Hände gebunden, musste er sich beim Salzburger Landesherrn, Fürsterzbischof Hieronymus Graf Colloredo, als Kapellmeister verdingen. Der nicht eben zart besaitete geistliche Herr und das ungebärdige junge Genie kamen miteinander überhaupt nicht zurecht. Der Bruch war früher oder später unvermeidlich. Wolfgang Amadeus Mozart warf die Ketten des fürsterzbischöflichen Dienstes ab und nahm das Wagnis auf sich, als frei schaffender Künstler zu leben. Es war eine geradezu revolutionäre Entscheidung von immenser Tragweite. 1781 reiste das Musikgenie nach Wien.

Die kaiserliche Residenzstadt an der Donau war ihm nicht fremd. Er hatte bereits als Sechsjähriger auf einer Konzertreise in Schönbrunn vor Maria Theresia und ihrer Familie mit seinem Klavierspiel Aufsehen erregt. Zuletzt war er 1773 in Wien gewesen, in der Hoffnung, eine Anstellung als Hofcompositeur zu finden. Vergeblich. Maria Theresia hatte das Ansuchen abschlägig beschieden. Jetzt ließ er sich hier auf Dauer nieder. Unter Josef II., Maria Theresias Nachfolger, wehte in der Stadt politisch und kulturell ein neuer, frischer Wind, von dem sich der junge Mann viel versprach. Er sollte sich nicht täuschen. Die zehn Wien-Jahre waren persönlich und künstlerisch zweifellos die bedeutsamsten seines Lebens. Persönlich, weil er einen Hausstand gründete; künstlerisch, weil er jetzt alle jene Werke komponierte (Opern, Symphonien, Klavierkonzerte, Streichquartette, Singspiele, Messen, das Requiem), die ihn – zitieren wir noch einmal Haydn – unsterblich gemacht haben.

Am 4. August 1782 heiratete der 26-jährige Mozart im Wiener Stephansdom Konstanze Weber, die Tochter eines Notenkopisten. Der Zeremonie wohnten nur zwei Schwestern der Braut bei, Vater Mozart war nicht zugegen. Er war über die Verbindung wenig erfreut.

Konstanze Mozart kommt in der Musikforschung schlecht weg. Sie wird als leichtsinnig, unausgeglichen und putzsüchtig beschrieben. Ihr Charakterbild ist kaum gültig rekonstruierbar, da es über sie keine zeitgenössischen Berichte gibt. Konstanze war mit Wolfgang Amadeus bis zu dessen Tod 1791 verheiratet und schenkte ihm in neun Ehejahren sechs Kinder, vier Söhne und zwei Töchter, von denen nur Carl Thomas und Franz Xaver das Kindesalter überlebten. Mozart liebte seine Frau. Er bangte um ihre Gesundheit, die er sich auch etwas kosten ließ. Konstanzes Kuraufenthalte in Baden bei Wien waren teuer. Gelegentlich machte er ihr allerdings wegen ihres freizügigen Benehmens auch Vorwürfe.

Er selbst war ohne Zweifel ein schwieriger Ehepartner. Er war unstet und zerstreut (so jedenfalls charakterisiert ihn sein erster Biograf), von ruheloser Quecksilbrigkeit, häufigen Stimmungsschwankungen unterworfen, eine manisch-depressive Persönlichkeit, wie manche medizinische Gutachten auf Grund von zeitgenössischen Berichten über sein Verhalten zu beweisen versuchen. Seine innere Größe reflektierte sich jedenfalls nicht in seinem äußeren Erscheinungsbild. Er überspielte sein Genie bei passenden und unpassenden Gelegenheiten mit Clownerien und Kasperliaden, schlüpfte gerne in das Gewand des Narren. Sein Schwager, der gebildete Maler und Burgschauspieler Joseph Lange, urteilte über ihn: „Nie war Mozart in seinen Gesprächen und Handlungen als großer Mann zu erkennen, als wenn er gerade mit einem wichtigen Werk beschäftigt war. Dann sprach er nicht nur verwirrt durcheinander, sondern machte mitunter Späße einer Art, die man nicht an ihm gewohnt war, ja er vernachlässigte sich sogar absichtlich in seinem Betragen."

Mozarts Lebensführung war unstet. Die vielen Wohnungswechsel (14 Quartiere zwischen 1781 und 1791 in Wien sind nachgewiesen) und seine Reiselust verlangten von der Gefährtin eine hohe Anpassungsfähigkeit. Dazu kamen seine Verschwendungssucht, seine Eitelkeit, seine Vorliebe für auffällige, kostspielige Kleidung und seine Spielleidenschaft. Der zuzeiten gut verdienende Komponist hielt sich ein eigenes Pferd, spielte leidenschaftlich Billard und verspielte Unsummen beim Glücksspiel. Mozart war auch ein begeisterter Tänzer. Seine Gattin machte einige dieser Vergnügungen mit. Wolfgang und Konstanze lebten über ihre Verhältnisse, hielten sich, selbst wenn die Mittel nicht mehr reichten, Bedienstete. Der Komponist machte Schulden und bombardierte Freunde und Logenbrüder – Mozart war Freimaurer – mit Bettelbriefen. Als sich diese schließlich von ihm abwandten, geriet das Ehepaar in eine Schuldenspirale, aus der es kein Entrinnen gab.

Die beschriebenen Eigenheiten im Lebens- und Charakterbild nehmen Wolfgang Amadeus Mozart nichts von seiner Genialität. Sie vertiefen nur das Erstaunen über seine schier unbegreifliche Schöpferkraft.

1782 errang Mozart mit dem Singspiel *Die Entführung aus dem Serail*, dessen Entstehen durch die Bemühungen Kaiser Josefs II. um ein Nationalsingspiel in Wien angeregt wurde, einen großen, nachhaltigen Erfolg. In den nächsten Jahren komponierte er die „Al mio amico Haydn" gewidmeten sechs Streichquartette, veranstaltete Konzerte und gab Musikunterricht. Im Sommer 1788 brachte er in knapp zwei Monaten die drei letzten Symphonien zu Papier: die heiter beschwingte in Es-Dur, die düstertragische in g-Moll und die erhabene Jupiter- Symphonie in C-Dur.

Bis zur Uraufführung der nächsten Oper *Die Hochzeit des Figaro* vergingen immerhin vier Jahre. Mozart hatte mit Lorenzo Da Ponte einen hervorragenden Librettisten gefunden, mit dem er sich ausgezeichnet verstand. Die Zusammenarbeit der beiden Männer klappte vorzüglich. Der heikle Figaro-Stoff wurde vom Wiener Publikum mit Reserve aufgenommen, in Prag löste die Oper einen Begeisterungstaumel aus. „Hier wird", schrieb Mozart an einen Freund, „von nichts gesprochen als von – figaro; nichts gespielt, nichts geblasen, gesungen und gepfiffen als – figaro; keine Opern besucht als – figaro und Ewig figaro." Auch der in Zusammenarbeit mit Da Ponte entstandene *Don Giovanni* wurde in Prag ein riesiger Publikumserfolg.

Wolfgang Amadeus Mozart komponierte unermüdlich weiter. *Così fan tutte* wurde uraufgeführt, am 30. September 1791 hatte die von freimaurerischen Ideen durchflutete *Zauberflöte* in Emanuel Schikaneders Theater im Freihaus auf der Wieden seine Premiere. Zuletzt arbeitete er noch am Requiem, das ein Unbekannter in Auftrag gegeben hatte. Es wurde seine eigene, allerdings unvollendet gebliebene Totenmesse.

Das Ende kam rasch und unerwartet. Am 18. November 1791 dirigierte Mozart seine *Kleine Freimaurer-Kantate*, die er zur Einweihung des neuen „Tempels" der Loge „Zur neugekrönten Hoffnung" komponiert hatte. Zwei Tage später fühlte er sich nicht wohl und musste zu Bett. Alle ärztlichen Bemühungen zur Wiederherstellung seiner Gesundheit blieben erfolglos. Wolfgang Amadeus Mozart starb am 5. Dezember 1791 fünf Minuten vor ein Uhr in seiner letzten Wohnung in der Rauhensteingasse Nr. 8 im 36. Lebensjahr. Todesursache laut Totenbeschau-Protokoll: „hitziges Frieselfieber". Sein Leichnam wurde im Sterbehaus aufgebahrt, zu St. Stephan eingesegnet und am nächsten Tag, wie es die josefinische Gottesdienst- und Begräbnisordnung vorschrieb, auf dem St. Marxer Friedhof, vier Kilometer außerhalb der Stadtmauer, in einem Schachtgrab beigesetzt.

FRANZ SCHUBERT

Die Musikwissenschaft hat das Charakter- und Werkbild Franz Schuberts jahrzehntelang falsch eingeschätzt. Das Wiener Musikgenie wurde als Verkörperung des biedermeierlichen Menschen hingestellt, gutmütig, bescheiden, hilflos, lieb, unkompliziert und als „Liederfürst" apostrophiert, so als hätte er nichts anderes komponiert. Es bedurfte gründlicher Forschungsarbeit, um dieses schiefe Bild zurechtzurücken. Franz Schubert war weder ein gemütlicher Wiener noch ein lebenslustiger Tausendsassa, sondern eine komplizierte Künstlernatur, literarisch gebildet, belesen, ein schöpferischer Vulkan, der in den wenigen Jahren, die ihm das Schicksal zumaß, ein Werk nach dem anderen aus sich herausgeschleudert hat: acht Symphonien (zwei gelten als verschollen), fünf Bühnenwerke, mehr als sechshundert Lieder, Chor- und Kammermusikwerke, Streichquartette, Tänze, Klaviersonaten, Messen. Wir wissen das ganz genau. Der weltberühmte Musikforscher Otto Erich Deutsch hat sie alle in seinem Schubert-Katalog verzeichnet. Es ist unglaublich und schier unerklärbar, was ein genial begabter Mensch in einer kurzen Spanne Zeit – in maximal achtzehn Jahren – zu schaffen imstande ist.

Franz Schubert kam am 31. Jänner 1797 als zwölftes von insgesamt vierzehn Kindern, acht Söhnen und sechs Töchtern, in einem Wiener Vorort zur Welt. Der Vater, ein Zuwanderer aus Mähren, war Lehrer. Die Mutter, Tochter eines Schlossermeisters, stammte aus Schlesien. Sie stand bildungsmäßig (tief) unter, aber menschlich (turm-)hoch über ihrem Gatten. Die schwere Last der Haushaltsführung und die Fürsorge für die große Kinderschar lasteten schwer auf ihren Schultern. Der Vater, Franz Theodor Schubert, hatte kein festes Gehalt. Er lebte vom Schulgeld, das die Eltern für den Unterricht ihrer Kinder bezahlten. Sein Einkommen reichte für den Unterhalt der Familie nicht aus. Er war daher gezwungen, Privatstunden (Violinunterricht usw.) zu geben.

Die räumlichen Verhältnisse der Familie waren äußerst beengt. Es gab keine sanitären Einrichtungen, keine medizinische Betreuung, die Wasserqualität des Brunnens im Hof war schlecht, die Seuchengefahr groß. Die Kindersterblichkeit war hoch, die Lebenserwartung gering.

Franz Theodor Schubert führte in der Schule und zu Hause ein strenges, unumstrittenes Regiment. An seinen Anordnungen und Entscheidungen gab es nichts zu rütteln. Der *pater familias* duldete keinen Widerspruch. Die Kinder hatten vor ihm einen gehörigen Respekt.

Der kleine Franz wurde als jüngster überlebender Sohn vom Familienoberhaupt etwas milder und nachsichtiger behandelt als seine älteren Geschwister. Der Vater erteilte ihm den ersten Violinunterricht, erkannte seine außerordentliche musikalische Begabung und schickte ihn zur weiteren Ausbildung in Gesang – Franz hatte eine wunderschöne Sopranstimme – und Orgelspiel in den Chor der Lichtentaler Pfarrkirche im Vorort Alsergrund. Von dort übersiedelte der Elfjährige nach einer glänzend bestandenen Aufnahmeprüfung als Sängerknabe in das k. k. Stadtkonvikt in der Wiener Innenstadt, das von den Piaristen geleitet wurde.

Die Konviktschüler mussten Uniform tragen und wurden dementsprechend behandelt. Die Lehrer waren streng, die Prügelstrafe und strenger Karzer mit Nahrungsentzug gehörten zum pädagogischen Inventarium.

Der Tagesablauf war striktest geregelt. Am Vormittag wurde Unterricht erteilt, das Studium nach einer kurzen Mittagspause fortgesetzt. Ein täglicher Besuch der Messe und Andachtsübungen waren eine Selbstverständlichkeit. Der Stipendiat Franz Schubert erhielt Gesangs-, Geigen- und Klavierunterricht und musste jeden Sonntag in der Burgkapelle gemeinsam mit einigen anderen Schülern eine lateinische Messe singen.

Das Leben im Konvikt behagte ihm nicht sonderlich, das Essen war frugal, die Räume kalt und schlecht beheizt. In dieser unwirtlichen Atmosphäre schuf sich Schubert mit Erlaubnis des Direktors bald eine kleine eigene Privatwelt. Er übte im Pianoforte-Zimmer Stücke von Haydn und Mozart und machte seine ersten zaghaften kompositorischen Schritte. Das ging natürlich auf Kosten der übrigen Schulgegenstände. Als sich seine Leistungen verschlechterten, schritt der Vater ein. Er erteilte dem Buben ein Kompositionsverbot. Diese Maßnahme und der Tod seiner geliebten Mutter, die 55-jährig an Typhus starb, setzten dem pubertierenden Fünfzehnjährigen seelisch schwer zu. Ein Jahr später setzt er einen entscheidenden Schritt: Er kehrt nach den Ferien nicht mehr in das Konvikt zurück.

Der Vater, der noch vor Ablauf des Trauerjahres wieder geheiratet hat, nimmt den widerspenstigen Sohn in seinem Haus auf. Aber Franz muss sich zum Schulgehilfen ausbilden lassen. Diesem Wunsch kommt er nur widerwillig nach. Im Herbst 1814 besteht er mit mäßigem Erfolg das Lehrerexamen und beginnt an der Schule des Vaters mit seiner Lehrtätigkeit.

Franz Schubert ist für den Lehrberuf ungeeignet. Er sitzt komponierend am Katheder und greift zum Rohrstaberl, wenn die Schüler lärmen und ihn bei seiner schöpferischen Tätigkeit stören. Er ist ungeheuer produktiv in diesen Jahren, schreibt unter anderem eine Messe für die Lichtentaler Pfarrkirche und verliebt sich in ein 16-jähriges Mädchen namens Therese Grob. Er stößt auf Gegenliebe, aber es wird keine feste Bindung daraus. Es bleibt bei einer Romanze. Franz Schubert war kein Casanova. Er machte auf das weibliche Geschlecht nur wenig Eindruck. „Er vernachlässigte seinen Anzug, besonders die Zähne, roch stark nach Tabak, war sonach zu einem Courmacher gar nicht qualifiziert und auch nicht salonfähig, wie man sagt", beschreibt ihn ein Zeitgenosse.

Schubert hielt es nur zwei Jahre im Schuldienst aus. Dann löste er sich aus der väterlichen Bevormundung und nahm das harte Los eines frei schaffenden Künstlers auf sich, ohne eigene Wohnung, ohne fixe Anstellung, sieht man von einer kurzzeitigen Tätigkeit als Musiklehrer der beiden Töchter des Grafen Johann Karl Esterházy von Galántha ab. Der Militärdienst in der kaiserlichen Armee blieb ihm erspart. Das Mindestmaß für eine Aufnahme in das Heer betrug 157 Zentimeter, mit dem er nicht aufwarten konnte; Schubert war nur 155 Zentimeter groß. Dass er nicht Soldat spielen durfte, wird den Komponisten nicht sehr gestört haben. Er konnte sich nun voll und ganz der Musik widmen, von der er allerdings nicht leben konnte. Aber er hatte Freunde, die ihn finanziell unterstützten, ihm Wohnungen verschafften oder ihn in Untermiete bei sich wohnen ließen.

Zum Freundeskreis um Franz Schubert gehörten eine Reihe gebildeter, kunstbegeisterter Menschen, Dichter, Maler, Studenten, Beamte. Zu den prominentesten Persönlichkeiten des Kreises zählten Joseph von Spaun, der Lyriker und Schauspieler Franz von Schober, der Dichter Johann Mayrhofer, die Maler Leopold Kupelwieser und Moritz von Schwind sowie Eduard von Bauernfeld, der sich dem Lustspiel verschrieb.

Die Freunde Schuberts trafen einander zu geselligen Zusammenkünften, den so genannten Schubertiaden, bei denen der Komponist und sein Werk im Mittelpunkt standen. Schubert schuf sein Opus übrigens unter heute fast unvorstellbaren Bedingungen: in kalten, oft nicht beheizten Räumen, bei schlechter Beleuchtung und spärlicher Nahrung. Und nicht selten mangelte es ihm auch an Notenpapier. Dass er seine Einfälle sofort in der Endfassung niederschrieb, ist eine Irrmeinung, die von der Musikforschung längst widerlegt wurde. Er hat seine unsterblichen Melodien immer wieder verändert, an ihnen gefeilt und sie umgeschrieben.

Franz Schubert, das größte Musikgenie, das die (Kaiser-)Stadt an der Donau hervorgebracht hat – Haydn, Mozart, Beethoven, Bruckner und Brahms waren „Zugereiste" –, hat das Staatsgebiet der Monarchie nie verlassen. 1818 und 1828 hielt er sich auf dem Sommersitz des schon genannten Grafen Esterházy in der heutigen Slowakei auf, seine Reisen führten ihn mehrere Male nach Oberösterreich, Salzburg, nach Graz und nach Eisenstadt zum Grab Joseph Haydns. Gelegentlich unternahm er mit seinen Freunden auch Landpartien zum Schloss Atzenbrugg am westlichen Rand des Tullnerfeldes, wo man sich ausgiebig dem Tanzvergnügen hingab. Die Atzenbrugger Tänze erinnern an diese Ausflüge.

Anfang 1823 machten sich bei Schubert die ersten Anzeichen einer Geschlechtskrankheit bemerkbar. Der Komponist konsultierte einen Arzt, der ihn vermutlich in das Allgemeine Krankenhaus einwies. Dort musste er sich während eines mehrwöchigen Aufenthaltes einer schmerzhaften Behandlung unterziehen. Ein an Syphilis erkrankter Patient wurde damals mit Quecksilberdampfbädern behandelt. Als Folgewirkung stellte sich Haarausfall ein, Schuberts Lockenkopf musste einer Perücke Platz machen. Auch sein Aussehen veränderte sich. Er wurde dick, sein Gesicht war aufgedunsen. Vor allem aber brachte die Krankheit den Künstler völlig aus dem seelischen Gleichgewicht. Der Hang zur Schwermut verstärkte sich, er verfiel zeitweilig in Depressionen. Wenn in seinem Befinden auch eine Besserung eintrat und er die Perücke ablegen konnte, so wurde er bis zu seinem Tod immer wieder von Hautausschlägen, Kopfweh, Schmerzen im linken Arm und Schwindelanfällen geplagt. Sein Körper war durch die Quecksilberbehandlung vergiftet, das Immunsystem geschädigt.

Obwohl ihm die Krankheit schwer zusetzte, blieb sein Schaffensdrang im Wesentlichen ungebrochen. Es ist schier unfassbar, welch gewaltiges Spätwerk Franz Schubert in den fünf Jahren bis zu seinem Tod geschaffen hat. Die Liederzyklen *Die schöne Müllerin* und *Die Winterreise* entstanden, die Heine-Lieder, die *Unvollendete*, Klaviersonaten, Impromptus. Sein Ehrgeiz, eine große Oper zu schreiben, blieb unerfüllt.

Wenn auch viele seiner Werke zu seinen Lebzeiten nicht aufgeführt wurden, so fand das Schaffen Franz Schuberts in Musikkreisen doch Anerkennung. Seine Schöpfungen wurden gedruckt, die bedeutendsten Virtuosen seiner Zeit stellten sich in seinen Dienst, er erhielt Kompositionsaufträge, die Musikvereine von Linz und Graz wählten ihn zum Ehrenmitglied. Und auch um seine Honorare war es nicht ganz so schlecht bestellt, wie man lange Zeit angenommen hat. Aber Schubert konnte wie Mozart mit Geld nicht haushalten.

Im Spätsommer 1828 verschlechterte sich der Gesundheitszustand Schuberts spürbar. Auf Anraten seines Arztes wechselte er die Wohnung und quartierte sich bei der Familie seines Bruders Ferdinand in der Kettenbrückengasse 6 im Vorort Wieden (heute: 4. Gemeindebezirk) ein. Das Zimmer war eng und feucht, er fühlte sich elend, hatte Kopfschmerzen und Schwindelanfälle, es ekelte ihn vor jeglicher Speise, seine Kräfte schwanden. Am 19. November 1828 schied Franz Schubert aus dem Leben. Der Sarg mit seinem Leichnam wurde zwei Tage später auf dem Währinger Friedhof in der Nähe des Grabes von Beethoven, bei dessen Leichenbegängnis im Jahr zuvor er noch als Sargträger fungiert hatte, in die Erde gesenkt.

ANTON BRUCKNER

Anton Bruckner kam am 4. September 1824 im oberösterreichischen Ansfelden zur Welt. Der Sohn eines Lehrers verbrachte in der dörflichen Abgeschiedenheit seines Geburtsortes seine frühe Kindheit. Der äußerst musikbegabte Bub wurde neben dem Schulbesuch vom Vater in das Orgelspiel eingeführt, erhielt Musikunterricht und schrieb im Alter von zwölf Jahren seine ersten Kompositionen. Er sollte jedoch nicht Musiker, sondern Lehrer werden. Nach dem frühen Tod des Vaters besuchte der Halbwaise das Lehrerseminar in Linz, versah dann unter widrigsten Bedingungen und verständnislosen Vorgesetzten in Windhaag und Kronstorf an der Enns Hilfslehrerdienste. Bruckner fügte sich widerstandslos in diese Fron. In diesen Jahren wurde der Grundstock seiner

Charakter- und Persönlichkeitsbildung gelegt, der anschließend im Stift St. Florian seine endgültige Ausprägung erfuhr. In den zehn Jahren seines Aufenthaltes bildete er sich musikalisch weiter, komponierte und wirkte als Stiftsorganist. Von St. Florian gelang dem zielstrebigen Mann dann der Karrieresprung zum Dom-Organisten in Linz und auf seiner letzten Lebensstation landete er schließlich in Wien.

Bruckners äußere Erscheinung, seine Umgangsformen, sein linkisches, vierschrötiges Auftreten und nicht zuletzt sein breiter oberösterreichischer Dialekt passten überhaupt nicht in das Bild einer Großstadt, in der der Adel und das gebildete Bürgertum gesellschaftlich den Ton angaben. In der Kaiserstadt Wien, in der er sich im fortgeschrittenen Alter niederließ, machte man sich über ihn lustig: über seinen mächtigen, kurz geschorenen Schädel (während die meisten anderen Künstler langes Haar und Bärte trugen), der von einer breiten Hakennase beherrscht wurde, seine großen Ohren, seine altväterliche Kleidung (lange, weite Hosen, die um seine Beine schlotterten, große Röcke, derbe Schuhe, komische Hüte), seine Unterwürfigkeit. Der Sonderling, der er zweifellos war, fiel im noblen Wien stärker ins Auge als in der bäuerlichen Umgebung, aus der er kam und in der er wurzelte.

Anton Bruckner war kein urbaner Mensch. Aber ein einfältiger Bauernspross, ein Tölpel, als den ihn manche seiner Gegner und Kritiker hinstellten, war er ganz und gar nicht. Er war nicht umfassend gebildet. Stimmt. Er war kein geistsprühender Intellektueller. Stimmt auch. Aber, und das wiegt seine abstammungs- und erziehungsbedingten Defizite auf, er war ein musikalisches Genie, der bedeutendste österreichische Symphoniker nach Beethoven und vor Gustav Mahler und der unbestritten größte Orgelvirtuose seiner Zeit.

Anton Bruckner war ein zutiefst gläubiger Mensch, der sich inbrünstig um sein Seelenheil sorgte. Seine Musik und seine kontrastreiche Tonsprache sind nur von dieser tiefen, inneren Frömmigkeit her zu verstehen und zu begreifen. Diese Musik ist inhaltsschwer und überzeitlich.

„Der Musikant Gottes", wie ihn manche seiner Biografen apostrophieren, blieb sein Leben lang Junggeselle. Von einer Verbindung oder gar einem Verhältnis zu einer Frau ist nie etwas bekannt geworden, von einer Muse gar nicht erst zu reden. Ein Adonis war Anton Bruckner nicht, aber in jungen Jahren eine durchaus attraktive Erscheinung. Ein Bild des Dreißigjährigen zeigt einen schlanken, gut gekleideten Mann mit vollem Haarwuchs und einem neckischen Oberlippenbart im scharf geschnittenen Gesicht.

Zum weiblichen Geschlecht fand das Musikgenie keinen Zugang, offensichtlich deshalb, weil ihm die Frauenfeindlichkeit der katholischen Kirche (*„mulier taceat in ecclesia"*) in jungen Jahren in die Seele gepflanzt worden war, weil er Sexualität für sündhaft hielt und zu schüchtern und verklemmt war, um einer Frau gegenüber seine Gefühle ungezwungen zu äußern. Sein Werben war befremdlich und linkisch. Seine Heiratsanträge, die allesamt zurückgewiesen wurden, klingen so: „In der Überzeugung, daß Ihnen längst mein stilles, aber beständiges Harren auf sie bekannt ist, ergreife ich die Feder um Sie zu belästigen ... Darf ich auf Sie hoffen und bei Ihren lieben Ältern um ihre Hand werben?" Die anekdotenhaft überlieferten Bemerkungen Bruckners Frauen gegenüber reichen von herablassender Geringschätzung bis zur skurrilen Hilflosigkeit. So soll er zur späteren Hofopernsängerin Paula Mark-Neusser, als sie als erste weibliche Schülerin seine Vorlesung am Konservatorium besuchte, gesagt haben: „Interessieren sich jetzt auch Damen für den Kontrapunkt, ich spiel dir ein Fugerl, du kleine Schwarze."

Ein Spaßverderber war Anton Bruckner allerdings nicht. Für eine Gaudi war er durchaus zu haben. Er tanzte gerne und besuchte, solange er noch vital genug war, Bälle. Einem guten Essen (Geselchtes mit Sauerkraut und Grießknödeln), einem Glas Bier und einer Zigarre war er nicht abhold.

Zu den merkwürdigsten Sonderbarkeiten des schrulligen Komponisten gehörte sein Interesse für Begräbnisse und Leichenschauen. So erregte etwa der nach Österreich zurückgebrachte Leichnam Erzherzog Ferdinand Maximilians, des in Mexiko hingerichteten Bruders Kaiser Franz Josephs, seine Aufmerksamkeit und die exhumierten Schädel Beethovens und Schuberts, so wird berichtet, hat er behutsam an sich gedrückt. Diese seltsame Exzentrizität wurde von den Musikforschern auf die verschiedenste Weise zu erklären und zu deuten versucht.

Im Jahr 1868 wurde Anton Bruckner zum Professor für Orgelspiel, Generalbass und Kontrapunkt am Wiener Konservatorium und zum Organisten in der Hofburgkapelle bestellt. Er nahm nun in Wien seinen ständigen Wohnsitz. Die Kaiserstadt an der Donau, die er bereits von mehreren Aufenthalten her kannte (Kontrapunktstudien bei Simon Sechter, dem führenden Kompositionslehrer seiner Zeit, erfolgreiche Abschlussprüfung), wurde in den nächsten knapp drei Jahrzehnten zu seinem Lebensmittelpunkt. Anton Bruckner erlebte in Wien alle Höhen und Tiefen menschlicher und künstlerischer Existenz. Er schrieb hier acht seiner neun

Symphonien, sein Te Deum und andere Kompositionen, hielt als Lektor Vorlesungen an der Universität (Ehrendoktorat der Philosophie 1891), wurde gedemütigt, verhöhnt, verspottet und am Ende seines Lebens mit Ehrungen überhäuft.

In Wien tobte damals ein erbitterter Streit zwischen den Anhängern des aus Norddeutschland zugewanderten Johannes Brahms und den Parteigängern Richard Wagners. Anton Bruckner geriet mit seinem symphonischen Werk zwischen die Fronten dieses musikalischen Kampfgetümmels. Sein kompositorisches Konzept passte nicht in diese Auseinandersetzung. Er wurde von Freund und Feind missverstanden, war mehr oder weniger wehr- und hilflos den Attacken seiner Gegner ausgeliefert.

Anton Bruckner war ein bedingungsloser Verehrer Richard Wagners. Er hatte, als er noch Dom-Organist in Linz war, die *Tannhäuser*-Partitur gründlich studiert und im selben Jahr (1861) der Aufführung der Oper beigewohnt. Seither war der deutschtümelnde Komponist sein Idol. Bruckner machte 1865 anlässlich der Uraufführung von *Tristan und Isolde* am Münchener Hoftheater die Bekanntschaft des Meisters, der seinem österreichischen Kollegen mit wohlwollender Herablassung begegnete. Den unterwürfigen Oberösterreicher störte es offenbar nicht. Er widmete seine dritte Symphonie seinem musikalischen Abgott. Die Premiere des Werkes 1877 in Wien wurde allerdings zum Fiasko. Das Orchester, das sich bereits bei den Proben widersetzlich gezeigt hatte, ließ Bruckner, der die Symphonie selbst dirigierte, seine Unlust spüren. Ein Teil des Publikums verließ vor dem Ende der Vorstellung mit Pfui-Rufen den Saal. Der Komponist war so tief erschüttert, dass er von ein paar Freunden getröstet werden musste. Die Pressekritik war vernichtend. Bruckners Gegner, allen voran der einflussreiche Musikkritiker Eduard Hanslick und Johannes Brahms, höhnten und spotteten. Brahms verstieg sich zu der heute völlig unverständlichen, geradezu unfassbaren Behauptung: „Bei Bruckner handelt es sich gar nicht um die Werke, sondern um Schwindel, der in ein bis zwei Jahren vergessen sein wird."

Die unqualifizierten Attacken seiner Gegner ärgerten und schmerzten ihn. Aber Anton Bruckner ging unbeirrbar seinen eingeschlagenen Weg weiter, vergrub sich in seine Arbeit. Er war ein langsamer, aber ein zäher und fleißiger Arbeiter, ein Workaholic, wie man heute so unschön sagt.

Im Gegensatz zu Mozart hatte Anton Bruckner kaum einflussreiche Gönner und Geldgeber. Das Komponieren brachte finanziell nichts ein, er musste ganz im Gegenteil für die Aufführungskosten selbst aufkommen. Das Geld hierfür wollte verdient sein. Neben seinem Unterrichtspensum am Konservatorium, dem Universitätslektorat und dem Orgeldienst gab Bruckner Privatstunden, besuchte täglich die Morgenmesse und hielt sich strikt an die von der Kirche vorgegebenen christlichen Pflichten. Für seine kompositorische Tätigkeit blieben da oft nur die Nachtstunden.

Nach dem Fiasko der dritten Symphonie vergingen vier Jahre, ehe Bruckners Vierte zur Aufführung kam. „Die Romantische", wie er sie selbst nannte, gewährt den leichtesten Zugang zu Bruckners Symphonik. Sie wurde vom Publikum begeistert aufgenommen. Sie war lange zuvor fertig gestellt gewesen und Bruckner hatte sie mehrmals gründlich umgearbeitet. Wie er überhaupt an allen seinen Symphonien immer wieder Hand anlegte, Striche, Zusätze und Korrekturen vornahm.

Von den weiteren Symphonien war die siebente die erfolgreichste. Sie wurde 1884 im Leipziger Stadttheater im Beisein des Komponisten uraufgeführt und von einem musikverständigen, unparteiischen Publikum begeistert akklamiert. Anton Bruckner hatte endlich den Durchbruch geschafft. Plötzlich interessierten sich die maßgebenden Dirigenten für ihn, das Werk kam auch in anderen deutschen Städten erfolgreich zur Aufführung.

Bruckners Position in Wien blieb unverändert. Der nimmermüde Pflichtmensch ging weiter seinen schlecht besoldeten, zeitraubenden Beschäftigungen nach und rang sich die Energie für seine letzten großen Werke ab. Die achte Symphonie widmete er Kaiser Franz Joseph. Kurz vor der Aufführung, die ein Riesenerfolg wurde, empfing der Monarch den bereits gebrechlichen Untertan in Audienz. Bruckner soll dem Kaiser bei dieser Gelegenheit die Bitte geäußert haben, er möge Hofrat Hanslick, seinem erbitterten Kritiker, das viele Schimpfen auf ihn verbieten. Die neunte und letzte Symphonie, die unvollendet geblieben ist, widmete Anton Bruckner „dem lieben Gott", seine fünfte und sechste wurden zu seinen Lebzeiten nicht aufgeführt. Für die Orgel, sein Lieblingsinstrument, hat Bruckner interessanterweise kaum Wesentliches komponiert.

Anton Bruckner starb in der Residenzstadt der Donaumonarchie am 11. Oktober 1896 in seiner Wohnung im Kaiserstöckl des Oberen Belvedere, die ihm vom Hof zur Verfügung gestellt worden war. Sein Leichnam wurde in der Karlskirche eingesegnet, im Sonderzug in seine oberösterreichische Heimat gebracht und seinem Wunsch gemäß unter der Orgel der Stiftskirche St. Florian in einem frei stehenden Sarg beigesetzt.

JOHANN STRAUSS SOHN

N ein, seine Werke zähle ich nicht auf, die Namen seiner vielen Walzer, Polkas, Quadrillen, Märsche, Ländler – und seiner Operetten. Die wunderbaren Melodien des *Donauwalzers*, der *Fledermaus*, des *Zigeunerbarons*, welcher Musikfreund hat sie nicht im Ohr?

Wir kennen die Walzerklänge des „Walzerkönigs" – oder glauben sie zu
kennen. Johann Strauß hat Millionen Menschen damit verzaubert und tut
es immer noch. Beweis: das Neujahrskonzert, das alljährlich vom ORF in
alle Welt ausgestrahlt wird. Seine Heimatstadt Wien verdankt dem Ur-
wiener Musikoriginal in erster Linie (aber natürlich nicht nur) seinen Ruf
als Weltmetropole der Musik.

Wir kennen also seine Musik. Aber kennen wir auch ihn, seine komplexe

Persönlichkeit, kennen wir den Menschen Johann Strauß? Das Bild vom lebensfrohen, ewig jungen Musikus, der auf der ganzen Welt rauschende Erfolge feierte, umjubelt und umschwärmt, vergöttert, ist doch allzu vordergründig, zu oberflächlich, zu klischeehaft.

Johann Baptist Strauß wurde am 25. Oktober 1825 in der Wiener Vorstadt St. Ulrich im heutigen 7. Wiener Gemeindebezirk geboren. Das älteste von sechs Geschwistern war ein außer der Ehe gezeugtes, ungewolltes Kind. Die Eltern heirateten am 11. Juli, dreieinhalb Monate später kam Johann zur Welt. Der Vater, von dem der Sohn nicht nur seine außergewöhnliche Musikalität, sondern auch seine nervöse Veranlagung erbte, stand damals erst am Beginn seiner Karriere, die ihn zu musikalischem Weltruhm führen sollte.

Der kleine Johann wuchs keineswegs in wohl geordneten Verhältnissen auf. Die Familie wechselte oft die Wohnung, der Vater war viel beschäftigt. Er hetzte von einem Vergnügungsetablissement zum andern, spielte dort mit der eigenen Kapelle auf, geigte, dirigierte, komponierte. Für Frau und Kinder blieb da wenig Zeit.

Johann Strauß Vater erkannte wohl das große Musiktalent des Sohnes, aber ein Musiker wie er sollte er nicht werden. Er schickte ihn gemeinsam mit seinem Bruder Josef, der ebenfalls musikalisch hervorragend begabt war, zunächst zur Ausbildung in das von Benediktinern geleitete Schottengymnasium und anschließend in die kommerzielle Abteilung des Polytechnischen Instituts. Von dort verabschiedete sich Johann allerdings bald wieder. Er fühlte sich unwiderstehlich zur Musik hingezogen, komponierte bereits im Alter von sechs Jahren seinen ersten Walzer, nahm heimlich Violin- und Kompositionsunterricht. Für familiären Konfliktstoff war gesorgt.

Einschneidender und bedeutend folgenschwerer für die psychische Entwicklung des Buben war freilich, dass der Vater eine Liebesbeziehung mit einer attraktiven Modistin einging, eine Zweitehe führte und schließlich die Familie im Stich ließ. Dieser Schock grub sich tief in seine Seele ein. Als der Vater 1843 das „Hirschenhaus" verließ, in dem er in einer eigenen Wohnung mit Gang, Vorraum, Kabinett, Empfangszimmer, Schlaf-/Arbeitszimmer logierte und komponierte, hatte er mit seiner Zweitfrau bereits fünf Kinder gezeugt. Die bedauernswerte Gattin, die ihr schweres Los mit unglaublicher Geduld ertrug, trennte sich erst etliche Jahre später von ihrem untreuen Gatten.

Zur Mutter hatte der älteste Sohn eine enge, ausgeprägte Bindung. Sie liebte und für sie sorgte er, bei ihr holte er sich Rat. Und diese Bindung war so stark, dass Johann Strauß erst im Alter von 37 Jahren seine erste Ehe einging. Zu diesem Zeitpunkt war der Vater bereits tot und Johann Strauß Sohn nach seinem erfolgreichen Debüt im Jahre 1844 beim Dommayer in Hietzing eine berühmte Persönlichkeit. Er hatte auch schon etliche Konzertreisen an den Zarenhof, nach Deutschland, Holland, Belgien und einen gesundheitlichen Zusammenbruch hinter sich.

Der „Strauß-Schani" reiste 1856 zum ersten Mal nach Russland, um in Pawlowsk, dem dreißig Kilometer von St. Petersburg entfernten Sommerkurort des Zaren, zu konzertieren. In der Zeit von 2. Mai bis 2. Oktober fand dort unter seiner persönlichen Leitung täglich ein Konzert statt. Der Gast aus Wien wurde fürstlich honoriert und begeistert umjubelt. Dieser ersten Konzertreise folgten bis 1865 zehn weitere, die ihm Ruhm und Anerkennung eintrugen. Sie sind weitgehend legendenumrankt. Der dirigierende Zaubergeiger aus Wien, dem die Herzen der Frauen zuflogen, soll zahlreiche Liebschaften gehabt haben. Zumindest eine davon war ernsterer Natur, wie seine Liebesbriefe an Olga Smirnitskaja beweisen. Strauß dachte sogar daran, seine Geliebte zu heiraten. Dazu kam es aber dann doch nicht. Mutter Strauß und die Eltern der Russin waren dagegen.

Stattdessen heiratete der begehrte Junggeselle am 27. August 1862 völlig überraschend eine um sieben Jahre ältere Dame, eine ehemalige Soubrette, namens Henriette (Jetty) Treffz. Die Frau, die er im Wiener Stephansdom zum Traualtar führte, war in der Kaiserstadt keine Unbekannte. Sie war die Lebensgefährtin des steinreichen Bankiers Moriz von Todesco, mit dem sie etliche uneheliche Kinder hatte. Insgesamt war sie die Mutter von sieben Sprösslingen im Alter von zehn bis einundzwanzig Jahren, die nicht nur vom stadtbekannten Frauenfreund Todesco stammten. Schönheit war sie keine, aber sie war attraktiv und ausgesprochen geschäftstüchtig.

Das Ehepaar Strauß machte die Hochzeitsreise nach Venedig und bezog nach der Rückkehr eine Wohnung in der Wiener Innenstadt, ehe es in der Praterstraße Nr. 54 (wo sich heute ein „Johann Strauß-Museum" befindet) übersiedelte. Ab 1868 lebte das Ehepaar dann in einer Villa in Hietzing, Maxingstraße 18. Jetty las ihrem Gatten jeden Wunsch von den Augen ab, sorgte sich um seine Gesundheit, ertrug seine Launen, kopierte seine Kompositionen, organisierte seine Konzertreisen, führte seine Korrespondenz und die Verhandlungen mit seinen Verlegern. Kurz: Sie managte ihn nach allen Regeln der Kunst. Sie überredete ihn auch dazu, das viele Dirigieren seinen Brüdern zu überlassen und sich dem Komponieren von Operetten zu widmen. Sie heuerte Librettisten an, kritisierte und korrigierte die Textbücher. Jetty begleitete 1872 ihren Gatten auch auf seiner großen Amerikareise.

Die Ehe war harmonisch, die Gattin übersah großzügig so manchen Flirt ihres Ehemannes. Ihr Tod am 8. April 1878 traf Johann Strauß ins Herz. Er verließ noch in der Todesnacht die Hietzinger Villa und betrat sie nie wieder. An der Beerdigung seiner Frau wie an der seiner Mutter und seines Bruders Josef nahm er nicht teil. Johann Strauß hatte eine Todesphobie. Sie war eine seiner vielen Marotten. Das musikalische Genie verabscheute Schönwetter, komponierte mit Vorliebe in der Nacht und bei trostloser Witterung, reiste in der Bahn nur mit geschlossenen Vorhängen, legte sich auf den Boden des Abteils, wenn der Zug einen Tunnel durchfuhr, und fürchtete sich vor dem Alleinsein. Genau fünfzig Tage nach dem Tod seiner geliebten Frau ging der Herzensbrecher eine neue Ehe ein. Am 28. Mai 1878 heiratete er in der Wiener Karlskirche die in Breslau geborene Sängerin Angelika Dittrich., die um ein Vierteljahrhundert jünger war als er. Der alternde Strauß sehnte sich nach der Mutterfigur, mit der er verheiratet gewesen war, jetzt offenbar nach einer Geliebten.

Das frisch vermählte Paar verbrachte die Flitterwochen auf einer nordfriesischen Insel. Nach seiner Rückkehr war Lily Strauß mit der Einrichtung des zweistöckigen, geräumigen Palais in der Igelgasse 4 (heute: Johann-Strauß-Gasse) beschäftigt. 1880 kaufte der steinreiche „Walzerkönig" in Schönau an der Triesting ein Landgut, wo er mit seiner aparten Frau den Sommer über lebte. Die Ehe hielt dennoch nicht lang. Lily betrog ihn. Ganz Wien sprach davon, aber der gehörnte Ehemann wollte es nicht wahrhaben und steckte wie Vogel Strauß den Kopf in den Sand.

Die Verzweiflung des Tonkünstlers war von kurzer Dauer. Schon bald nach der Scheidung tröstete er sich wieder mit einer jungen Frau. Adele Deutsch, verwitwet und Mutter einer Tochter, war um dreißig Jahre jünger als er. An eine Heirat war allerdings vorerst nicht zu denken. Nach kanonischem Recht ist eine von einem katholischen Priester geschlossene Ehe unauflöslich. Sie kann in begründeten Fällen nur vom Vatikan gelöst werden. Die römische Kurie aber dachte nicht daran, in diesem Fall eine Ausnahme zu machen.

Johann Strauß wollte sich damit nicht abfinden. Da eine Scheidung seiner zweiten Ehe in Österreich nicht möglich war, gab ihm jemand den Rat, die Religion zu wechseln und sich im Ausland scheiden zu lassen. Der berühmte Komponist ließ sich das nicht zweimal sagen. Er legte die österreichische Staatsbürgerschaft zurück und trat aus der katholischen Kirche aus (Adele war schon zuvor vom mosaischen zum evangelischen Glauben übergetreten). Dann verlegte er seinen offiziellen Wohnsitz nach Coburg, wurde sächsischer Staatsbürger und wechselte ebenfalls zum evangelischen Glauben. Herzog Ernst von Sachsen-Coburg-Gotha löste als evangelischer Landesherr die Ehe mit Lily, wobei der aufmüpfige habsburgische Erzherzog und Strauß-Verehrer Johann Salvator, der nach dem Ausscheiden aus dem Kaiserhaus als Johann Orth Aufsehen erregt hat, bei der Überwindung von Schwierigkeiten half. Am 15. August 1887 wurden Adele und Johann Strauß im Coburger Rathaus standesamtlich und anschließend in der Hofkirche kirchlich getraut. Der populärste österreichische Komponist des 19. Jahrhunderts blieb bis zu seinem Tod sächsisch-coburgischer Staatsbürger.

Adele Strauß kam mit ihrem liebenswerten, aber schrulligen Gemahl wesentlich besser zurecht als zuvor die flatterhafte Lily. Sie schuf jene behagliche häusliche Atmosphäre, in der er sich wohl fühlte, und gab ihm jene Geborgenheit, die er für sein Schaffen benötigte. Sie begleitete ihn auf Konzertreisen, regte ihn zur Komposition neuer Werke an und wählte geeignete Sujets und Textbücher für ihn aus. Im Palais in der Igelgasse veranstaltete sie gesellige Zusammenkünfte, zu denen sich die berühmtesten Künstler der Kaiserstadt einfanden: Anton Bruckner, Johannes Brahms, Alexander Girardi, der Bildhauer Victor Tilgner.

Strauß wusste, was er an seiner Adele hatte. Er himmelte sie an, schrieb der „Herrin seines Glücks und seines Lebens" mitten in seiner Nachtarbeit schmachtende Liebesbriefe.

In seinen letzten Lebensjahren mied Johann Strauß immer häufiger die Öffentlichkeit. Er „igelte" sich ein, war missmutig und übel gelaunt, oft sogar unansprechbar. Physische und psychische Leiden, tatsächliche wie eingebildete, plagten ihn. Am 22. Mai 1899 dirigierte er in der Hofoper die Ouvertüre der *Fledermaus*. Es war sein letzter Auftritt in der Öffentlichkeit. Einige Tage später fühlte er sich nicht wohl und musste zu Bett gebracht werden. Am 3. Juni 1899 starb er sanft und schmerzlos in den Armen seiner Frau.

Letztes Detail am Rande: Der geniale Komponist, nach dessen unsterblichen Melodien Millionen Menschen heute wie vor hundertfünfzig Jahren das Tanzbein schwingen, hat seine eigenen Beine nie im Walzerschritt bewegt. Der „Walzerkönig" Johann Strauß konnte nicht tanzen.

GUSTAV MAHLER

Als Gustav Mahler am 8. Oktober 1897 von Kaiser Franz Joseph zum „artistischen" Direktor des Wiener Hofoper bestellt wurde, brach, rückschauend betrachtet, für das Haus am Ring eine neue Ära an. In seiner zehnjährigen Tätigkeit als Wiener Opernchef brach der impulsive, herrische Willensmensch Gustav Mahler mit den lieb gewordenen Gewohnheiten und bequemen Gepflogenheiten, die bis zu seiner Bestellung an dieser Institution geherrscht hatten. Der neu bestellte Direktor straffte den gesamten Betriebsablauf, beschnitt die Sänger, die im buchstäblichen Sinn des Wortes den Ton angaben, in ihren angemaßten Rechten, gestaltete durch Entlassungen und Neueintritte das Ensemble um, erarbeitete Neueinstudierungen, modernisierte in Zusammenarbeit mit dem

Ausstattungschef Alfred Roller das Bühnenbild und zwang dem Orchester seinen unbändigen, tyrannischen Gestaltungswillen auf.

Er stellte extreme Ansprüche an die Musiker und hielt mit seiner Kritik an so manchen Solisten selbst vor der versammelten Kollegenschar nicht zurück. Auch den Sängerinnen und Sängern erging es nicht viel besser. Hielt er sie für unbegabt, warf er sie mitleidlos hinaus. Lob kam ihm selten über die Lippen. Selbst die Opernbesucher seufzten unter dem neuen, tyrannischen Regime. Zuspätkommende wurden nicht mehr eingelassen, im Saal musste völlige Stille herrschen, sobald der Dirigent den Saal betrat. „Mahler brach wie eine Elementarkatastrophe über das Wiener Opernhaus herein. Ein Erdbeben von unerhörter Intensität und Dauer durchrüttelte den ganzen Bau von den Grundpfeilern bis zum Giebel", erinnerte sich ein Kenner. Als Entschädigung bot Gustav Mahler dem Publikum unvergleichliche Opernabende.

Die Kritik reagierte auf den neuen Opernstil mit Enthusiasmus, aber auch mit schroffer Ablehnung. Schon Mahlers Bestellung wurde von einem Teil der Wiener Presse mit unverhohlener Gegnerschaft quittiert, die eindeutig antisemitisch motiviert war. Gustav Mahler war Jude. Seine Beziehung zum jüdischen Glauben und zum Judentum war ambivalent. Seine Karriere war ihm jedenfalls wichtiger als sein Glaubensbekenntnis. So war er, um seinen Gegnern den Wind aus den Segeln zu nehmen, vor seiner Ernennung zum Hofoperndirektor zum katholischen Glauben übergetreten. Aber Jude bleibt Jude, nicht nur für bedingungslose Antisemiten und nicht nur damals. Den schäbigen Angriffen, die Mahler während seiner Direktion (bis 1907) über sich ergehen lassen musste, hängte man freilich ein künstlerisches Mäntelchen um. Man kritisierte seine Instrumentationsretuschen an „deutschen" Musikern, aber auch seine „jüdische" Kompositionstätigkeit. Ein einflussreicher Musikschriftsteller, der zuvor beteuerte, er halte antisemitische Äußerungen für töricht, erdreistete sich zur Behauptung: „Wenn Mahler-Musik jüdisch gesprochen würde, wäre sie mir vielleicht unverständlich. Aber sie ist mir widerlich, weil sie jüdelt." Diese Sätze und viel Schlimmeres wurden vor 1933 geschrieben und von vielen Musikliebhabern nickend zu Kenntnis genommen. Gustav Mahler und viele andere jüdische Mitbürger mussten damit leben.

Gustav Mahler wurde am 7. Juli 1860 in Kalischt, einem kleinen Dorf an der böhmisch-mährischen Grenze, geboren. Noch im selben Jahr übersiedelte die Familie nach Iglau, einer mehrheitlich deutschsprachigen Stadt mit etwa 20.000 Einwohnern, wo die Mutter in den folgenden Jahren ein Kind nach dem andern zur Welt brachte, von denen mehrere jung starben. Der Vater, der ein Spirituosengeschäft und eine Bäckerei betrieb, erzog die Kinder mit alttestamentarischer Strenge. Er war ein bildungsbeflissener, ehrgeiziger Choleriker, hart, grob und unnachgiebig. Seine um zehn Jahre jüngere Ehefrau, Tochter eines Seifenkochers, war die Sanftmut in Person. Die Ehepartner passten wie „Feuer und Wasser" zusammen, wie Gustav als Erwachsener einmal konstatierte. Er dürfte als Kind darunter gelitten haben. Seine Persönlichkeit war genetisch jedenfalls von beiden Elternteilen geprägt.

Der kleine Gustav war ein verträumter, ungeheuer lesefreudiger und musikalisch hochbegabter Knabe. Er erhielt bereits als Volksschüler Klavierunterricht und ließ schon im Alter von zehn Jahren bei seinem ersten öffentlichen Konzert im Iglauer Theater aufhorchen. Über den Unterricht am Deutschen Gymnasium, in das ihn der Vater nach dem Pflichtschulbesuch schickte, äußerte er sich später abfällig und auch am Wiener Konservatorium, das er ein paar Jahre besuchte, beeindruckte ihn nur ein Lehrer: sein Klavierprofessor Julius Epstein. Dazu gesellte sich noch Anton Bruckner, der an der Wiener Universität Harmonielehre und Kontrapunkt unterrichtete.

Bereits zu dieser Zeit komponierte Mahler Kammermusik, Orchesterwerke, eine Violin-Sonate und eine Oper, Frühwerke, die er entweder selbst wegwarf oder die nicht erhalten geblieben sind. Das Dirigieren lernte er übrigens weder am Konservatorium noch an der Universität. In den Jahren zwischen 1875 und 1881 fiel nicht nur seine musikalische Ausbildung, auch seine literarische und philosophische Bildung sowie seine weltanschauliche Position erhielten entscheidende Impulse.

Das Leben des jungen Musikstudenten spielte sich jedoch nicht nur in den Übungs- und Vortragssälen und in seinen schäbigen Unterkünften ab, die er häufig wechselte. Gustav Maler trieb Sport und das nicht nur in jungen Jahren. Er wanderte und schwamm gerne und er hatte zahlreiche Freunde. Einer davon war der um vier Jahre ältere Schriftsteller Siegfried Lipiner, der ihn geistig tief beeindruckte und ihn für das Werk Friedrich Nietzsches begeisterte. Die Freundschaft der beiden keineswegs wesensgleichen Männer währte ein Leben lang.

Schon ein Jahr vor dem Abschluss seines Studiums am Wiener Konservatorium trat Gustav Mahler sein erstes Engagement an. Die unterste Sprosse in seiner Dirigentenlaufbahn, die ihn bis zum Weltruhm führen sollte, war das Kurtheater im oberösterreichischen Bad Hall. Von dort ging es nach Laibach und dann weiter nach Olmütz, Kassel, Prag, Budapest und Hamburg. Eine lange Wanderschaft, auf der er jene Werkeinsichten, Repertoirekenntnisse und Erfahrungen mit Bühne und Sängern sammelte, die ihn allmählich zum berühmtesten Dirigenten seiner Zeit machten. Im Sommer 1883, dem Todesjahr Richard Wagners, hörte er den *Parsifal*, ein Erlebnis, das ihn aufwühlte und erschütterte. „Als ich, keines Wortes fähig, aus dem Festspielhaus hinaustrat, da wusste ich, daß mir das Größte, Schmerzlichste aufgegangen war und daß ich es unentweiht mit mir durch mein Leben tragen würde", hielt er in einem Brief fest.

In der Zeit zwischen 1886 und 1896 entstanden die ersten drei der insgesamt neun (die zehnte blieb unvollendet) Symphonien.

Das Dezennium als Direktor der Wiener Hofoper markierte den Höhepunkt in Gustav Mahlers Leben. Es war reich an musikalischen Aufführungstriumphen und kompositorischen Erfolgen, an persönlichen Krisen, privaten und familiären Schicksalsschlägen. Das Dirigieren, dem er zwei Drittel seiner Zeit widmete, betrachtete er als die Tätigkeit, die den Lebensunterhalt sicherstellte, das Komponieren in den Sommermonaten als Sinn stiftende Freizeitbeschäftigung.

Privat fällte der dämonische Dirigent aus Böhmen eine schwer wiegende Entscheidung. Er heiratete am 9. März 1902 unter Ausschluss der Öffentlichkeit in der Sakristei der Karlskirche Alma Maria, die schöne, begabte und kunstsinnige Tochter des Landschaftsmalers Emil Jakob Schindler.

Alma war um 19 Jahre jünger als er, extravagant und lebenshungrig. Der autoritäre Ehemann unterwarf seine Frau völlig seinem despotischen Willen, zwang ihr seinen Lebens- und Arbeitsrhythmus auf. „Du hast von nun an nur einen Beruf, *mich glücklich zu machen*", hatte er ihr vor der Verheiratung in einem langen Brief seinen Machtwillen bekundet. Sie hatte es damals als schöne, zumutbare Aufgabe gesehen. Aber jetzt war es bitterer Ernst. Alma fühlte sich unausgefüllt, empfand ihre Ehe als unerträgliches Joch. Auch die beiden Töchter, die sie zur Welt brachte (Maria Anna 1902, Anna Justina 1904), halfen ihr über die Trostlosigkeit ihres Ehelebens nicht hinweg. In ihrem Tagebuch klagte sie: „Gustav lebt sein Leben, und ich habe auch das seine zu leben. Ich kann mich auch nicht nur mit meinen Kindern beschäftigen." Und dann stieß sie den viel sagenden Seufzer aus: „Ach, wenn er doch jünger wäre! Im Genießen, im Erleben jünger!" Kannte Alma das Geburtsdatum ihres Ehemannes nicht? Sie hatte offenbar nicht Gustav Mahler geheiratet, sondern seine Position und seinen Ruhm.

Den entscheidenden Wendepunkt im Leben des Musikgenies brachte das Jahr 1907. Es waren im Wesentlichen drei Ereignisse, die die Lebensumstände der Familie nachhaltig bestimmten und veränderten: der Rücktritt Mahlers vom Amt des Hofoperndirektors, der Tod seiner älteren Tochter Maria Anna und ein schweres Herzleiden, das die Mediziner bei ihm diagnostizierten. Es stand nicht gut um ihn.

Gustav Mahler, der einen eisernen Willen besaß und sich bis zur Erschöpfung verausgabte, ging in die Vereinigten Staaten von Amerika, wo er in der Wintersaison der Jahre 1907–1911 als Gastdirigent an der Met und als Leiter des New York Philharmonic Orchestra große Erfolge feierte. Unter Aufbietung seiner letzten Kraftreserven brachte er in den Sommermonaten in seinem Haus in Toblach (Südtirol) sein Spätwerk zu Papier. Seine Gattin sonnte sich in seinem Ruhm und betrog ihn nach Noten. Der gehörnte Ehemann musste sich jetzt - nolens volens - ihrem Willen beugen. Die Machtverhältnisse hatten sich grundlegend geändert. Aus Angst, seine vergötterte Gattin zu verlieren, unterwarf er sich ihr bedingungslos.

Das Ende kam rasch. Nach einer schweren Erkrankung kehrte der todkranke Komponist, von seiner Gattin und seiner Schwiegermutter betreut, nach Wien zurück, wo er am 18. Mai 1911 seinem Leiden erlag.

Gustav Mahlers kompositorisches Schaffen stieß bei vielen seiner Zeitgenossen auf Unverständnis und Ablehnung. Seine Symphonien, die schon rein äußerlich durch die wechselnde Anzahl der Sätze und die Einbeziehung von Sängern und Chören vom traditionellen Schema abweichen, erfordern durch ihre exzeptionelle Thematik und die ungewohnte Tonalität beim Publikum ein hohes Maß an verständnisvoller Hingabe. Mahler hat auch das große Vokalwerk *Das Lied von der Erde* komponiert und eine große Anzahl von wunderschönen, einfühlsamen Orchesterliedern geschrieben, deren Texte er der Volksliedsammlung *Des Knaben Wunderhorn* entnahm. Er vertonte auch Friedrich Rückerts *Kindertotenlieder*.

Es scheint, als hätte Gustav Mahlers Musiksprache erst nach den Katastrophen zweier Weltkriege unsere Ohren erreicht. Heute wissen wir jedenfalls, dass Mahlers symphonisches Schaffen in eine Reihe zu stellen ist, die bei Haydn beginnt und über Mozart, Beethoven, Schubert und Bruckner bis zu ihm führt.

ROBERT STOLZ

Im langen, ereignisreichen Leben des großen Komponisten gab es überraschende Wendungen, bemerkenswerte Krisen, glanzvolle Höhepunkte und entnervende Fehlschläge, die nicht nur in den Zeitumständen zu suchen sind. Robert Stolz, der Johann Strauß des 20. Jahrhunderts, war ein Bonvivant, ein Frauenfreund, ein weltoffener Geist, ein beherzter Antifaschist, vor allem aber ein genialer Musiker. Die Melodien flogen ihm zu.

Robert Stolz war der letzte große Meister der so genannten „Silbernen Ära der Wiener Operette". Aber seine musikalische Palette umspannt in breiter Streuung die melodischen und rhythmischen Ausdrucksformen seiner Zeit, vom Volks- und Heurigenlied („Auf der Heide blühn die letzten

Rosen", „A klane Drahrerei") über das Wienerlied („Im Prater blühn wieder die Bäume"), Märsche, Polkas, Tangos und Foxtrotts („Salome") bis zu seinen unvergesslichen Walzern („Zwei Herzen im Dreivierteltakt", „Mein Liebeslied muss ein Walzer sein") und seinem an die Ideenwelt Arthur Schnitzlers heranreichenden Selbstmord-Couplet „Servus Du". Er hat an die einhundert Stumm- und Tonfilme mit prachtvollen Melodien ausgestattet („Adieu, mein kleiner Gardeoffizier", „Frag nicht, warum ich gehe") und schrieb in den Jahren von 1952/53 bis 1970/71 alljährlich die Arrangements für die „Wiener Eisrevue". Ein großer Teil seines gewaltigen Lebenswerkes ist auf Tonträgern gespeichert und jederzeit abrufbar.

Robert Stolz wurde am 25. August 1880 in Graz geboren. Der Vater war Musikpädagoge, die Mutter Konzertpianistin. Im Elternhaus verkehrten so berühmte Persönlichkeiten wie Johannes Brahms, Anton Bruckner und Johann Strauß. In dieser musikdurchfluteten Atmosphäre wuchs der jüngste Sohn einer kinderreichen Familie auf. Bereits im Alter von acht Jahren hatte das musikalische Wunderkind seinen ersten Auftritt in der Öffentlichkeit. Und wie Vater Mozart mit seinem Wolferl, ging auch Vater Stolz mit seinem kleinen Robertl auf Tournee. Das Konzertpublikum war von der Fingerfertigkeit und der frühreifen Virtuosität des Knaben hellauf begeistert.

Nach einer gediegenen Ausbildung am Wiener Konservatorium, die er 1896 mit der Staatsprüfung abschloss, ging es zurück in die Heimatstadt, wo er seine Laufbahn als Korrepetitor am Stadttheater begann. Die nächste Station war Marburg. Dort dirigierte er seine erste Operette, den *Zigeunerbaron* von Johann Strauß. Der Beginn als Dirigent war gemacht. Die ruhmreiche Komponistenkarriere sollte folgen. Sie wurde von keinem Geringeren als von Johann Strauß angeregt, den er knapp vor dessen Tod kennen lernte. Die Begegnung war eine Sternstunde in seinem Leben.

Auf Marburg folgten Engagements am Salzburger Landestheater und in Brünn, wo Leo Slezak zum ersten Mal unter seiner Leitung sang, sowie Gastspiele in Russland und Italien. Im Jahre 1905 landete Robert Stolz schließlich als Kapellmeister im Theater an der Wien und erlebte in der k. u. k. Residenzstadt den ersten Höhepunkt seiner Karriere.

Als Dirigent hatte Robert Stolz auf Anhieb Erfolg. Er trug wesentlich mit dazu bei, dass Franz Lehárs Operette *Die lustige Witwe*, die er nicht weniger als 547-mal en suite im Theater an der Wien dirigierte, nach anfänglich lauer Aufnahme durch die Kritik zu einem durchschlagenden Publikumserfolg wurde. Den eigenen Durchbruch als Komponist schaffte er mit der Uraufführung der Operette *Das Glücksmädel* im Raimundtheater, bei der Alexander Girardi mitwirkte. Einige Zeit später schrieb er zum Girardi-Stummfilm *Der Millionenonkel* seine erste Filmmusik. Die Zusammenarbeit mit so berühmten Filmregisseuren wie Ernst und Hubert Marischka, mit E. W. Emo und anderen ist ein wesentlicher Bestandteil seiner Biografie und seines Lebenswerkes.

Das Privatleben des Robert Stolz spielte sich lange Zeit nach den Regeln der Boheme ab. Der lebenslustige, charmante, zum Wiener gewordene Musikus aus Graz stürzte sich in unüberlegte Liebesabenteuer und in vier letztlich unglückliche Künstlerehen, die ihm den Seelenfrieden raubten und ihn viel Geld kosteten. Erst seine letzte Ehefrau, Yvonne Louise Ulrich, seine „Einzige", seine „Einzi", die in den letzten 35 Jahren seines Lebens Freud und Leid mit ihm teilte, war ihm das, was dieser große Künstler, aber hilflose Mensch brauchte: eine charmante, energische, liebevolle und selbstlose Gefährtin. Es mussten freilich noch dreißig Jahre vergehen, ehe das Schicksal die beiden zusammenführte.

Die drei Jahrzehnte zwischen 1910 und 1940 waren im Leben des Robert Stolz so turbulent wie die Weltgeschichte. Nach seiner Kapellmeisterzeit bei den „Deutschmeistern" 1914–1918 und der Komposition von Singspielen und Operetten, die ihm internationale Beachtung eintrugen, schlitterte er durch die Gründung einer Robert-Stolz-Bühne, die sein ganzes Geld verschlang, in ein finanzielles Desaster.

Nach diesem Finanzdebakel ging Robert Stolz nach Berlin, wo er kein Unbekannter mehr war. Seine Operette *Mädi* hatte in der deutschen Kunst- und Kulturmetropole mit Hans Albers in der Hauptrolle kurz zuvor einen großartigen Erfolg erzielt. In der Berliner Luft der zwanziger Jahre fühlte sich der Luftikus aus Wien wohl. Das Kabarett boomte, in den Theatern, den Konzerten und Ausstellungsräumen herrschte reges geistiges Leben. Schriftsteller, Maler, Komponisten und Schauspieler lebten hier ihre Kreativität aus. Was in der Kultur Rang und Namen hatte, war hier schöpferisch tätig, tummelte sich damals in der vergnügungshungrigen Atmosphäre dieser Stadt.

Robert Stolz war einer von ihnen. Er schrieb Lieder, schuf neue Operetten, komponierte vor allem für den Tonfilm, unterhielt sich blendend und verdiente viel Geld.

„Die ganze Welt war himmelblau", bis am politischen Horizont Gewitterwolken aufzogen, die immer bedrohlicher wurden. Robert Stolz hatte nicht nur ein feines musikalisches Gehör, er hatte auch ein scharfes Auge für Veränderungen in der Politik. Er erkannte von allem Anfang an die brutalen Gesichtszüge des Nationalsozialismus. Die meisten seiner Musiker-Kollegen, die Sänger, die Textdichter seiner Lieder und Operetten waren Juden. Als man sie aus Deutschland vertrieb, blieb auch er nicht mehr, obwohl er als Arier nichts hätte befürchten müssen. Er verlegte seinen Wohnsitz nach Wien zurück.

Am Morgen des 12. März 1938, noch ehe die deutschen Truppenverbände Wien erreichten, ging er in die Emigration. Robert Stolz und seine vierte Frau nahmen Aufenthalt in Paris. Im ersten Jahr ging alles gut. Dann aber häufte sich das Unheil. Seine ungetreue Lilly brannte mit einem anderen Mann durch und nahm auch gleich alle seine persönlichen Papiere und die Aufenthaltsgenehmigung für Frankreich mit. Das hatte schlimme Folgen. Ende November 1939 wurde Robert Stolz bei einem Spaziergang von einer Polizeipatrouille perlustriert, als feindlicher Ausländer ohne Papiere festgenommen und in ein Internierungslager gesteckt. Dort erkrankte er an einer schweren Lungenentzündung. Sein Ende schien gekommen zu sein. In dieser hoffnungslosen Situation griff ein „Schutzengel" in sein Leben ein. „Einzi" Ulrich, die er einige Zeit zuvor durch den Komponisten Paul Abraham kennen gelernt hatte, holte ihn aus dem Lager, führte ihn einer ärztlichen Behandlung zu und besorgte ihm Ausreisepapiere in die USA. Am 1. April 1940 legte die „S.S. Washington" mit Robert Stolz an Bord in New York an. Ein neuer Lebensabschnitt begann, eine lange, glückliche Lebensspanne zu zweit, denn auch Louise Ulrich war, allerdings auf einem anderen Schiff, kurz zuvor in New York an Land gegangen. Im Leben des großen Musikers fügte sich bald wieder alles zum Alten. Er gab Konzerte, schrieb Filmmusik, machte Tourneen quer durch das ganze Land, bekam Oscars, eroberte mit Lehárs *Lustiger Witwe* den Broadway und wurde mitten im Weltkrieg zum „Botschafter der Wiener Musik" in den Vereinigten Staaten.

Ende Oktober 1946 kehrten Robert Stolz und seine Einzi als Mann und Frau in das bombenzerstörte Wien zurück. Er war jetzt 66 Jahre alt, der Herbst seines Lebens war angebrochen. Aber es war für ihn und die Musikwelt ein langer, sommerschöner Herbst mit strahlenden Tagen, voll der Arbeit und des häuslichen Glücks an der Seite einer tatkräftigen, jungen Frau. Das Ehepaar wohnte zunächst in der Elisabethstraße nahe der Oper und später im schönen, vornehmen Haus in der Himmelstraße 69 in Grinzing.

Der Altmeister der Wiener Musik, der Grandseigneur des Taktstockes feierte bis in das hohe Alter Triumphe, wurde geehrt und verehrt, mit Titeln und Auszeichnungen überhäuft. Gedenkmünzen und -medaillen mit seinem Bild wurden geprägt, Straßen nach ihm benannt, Denkmäler enthüllt.

Robert Stolz gönnte sich keine Ruhe, arbeitete bis ganz zuletzt. Am 25. Juni 1975 machte er noch Plattenaufnahmen mit den Berliner Philharmonikern, zwei Tage später schloss er in den Armen seiner Frau für immer die Augen.

Wie schon vor ihr Adele, die dritte Frau des „Walzerkönigs" Johann Strauß, machte sich „Einzi" Stolz (geb. am 1. Mai 1912) nach dem Tod ihres Mannes zur Gralshüterin seines Werkes. Selbstlos und mit nimmermüder Energie organisierte sie im Stil einer Topmanagerin Konzerte und Gedenkveranstaltungen, korrespondierte in fünf Sprachen mit Journalisten und Verlagen in aller Welt und sorgte dafür, dass die Musik von Robert Stolz im Gedächtnis der Menschen lebendig blieb.

„Einzi" Stolz, Tochter eines Schweizer Schriftstellers und Philosophen, verwaltete auch den künstlerischen Nachlass ihres Mannes. Sie starb 91-jährig im Wiener Allgemeinen Krankenhaus und wurde im engsten Familienkreis im Ehrengrab des Komponisten auf dem Wiener Zentralfriedhof beigesetzt.

GOTTFRIED VON EINEM

Gottfried von Einem war eine der bedeutendsten Persönlichkeiten des österreichischen Kulturlebens im 20. Jahrhundert. Der weltberühmte „Componist" wurde am 24. Jänner 1918 in Bern geboren. Seine Mutter, eine geborene Rieß von Scheurnschloß, war eine mondäne Frau und eine begabte Pianistin. Sie schenkte drei Söhnen das Leben, von denen nur zwei aus ihrer Ehe mit dem k. u. k. Generalmajor und kaiserlichen Militärattaché in der Schweiz, William von Einem, stammten. Gottfried, der mittlere von den dreien, war das Produkt einer Liaison der Frau Mama mit dem ungarischen Grafen Lázló Hunyady, der dem General als Mitarbeiter zugeteilt war. Der Sohn erfuhr seine Abstammung erst im Alter von zwanzig Jahren während eines Verhörs durch die Gestapo. Ein

Schockerlebnis. Die Mutter hatte ihm gegenüber nie ein Wort darüber verloren. Für William von Einem war Gottfried, dessen musikalische Ader vom leiblichen Vater stammte, jedenfalls Hauptperson in der Familie.

Die Einems übersiedelten 1922 nach Schleswig-Holstein. Dort wuchs der Knabe wohl behütet, aber von den Eltern, die viel reisten, allein gelassen in einem großen Landhaus auf. Er besuchte nach der Grundschule das Gymnasium, las Heine, Goethe und Hölderlin und beschloss, Componist (mit C, nicht mit K geschrieben!) zu werden.

Die Musik lag ihm im Blut. Er erhielt musikalischen Privatunterricht, erlernte das Klavierspiel, besuchte Konzerte, setzte erste Noten auf das Papier, schrieb frühe Stücke. 1937/38 holte ihn Heinz Tietjen, der Generalintendant der Preußischen Staatstheater, als Assistent an die Berliner Staatsoper. Dort und in Bayreuth wurden dem jungen Musiker hinter den Kulissen jene praktischen Erfahrungen zuteil, die ihn später dazu befähigten, bühnen-, theater- und gesangsgerechte, effektvolle Opern zu schreiben. Dort lernte er, „was man machen kann und was nicht", was man einem Sänger zumuten darf. Wie man richtig instrumentiert und den Kontrapunkt setzt, lehrte ihn Boris Blacher, dem er zeitlebens in dankbarer Freundschaft verbunden blieb. Bei Blacher lernte er auch seine erst Frau Lianne von Bismarck kennen, die ihm einen Sohn schenkte, der auf den Namen Caspar getauft wurde.

Nach dem Ende des Zweiten Weltkrieges verlegte Herr von Einem Wohnsitz und Tätigkeit nach Österreich. Er ließ sich in Salzburg nieder, fand dort rasch gesellschaftlichen Anschluss und wurde nach der sensationell erfolgreichen Uraufführung seiner ersten Oper *Dantons Tod* im Rahmen der Festspiele des Jahres 1947 beinahe über Nacht berühmt und international bekannt. In das Direktorium der Festspiele gewählt, setzte er neue Akzente, brachte erfrischende Ideen ein und stieß damit bald auf Widerstand und Widerspruch. Als sich der streitbare Querdenker für eine Einbürgerung Bert Brechts in Österreich einsetzte und ihm anbot, für die Festspiele einen „Salzburger Totentanz" zu schreiben, kam es zu einem Kulturskandal. Einem wurde als Bolschewist denunziert und nach einem heftigen verbalen Schlagabtausch mit Dr. Josef Klaus, dem damaligen Landeshauptmann von Salzburg, aus dem Festspieldirektorium ausgeschlossen. Der fortschrittlich gesinnte kulturpolitische Heißsporn kehrte der Festspielstadt den Rücken und machte Wien, das er bald lieben lernte („Ich bin in der Schweiz geboren, in Schleswig-Holstein aufgewachsen und trotzdem Wiener"), zu seinem Domizil.

Im Kulturleben der Bundeshauptstadt spielte der kluge, offenherzige Künstler bald eine bedeutende Rolle. Er war Mitbegründer der Wiener Festwochen, lehrte an der Akademie für Musik und darstellende Kunst, war maßgeblich an den Umstrukturierungen des Urheberrechts-Gesetzes beteiligt und als Direktor der Staatsoper im Gespräch. Die Musikstadt Wien dankte ihm seine verdienstvollen Initiativen und schöpferischen Leistungen unter anderem mit der Verleihung der Ehrenbürgerschaft. Der Wiener Musikverein und die Wiener Konzerthausgesellschaft verliehen ihm die Ehrenmitgliedschaft.

Privat ging Gottfried von Einem nach dem Tod seiner ersten Frau eine neue Ehe ein. Er heiratete die Schriftstellerin Lotte Ingrisch, die bis zu seinem Tod seine einfühlsame und künstlerisch verständnisvolle Gefährtin und Mitstreiterin blieb. Lotte Ingrisch schrieb des Libretto zu den Opern *Jesu Hochzeit* und *Tulifant*. Die Uraufführung von *Jesu Hochzeit* im Theater an der Wien wurde 1980 nach einer beispiellosen Hetzkampagne gegen das Künstlerehepaar seitens katholischer Kreise zu einem veritablen Theaterskandal, *Tulifant* war ein Achtungserfolg. Etliche Jahre zuvor hatte der rührige Componist mit der Vertonung des Dürrenmatt-Stückes *Der Besuch der alten Dame* einen weithin viel beachteten kompositorischen Akzent gesetzt. Knapp vor seinem Tod errang er mit der Uraufführung seines *Tier-Requiems* im Wiener Konzerthaus noch einen größeren Erfolg. Neben seinen insgesamt sieben Opern schrieb Einem symphonische Musik, Kantaten, Kammermusik, Streichquartette und Piècen unterschiedlichster Natur. Auf sein Liedschaffen – das Lied war seine musikalische Lieblingsgattung – sei besonders hingewiesen. Er vertonte unter anderem Gedichte von Christine Busta, H. C. Artmann und Lotte Ingrisch.

Gottfried von Einem war der Vertreter einer gemäßigten Moderne. Seine Musik, die sich innerhalb der Grenzen einer freien Tonalität bewegt, brach nicht mit der Tradition. Der Avantgarde erteilte er eine deutliche Absage. „Ich habe mich nie an theoretische avantgardistische Vorstellungen gehalten, ich mag sie nicht", formulierte er. Herr von Einem, ein Mann von unbeugsamer Charakterstärke, hat sich keinen Modeströmungen unterworfen. Er schrieb Musik, die er sich selbst gerne zumuten konnte und die sein Publikum erfreuen sollte.

„Gottfried von Einem war ein tonaler Componist in einer atonalen Zeit, immer zugleich modern und unvorhersehbar", charakterisierte der Amerikaner Bryan Gilliam seine Musik und der deutsche Musikkritiker Klaus Geitel pflichtete ihm bei: „Einems ausgeprägter Persönlichkeitsstil, seine

Unlust, aus seinem Musikerherzen die zeitgemäße Mördergrube zu machen", formulierte er, „rangierte nicht in den Strömungen des Zeitgeistes. Er ging seine eigenen Wege, und zwar vorzugsweise in die Stille hinein. Gottfried von Einem blieb seinem Musikstil und seiner Musiktechnik ein Leben lang treu. Seine Musik strömte einzig aus ihm selbst, gewissermaßen aus dem Bauch. Das ist seine Stärke. Darin besteht ihre Originalität und ihre Wirkkraft."

Der Tonkünstler war ein weltgewandter Großstadtmensch, aber auch ein Naturliebhaber und ein großer Tierfreund. Und so verabschiedete sich das Künstlerpaar eines Tages vom hektischen Großstadttreiben und zog sich in die Einsamkeit zurück, in die Schlichtheit und natürliche Beschaulichkeit des Landlebens. Lotte Ingrisch hatte in Rindlberg Nr. 98 in der Gemeinde Bad Großpertholz im tiefsten oberen Waldviertel ein Holzhauerhäuschen gefunden und angekauft, das sie nach ihrem Geschmack und für ihre Zwecke einrichtete. Dort lebte das Ehepaar ein paar Jahrzehnte und leisteten sich den Luxus der Einfachheit, wie die Schriftstellerin es einmal formulierte. Sie stiegen aus der High Society aus, aber sie brachen nicht alle Brücken hinter sich ab. Ein loser Kontakt zur „Außenwelt" blieb gewahrt. Prominente Besucher stellten sich von Zeit zu Zeit ein und die Gattin chauffierte ihren Ehemann, der ein durchaus unpraktischer Mensch war, zu gesellschaftlichen Verpflichtungen im In- und Ausland. Sie besorgte im Übrigen den gesamten Alltag, machte Einkäufe, führte Telefonate, schloss Verträge und handelte Honorare aus. Nur eines tat sie nicht: Sie kochte nicht für ihn. Das tat er lieber selber. Gottfried von Einem war ein genügsamer Mensch. Nur auf Alkohol als Inspirationsquelle konnte er nicht verzichten. In seiner Autobiografie *Ich hab' unendlich viel erlebt* gesteht er das freimütig ein.

So sehr der Komponist und seine Gattin das Haus in Rindlberg und sein Ambiente liebten, die sternklaren Nächte, die Herbstnebel, die monddunklen Teiche, sogar die bitterkalten, schneereichen Wintermonate, eines Tages im Mai 1994 hieß es doch Abschied nehmen. Der Componist wurde krank, vieles fiel ihm jetzt zur Last. Lotte kaufte in Oberdürnbach am Manhartsberg, das zur Gemeinde Maissau gehört, ein altes Pfarrhaus. Es wurde neben der Wohnung in der Wiener Hofburg ihr neues Domizil. Gottfried von Einem komponierte noch einige Stücke: *Die Himmelreichlieder*, die *Slowakische Suite*, *Luzifers Lächeln* (eine Kammeroper) und *Seltsame Tänze*.

Am Nachmittag des 11. Juli 1996 bat er seine Gattin, ihn nach Oberdürnbach zu fahren. Er wollte dort sein „Streichtrio" fertig stellen. Abends tranken sie in seinem Zimmer noch eine Flasche Wein. Dann gingen sie zu Bett. Es war Gottfried von Einems letzte Nacht.

Das Begräbnis des berühmten Componisten fand am 22. Juli 1996 im Beisein der höchsten Repräsentanten aus Politik und Kultur und einer riesigen Menschenmenge auf dem Hietzinger Friedhof statt. Eine Polizeikapelle, die sein Sohn Caspar aufbot, der damals das Amt des Innenministers bekleidete, spielte am offenen Grab den „Rindlberger Marsch".

KARL BÖHM

Karl Böhm war im buchstäblichen Sinn des Wortes der Gegenspieler Herbert von Karajans. Er hatte keine Starallüren, er war kein Stardirigent, Renommiergehabe und Sich-in-den-Vordergrund-Spielen waren ihm fremd. Er inszenierte sich nie selbst. Ganz im Gegenteil. Er trat hinter das Werk des schöpferischen Komponisten, das er mit seinem Orchester mit äußerster Präzision probte, einstudierte und zur Aufführung brachte, zurück. Das Markenzeichen seiner perfekten Dirigierkunst war Werktreue.

Karl Böhm musizierte, wie es ein berühmter Sänger einmal ausdrückte, natürlich, selbstverständlich und unmaniert-geradlinig. Und das alles ohne große Gesten. Mit sparsamsten Bewegungen seiner linken Hand und seines Dirigierstabes, mit kleinsten Winken und Fingerzeigen bewirkte er Steigerungen und Höhepunkte von ungeheurer Einprägsamkeit, gestaltete er große, unvergessliche Musiktheaterabende.

Karl Böhm war ein zutiefst österreichischer Mensch und das Urbild eines österreichischen Dirigenten. Seine Musikalität war phänomenal. Er hatte ein untrügliches Gespür für Nuancen und Tempi, er trug das Metronom in seinem Herzen. Böhm schöpfte seine künstlerische Kraft aus der Harmonie seines Wesens. Er war eine in sich ruhende Persönlichkeit, bescheiden, gütig, grundsolide, fleißig.

Bei der Probenarbeit konnte der „Doktor", wie ihn die Wiener Philharmoniker liebevoll nannten, ganz schön bärbeißig und sarkastisch sein, raunzte und grantelte er wie weiland Hans Moser. Er brachte dann so manchen jungen Musiker an den Rand der Verzweiflung, machte jedoch durch lobenden Zuspruch und Väterlichkeit vieles wieder gut. Mit neuen Gesichtern im Orchester hatte er überhaupt wenig Freude. „Alleweil, krieg ich die Jungen", merkte er gallig an, wenn er welche erblickte. Aufbauend war das gewiss nicht. An die Sänger stellte Karl Böhm hohe und höchste Anforderungen. „Karl Böhm war für uns ein Vater", urteilte Kammersänger Walter Berry, „allerdings ein sehr strenger Vater. Sein wirklich hoher Anspruch in punkto Sicherheit - vor allem auch rhythmisch - war damals, als wir angefangen haben, beschwerlich."

Der leidenschaftliche, weltberühmte Dirigent Karl Böhm hatte natürlich kompositorische Vorlieben. In diesem Zusammenhang ist vor allem Richard Strauss zu nennen, mit dem ihn eine lebenslange Freundschaft verband. Er hob dessen Opern *Die schweigsame Frau* und *Daphne* aus der Taufe, der Komponist hinterließ ihm andererseits sein künstlerisches Testament. Böhms große Liebe gehörte allerdings Wolfgang Amadeus Mozart, dessen Musik ihn seelisch zutiefst berührte. Bei irgendeiner Gelegenheit soll Böhm, der den Wiener und Salzburger Mozartstil entscheidend mitprägte, einmal bemerkt haben: „Wenn ich im Himmel dem Beethoven begegne, ziehe ich ganz tief meinen Hut und gehe vorüber; wenn der Mozart kommt, falle ich auf die Knie und kann nichts sagen." Aber vielleicht sprechen die beiden im Theaterhimmel doch über musikalische Fragen. Es müsste ein hochinteressantes Gespräch sein.

Der Anti-Stardirigent rief gemeinsam mit Wieland Wagner in Bayreuth aber auch einen neuen Wagner-Stil ins Leben und setzte mit seinem *Tristan* neue Maßstäbe. Alban Berg verdankt ihm die weltweite Verbreitung seines *Wozzeck*, den Böhm als Co-Direktor und musikalischer Leiter des Teatro Colón in Buenos Aires (1950-1953) in das Repertoire aufnahm.

Auch Gottfried von Einems Oper *Der Prozess* erlebte bei den Salzburger Festspielen unter seiner Stabführung ihre Premiere.

Der Herr „Generalmusikdirektor", ein Titel, der vor ihm (er erhielt ihn 1964) nur ein einziges Mal verliehen wurde und den nach ihm niemand mehr trug, hatte nicht nur Lieblingskomponisten und -opern, sondern auch Lieblingssängerinnen. Zu ihnen zählten unter anderen der Wagner-Star Birgit Nilsson, Christa Ludwig, Leonie Rysanek, Gundula Janowitz und Edita Gruberova, die als Zerbinetta in der *Ariadne* ihren internationalen Durchbruch schaffte.

Karl Böhm wurde am 28. August 1894 in Graz als Sohn einer Pianistin und eines Rechtsanwaltes geboren. Der Papa war ein musikalischer Mensch und ein glühender Wagnerianer. Trotzdem verpflichtete er den Sohn nach der Matura zum Studium der Jurisprudenz. Der Filius fügte sich zähneknirschend dem väterlichen Willen und promovierte 1919 zum Doktor jur. Gleichzeitig studierte er Musikwissenschaft. Zwei Jahre vor der Promotion, mitten im Ersten Weltkrieg, gab er in Graz sein Debüt als Dirigent. Es war der Beginn einer Weltkarriere. 1921 holte ihn Bruno Walter an die Münchener Staatsoper, 1927 wurde er Generalmusikdirektor in Darmstadt, 1931 übertrug man ihm die Leitung des Opernhauses in Hamburg (wo er Richard Strauss begegnete), 1933 stand er zum ersten Mal am Dirigentenpult der Wiener Staatsoper. Es war das Jahr, in dem sich die politischen Verhältnisse in Deutschland grundlegend veränderten. Adolf Hitler wurde Reichskanzler und errichtete im Eiltempo die NS-Diktatur, die zwölf Jahre währen sollte und erst in den Stürmen des Zweiten Weltkrieges ein blutiges Ende fand.

Karl Böhms musikalische Karriere führte weiter steil nach oben. 1933 wurde er mit Wirkung vom 1. Jänner 1934 zum Direktor der Sächsischen Staatsoper Dresden ernannt, 1935 erhielt er den Professorentitel, 1938 stand er bei den Salzburger Festspielen erstmals am Dirigentenpult, am 1. Jänner 1943 übernahm er die Wiener Staatsoper. Der Höhepunkt seiner Direktion war im Juni 1944 die Richard-Strauss-Festwoche anlässlich des 80. Geburtstages des Komponisten. Dann warf der „totale Krieg" seinen langen Schatten auch auf das ehrwürdige Gebäude an der Wiener Ringstraße. Ab September 1944 fanden nur noch ein paar konzertante Aufführungen statt, am 12. März 1945 wurde das Haus bei einem alliierten Bombenangriff auf die Wiener Innenstadt schwer beschädigt und brannte fast völlig aus. Es war der dunkelste Tag in seiner Geschichte. „Wir haben alle das Gefühl, als sei uns der Boden unter den Füßen weggezogen worden; das letzte große Opernhaus ist nun dahin, mit ihm die ganze Opernkultur: warum noch leben!", schrieb Karl Böhm tief erschüttert ein paar Tage später an einen Bekannten. Jetzt, am Ende des Zweiten Weltkrieges, stand er mit der Zerstörung des Opernhauses auch vor den Trümmern seiner eigenen Karriere.

Er musste wieder neu beginnen, nicht ganz von vorne, aber immerhin. Er hatte eine Zeit lang Dirigierverbot, stand dann aber in Wien, an der Mailänder Scala, bei den Salzburger Festspielen und in Musikhochburgen und den renommiertesten Opernhäusern der Welt wieder am Dirigentenpult. 1954, als der unter Einsatz großer finanzieller Mittel vorangetriebene Wiederaufbau der Wiener Staatsoper seinem Ende entgegenging, wurde Karl Böhm erneut zum Direktor des traditionsreichen Hauses am Ring bestellt. Er sollte deren glanzvolle Wiedereröffnung leiten. Böhm konzentrierte sich ganz auf diese Aufgabe. Das Eröffnungsprogramm sah sieben große Neuinszenierungen vor, vier davon studierte er selbst ein. Die Wiedereröffnung des Hauses am 5. November 1955 im Rahmen eines feierlichen Staatsaktes symbolisierte die kulturelle Wiedergeburt des Landes, das nach der NS-Herrschaft und der Besatzungszeit seine Souveränität zurückgewonnen hatte.

Karl Böhm, der an diesem Tag den *Fidelio* dirigierte, hatte einen entscheidenden Beitrag dazu geleistet. Ein paar Monate später war das vergessen. Der Staatsoperndirektor, dessen Vertrag pro Jahr ein dreimonatiges Fernbleiben von Wien vorsah, ging in die Vereinigten Staaten auf Tournee. Während seiner Abwesenheit gab es einige schwache Vorstellungen. Die Kritik an seiner Amtsführung wuchs. Bei seiner Rückkehr damit konfrontiert, erklärte der Direktor auf Reporterfragen, er wolle seine internationale Karriere nicht der Staatsoper opfern. Das Interview löste einen Sturm der Entrüstung aus. Als Böhm ein paar Tage später an das Dirigentenpult trat, wurde er von einem schrillen Pfeifkonzert empfangen, das ihm, wie er selbst sagte, noch jahrelang in den Ohren gellte. Karl Böhm legte sein Amt zurück, aber er brach nicht alle Brücken hinter sich ab. Er musizierte nach einiger Zeit mit seinen geliebten Philharmonikern weiter und bescherte dem Wiener Opernpublikum zahlreiche wunderbare Musiktheaterabende. Auch in anderen großen Opernhäusern der Welt, in New York und San Francisco, in Buenos Aires und Tokio, begeisterte der unermüdliche Dirigent die Zuhörer. Karl Böhm scheute auch im hohen Alter vor keiner Strapaze, nicht einmal vor einem Zwölfstundenflug zurück. Der alte Herr war auf Jahre hinaus ausgebucht.

Zu seinem 85. Geburtstag flatterten tausende Gratulationsbriefe ins Haus, zur Geburtstagsfeier selbst stellte sich neben vielen Persönlichkeiten aus Kultur und Politik sogar Herbert von Karajan mit einem Lied ein. „Was macht's denn so viel Wirbel um mich", raunzte der Jubilar, aber die riesige Anteilnahme freute ihn doch.

Der große Dirigent Karl Böhm, der sein Leben der Musik widmete, war ein bescheidener, glücklicher Familienmensch. Er führte mit seiner zweiten Frau, der Sängerin Thea Linhard, die ihm eine treue Lebensgefährtin und eine diskrete Ratgeberin war, eine harmonische Ehe. Seinem Sohn Karlheinz war er ein liebevoller, fürsorglicher Vater. Auf seinen „Buam", der wie er weltberühmt wurde – allerdings als Schauspieler, vor allem durch die *Sissi*-Filme –, war er stolz. Das karitative Engagement des Sohnes für die Ärmsten der Welt unterstützte er voll.

Karl Böhm arbeitete, bis es nicht mehr ging. Nach einem Schlaganfall musste er seine Mitwirkung an der *Ariadne* in Salzburg und zuletzt ein Orchesterkonzert mit den Philharmonikern absagen. Er starb am 14. August 1981, von der Musikwelt tief betrauert, in Salzburg. Sein Leichnam wurde im Familiengrab in Graz zur letzten Ruhe bestattet.

HERBERT VON KARAJAN

Für die einen war er ein musikalisches Genie, eine Kultfigur, einer der größten, wenn nicht der größte Dirigent des 20. Jahrhunderts, für die anderen ein selbstherrlicher Autokrat, der zeitlebens an seinem eigenen Denkmal gebaut hat und nichts anderes im Sinn hatte als seine künstlerische Unsterblichkeit. An Herbert von Karajan scheiden sich bis heute die Geister.

Herr von Karajan war ein Gentleman vom Scheitel bis zur Sohle, ein besessener Arbeiter, ein Perfektionist, der an sich und seine Mitarbeiter höchste Anforderungen stellte, in dessen Arbeitswelt Selbstzufriedenheit und Bequemlichkeit keinen Platz hatten. Er war von seiner Lebensphilosophie her gesehen ein völlig atypischer, ein kompromissloser und unösterreichischer Österreicher. Karajan war eine energiegeladene, willensstarke, egozentrische Persönlichkeit, die sich mit der Aura der Unnahbarkeit umgab. Gesellschaftlichen Kontakten und Veranstaltungen vermochte er wenig abzugewinnen, im persönlichen Verkehr war er von distanziert-distanzierender Höflichkeit. Er war schwierig, nicht selten schroff und lange Zeit publicityscheu.

Herbert von Karajan hatte kein persönliches, aber ein phänomenales berufliches Charisma. Wenn der hagere Klangästhet mit den markanten Gesichtszügen ans Dirigentenpult trat, den Taktstock hob, mit geschlossenen Augen und ohne Partitur seine Einsätze gab, übertrugen sich vom ersten Augenblick an seine Unbedingtheit des Musizierens und sein cäsarischer Herrscherwille auf Orchester und Sänger, schlug er die Zuhörerschaft wie magisch in seinen Bann. Seine Dirigierkunst war von überwältigender Faszination, auf äußerste Konzentration und Wirkung abgestellt, auf Ruhm und Anerkennung bedacht.

Herbert von Karajan, der ein paar Semester an der Wiener Technischen Hochschule studiert hatte, war der am technischen Fortschritt interessierteste und technisch versierteste Dirigent seiner Zeit. Er fuhr gerne schnelle Autos, saß am Steuer seines Privatflugzeuges und war über die neuesten Entwicklungen auf dem Ton- und Bildträgersektor genauestens informiert. Bei den Film- und Tonaufnahmen seiner Opernaufführungen und Konzerte überwachte er über einen Monitor jede Einstellung und korrigierte akribisch den kleinsten Fehler. Film und Schallplatte, Compact-Disk und Bildplatte stellte er gekonnt in den Dienst seiner perfekt inszenierten Wiedergabe von musikalischen Kunstwerken und gründete hierfür eigene Firmen, ein exzellenter Manager seiner selbst und seiner Musikwelt, mit Anspruch auf adäquate Medienpräsenz. Seine Gegner machen ihm diese Vermarktung seines Genies bis zum heutigen Tag neidisch zum Vorwurf.

Herbert von Karajan, der am 5. April 1908 als Sohn eines Primararztes in Salzburg zur Welt kam, arbeitete ab dem Zeitpunkt, zu dem er sich während seiner musikalischen Ausbildung für die Dirigentenlaufbahn entschied, zielbewusst und unermüdlich am Auf- und Ausbau seiner Karriere.

Seine stabführenden Lehrjahre absolvierte Herbert von Karajan am Ulmer Stadttheater, wo er für eine geringe Gage mit einem mittelmäßigen Orchester im Laufe der Jahre etwa vierzig Opern einstudierte und dirigierte und ein Repertoire zu spielen gezwungen war, das von Richard Wagners *Meistersingern* bis zur Operette reichte. Während der musikalischen Sommerferien in Ulm beteiligte er sich aktiv bei den Salzburger Festspielen und pilgerte nach Bayreuth.

Im Alter von knapp 27 Jahren übernahm der ehrgeizige Musiker das Amt des Aachener Generalmusikdirektors, nachdem ihm zuvor mit Beethovens *Fidelio* im Stadttheater ein bravouröser Einstand gelungen war. Der junge Dirigent musste allerdings den Machthabern im damaligen „Dritten Reich" seinen Tribut zollen. Karajan selbst dazu: „Es ist kein Geheimnis, ich war Parteimitglied, und zwar bin ich es 1935 geworden, als ich Generalmusikdirektor werden sollte. Drei Tage vor meiner Ernennung, als ich das ersehnte Ziel dicht vor Augen hatte, ist der Stadtdirektor zu mir gekommen und hat gesagt: ‚Hören Sie, da ist ... da ist noch eine Formalität zu erledigen. Sie sind noch nicht Parteimitglied. Nach Aussage des Kreisleiters können Sie aber einen Posten dieser Art nicht bekleiden, ohne Parteimitglied zu sein.'"

Der Weg zur großen Karriere war frei und Karajan ging ihn mit unbeirrbarer Konsequenz. Von Aachen aus gelang ihm 1938 der Sprung nach Berlin. Im April dieses Jahres dirigierte er zum ersten Mal die Berliner Philharmoniker, im Oktober triumphierte er in der Oper mit Richard Wagners *Tristan und Isolde*. Das „Wunder Karajan" wurde in der Presse überschwänglich gefeiert. Als sich sein Intimfeind Wilhelm Furtwängler mit dem Regime überwarf, übernahm Karajan als Staatskapellmeister die Leitung des gesamten Berliner Musiklebens. Gegen Ende des Zweiten Weltkrieges, den er in Italien überlebte, musste er den Taktstock aus der Hand legen.

Der Neubeginn war nicht leicht, aber durch Ehrgeiz, Fleiß und Können bahnte sich Herbert von Karajan nach 1945 bald wieder den Weg zur Spitze. 1947 erhielt er die Erlaubnis wieder zu dirigieren. Ab nun ging es Schlag auf Schlag aufwärts. Er dirigierte 1948 bei der Wiedereröffnung der Salzburger Festspiele und stand 1951 bei den ersten Bayreuther Festspielen nach dem Krieg am Dirigentenpult. 1954 löste er Furtwängler als Chefdirigent der Berliner Philharmoniker ab, 1956 übernahm der Maestro die künstlerische Leitung der Wiener Staatsoper. Aus den Berliner Philharmonikern machte der geniale, eigenwillige Dirigent einen Klangkörper von Weltruf, unternahm Gastspielreisen durch Europa und nach Übersee, machte Schallplattenaufnahmen, hetzte von einem Konzertsaal, einem Opernhaus, einem Festspielort zum anderen.

Die Musikwelt lag ihm buchstäblich zu Füßen, sein Terminplan war erdrückend. Wie er ihn bewältigte, nötigte selbst seinen Kritikern Bewunderung ab. Zu dieser Zeit entstand jene berühmte Anekdote, nach der sich der überbeschäftigte Stardirigent müde in ein Taxi fallen ließ und auf die Frage des Chauffeurs, wohin er gebracht werden wolle, zerstreut zur Antwort gab: „Egal, ich habe überall zu tun."

Zwischen dem sendungsbewussten Dirigenten und seinen Orchestern und Gegnern in der Musikszene kam es nicht selten zu Meinungsverschiedenheiten, Friktionen, Auseinandersetzungen und Skandalen. Besonders heftig ging es dabei in Wien zu. Karajan verfolgte mit der ihm eigenen starrköpfigen Zielstrebigkeit den Entschluss, den Spielplan vom Repertoire- auf das Stagione-System umzubauen. Eine Opernproduktion sollte fortan mehrfach hintereinander mit den weltweit besten Sängern über die Bühne gehen. Er dachte dabei an einen Verbund der bedeutendsten Opernhäuser der Welt. Wenn beispielsweise eine italienische Oper in Mailand einstudiert wurde, sollte sie mit ihrem Gesamtkonzept (Inszenierung, Dirigent, Sängern) auch in London, New York und eben auch in Wien zu sehen und zu hören sein. Jede Oper sollte – so wollte es der Maestro – in der Originalsprache gesungen werden.

Gegen diese Pläne regte sich in Wien schon bald heftiger Widerstand. Die Wiener Staatsoper fürchtete um ihre künstlerische Eigenständigkeit, die von Karajan ins Leben gerufene Zusammenarbeit mit der Mailänder Scala und den Salzburger Festspielen stieß an finanzielle und organisatorische Grenzen. Kollisionen mit dem Bühnenpersonal und der Gewerkschaft gesellten sich hinzu. Der nicht eben mit feiner Klinge geführte Streit eskalierte und beschäftige neben der an Musik interessierten Öffentlichkeit sogar den zuständigen Bundesminister für Unterricht und Kunst. Der perfektionistische Praktiker am Dirigentenpult, der nur seine künstlerischen Absolutheitsansprüche gelten ließ, kehrte 1964 der Wiener Staatsoper den Rücken und gründete 1967 in Salzburg die „Osterfestspiele", für die er die Berliner Philharmoniker als Opernorchester engagierte. Die Pfingstfestspiele kamen 1973 hinzu. Bei den Osterfestspielen erfüllte sich Karajan mit seinen Wagner-Inszenierungen einen Jugendtraum. Beethovens *Fidelio*, Verdis *Troubadour*, Puccinis *Bohème* und andere Opern brachte er in Salzburg gleichfalls zur Aufführung.

Die Zusammenarbeit mit den Berliner Symphonikern, die er zu einem Orchester von Weltformat geformt hat, lief natürlich ebenfalls nicht sang- und klanglos ab. Auf Streit folgte Versöhnung, auf Versöhnung Streit.

Im persönlichen Bereich gab es so manche Veränderung. 1958 heiratete der damals bereits weltberühmte Dirigent das französische Mannequin Eliette Mouret. Eliette schenkte ihm zwei Töchter namens Isabel und Arabel.

In den letzten eineinhalb Jahrzehnten seines Lebens wurde Herbert von Karajan von schweren körperlichen Leiden heimgesucht (Bandscheibenoperationen, Nierensteine, Schlaganfall), die er tapfer zu ertragen versuchte und die ihm das Letzte an Willens- und Arbeitskraft abverlangten. Der gesundheitlich schwer angeschlagene Maestro gab nicht auf. Er setzte trotz eingeschränkter Bewegungsfreiheit seine Tätigkeit mit bewundernswertem Einsatz fort, bis es ganz einfach nicht mehr ging.

Herbert von Karajan starb nach einem Herzanfall am 16. Juli 1989 in seinem Haus in Anif bei Salzburg. Um jeden Medienrummel zu vermeiden, wurde sein Leichnam bereits am nächsten Tag bestattet.

SCHRIFTSTELLER

JOHANN NESTROY

Johann Nestroy war – in dieser biografischen Abfolge – Sänger, Schauspieler, Bühnenschriftsteller und Theaterdirektor. Während ihn seine
Zeitgenossen vor allem als Schauspieler wahrnahmen und schätzten,
ist er für die Nachwelt, die ihn lange Zeit völlig ignorierte, einer der
größten Satiriker und Komödienschreiber im deutschen Sprachraum.

Johann Nestroy war ein Vollblutkomiker, der auf den Wiener Vorstadt-
bühnen, im Leopoldstädter Theater, das nach der Übernahme durch den
Schauspieler, Regisseur und Theaterdirektor Carl Carl nun Carl-Theater
hieß, im Theater in der Josefstadt und im Theater an der Wien, alle Register seines schauspielerischen Könnens zog. Aber diese Register waren
keineswegs auf den feinsten Ton gestimmt. Nestroy übertrieb nach Lust

und Laune, spöttelte, machte ordinäre Witze, gestikulierte und extemporierte nach Noten. Dem Vorstadtpublikum gefiel es, es lachte sich tot bei seinen Späßen.

Johann Nestroy, der am 7. Dezember 1801 in Wien zur Welt kam, war der Sohn eines Hof- und Gerichtsadvokaten. Er entstammte somit dem bürgerlichen Mittelstand. Der musikalisch sehr begabte Bub besuchte das Schottengymnasium und ergriff dann an der Wiener Universität das Studium der Jurisprudenz, das er jedoch mangels Interesse nicht abschloss. Mit einer hervorragenden Bassstimme begabt, ließ sich der Studiosus zum Sänger ausbilden und debütierte 1822 als Sarastro in Mozarts *Zauberflöte* im k. k. Kärntnertor-Theater. Er sang dann Rossini-Partien, den Kaspar in Webers *Freischütz*, den Don Fernando in Beethovens *Fidelio*, den Grafen Almaviva im *Figaro* und spielte im Deutschen Theater in Amsterdam ernste und heitere Rollen. Hierauf ging Nestroy dann auf Wanderschaft und gab in Brünn, Pressburg und Graz den Geßler im *Wilhelm Tell*, den Pförtner in *Macbeth*, den Lerse in *Götz von Berlichingen*.

Er war unzählige Male auf der Bühne gestanden, ehe er sich im September 1831 endgültig in der Kaiserstadt niederließ und hier bis zu seinem Abgang zahlreiche Rollen verkörperte, von denen er sich selbst viele auf den Leib schrieb. Neben den Schauspieler trat nun der Bühnenschriftsteller. Kaum zwei Jahre später hatte *Der böse Geist Lumpazivagabundus oder Das liederliche Kleeblatt* Premiere, sein populärstes Stück, mit dem ihm der schriftstellerische Durchbruch gelang. Freilich, dramaturgisch gut gebaut ist dieses Stück genauso wenig wie die meisten anderen, die aus seiner spitzen, satirischen Feder flossen. Die Handlung ist trivial, die Szenenabfolge willkürlich, die Aktschlüsse erfolgen oft unmotiviert, die Verwechslungen sind banal. Nestroys Stücke beziehen ihre Suggestionskraft, ihre Ausdrucksstärke, ihre Vitalität und ihr intellektuelles Amüsement aus der Sprache. Wortgewaltig und sprachwitzig schießt der grantelnde Wiener Possenreißer seine bissigen Pointen ab, ein buntes, erregendes Feuerwerk an Sarkasmen, spitzen, satirischen Anmerkungen, boshaft-böswilligen Urteilen, prophetischen Gedankenspielereien und schonungslos aggressiven Behauptungen. „Er ist", urteilte Karl Kraus, „der erste deutsche Satiriker, in dem sich die Sprache Gedanken macht über die Dinge."

Nestroys Sprachverliebtheit und -virtuosität läuft auf zwei Ebenen ab: im ausdrucksstarken Wiener Dialekt und in der Hochsprache, aus deren wechselseitiger Verwendung und Vermischung er seine theatralischen Effekte bezieht. Der „wienerische Aristophanes" nahm sich absolut kein Blatt vor den Mund. Er kritisierte gesellschaftliche Zustände, entlarvte Vorurteile, stellte mit angriffslustiger Unbarmherzigkeit menschliche Schwächen an den Pranger, machte sich über ehrwürdige Institutionen lustig. Das brachte ihn im Polizeistaat Kaiser Franz' I. und seines Staatskanzlers Clemens Wenzel Lothar Metternich etliche Male in Konflikt mit der unerbittlichen Zensur. 1836 wurde er zu einer fünftägigen Arreststrafe verdonnert, weil er einen Journalisten, der ihm nicht wohl gesinnt war, beleidigt hatte. Geldstrafen wegen politischer Anspielungen waren keine Seltenheit.

Ein Revolutionär war er allerdings nicht. Er begrüßte 1848 zwar das (vorläufige) Ende der polizeistaatlichen Bevormundung und war mehr notgedrungen als freiwillig Mitglied der Leopoldstädter Nationalgarde, aber im Grunde seines Herzens war er gut kaiserlich und patriotisch gesinnt. Von Freiheit und Gleichheit hielt er nicht allzu viel. In seinem Stück *Freiheit in Krähwinkel* rechnete er wohl mit der Zensur ab: „Die Zensur", wetterte er, „ist die jüngere von zwei schändlichen Schwestern, die ältere heißt Inquisition", aber er kritisierte in der Rolle des Ultra auch den naiven Freiheitswahn der Revolutionäre. An den Rollen, die er verkörperte, feilte er lange, verwarf, korrigierte und verbesserte sie mit gewissenhafter Sorgfältigkeit. Die Stoffe nahm er, wo er sie fand. Als Vorlage dienten ihm zumeist französische oder englische Lustspiele.

Johann Nestroy stellte in der Hauptsache den Kleinbürger mit allen seinen Hoffnungen und Ängsten, seinen Sorgen und Nöten auf die Bühne, wenn er auch dann und wann einen sozial Höhergestellten, einen reichen Großbürger oder einen Adeligen, auf seine spitze Feder spießte.

Die Zeitgenossen schätzten an den Stücken Nestroys in erster Linie die witzigen, treffsicheren Pointen und die kritischen, schonungslosen Couplets, in denen sich seine misanthropische Weltsicht und seine Lebensweisheit reflektieren. „Was hat man von dieser fünfzig bis sechzig Jahre langen Luftschnapperei?", fragte er schnippisch, um darauf irgendwann zu antworten: Das Leben ist „nix anders als ein an seinem Geburtstag gefälltes, auf unbestimmte Zeit sistiertes Todesurteil". Und die Ehe definierte der neurotische Vollbluterotiker als eine „wechselseitige Lebensverbitterungsanstalt".

Der Schauspieler und der Privatmann Johann Nepomuk Nestroy lassen sich auf keinen gemeinsamen Nenner bringen. Auf der Bühne „fährt ihm der Teufel in den Leib", konstatierte sein Theaterdirektor Carl. Außerhalb der Bühne sei er ein „Hascherl" gewesen. Nestroy, der als Theaterdirektor (1854–1860) übrigens wenig erfolgreich war, wird im persönlichen Verkehr tatsächlich als scheu, unauffällig, bescheiden und zurückhaltend beschrieben.

Die Beziehungen des triebhaft veranlagten Satirikers zum weiblichen Geschlecht waren höchst ambivalent. Johann Nestroy sehnte sich nach häuslicher Geborgenheit. Im Alter von 25 Jahren heiratete er eine Schauspielerin, die einem Sohn das Leben schenkte, bald nach der Geburt aber mit einem Aristokraten durchbrannte. Der Schock, den dieser Schritt in der Seele des Gemahls zurückließ, saß tief. Johann Nestroy ging keine Ehe mehr ein. Die Sängerin Marie Weiler, die er 1828 in Graz kennen lernte, blieb seine ihm nicht angetraute Lebensgefährtin. Dem Lebensbund entsprossen zwei Kinder, ein Sohn Carl und eine Tochter Maria Cäcilia, denen Demoiselle Weiler wie auch dem Sohn aus erster Ehe eine vorbildliche Mutter war.

Marie Weiler war eine herrische Frau, die ihren untreuen „Hallodri" an der kurzen Leine hielt. Sie spionierte ihm nach, kam ihm auf seine amourösen Schliche, auch wenn sie noch so umsichtig vorbereitet waren, verfolgte ihn mit ihrer Eifersucht. Es gab häusliche Szenen, die bis an den Rand der Trennung gingen. Der Herr Casanova fürchtete die Strenge und den Scharfblick seiner Partnerin, schätzte aber andererseits ihre Mütterlichkeit und ihre gewissenhafte Haushaltsführung, die ihn vor dem Absturz in das finanzielle Fiasko bewahrte.

Johann Nestroy war nämlich nicht nur ein leidenschaftlicher Theatermensch, sondern auch ein passionierter Kartenspieler, der mit Geld nicht umgehen konnte. Wenn es darauf ankam, nahm der Frauenheld seine Xanthippe vor Verleumdungen oder böswilligen Anschuldigungen in Schutz. Er wusste ihre „höchst vorzüglichen Eigenschaften" zu schätzen. In seinem Testament setzte er die Lebensgefährtin zur Universalerbin seines beträchtlichen Vermögens ein, zu dem sie, wie er es formulierte, „durch ihr aufoferndes Wirken das Meiste beigetragen hat".

Auf der Bühne ab- oder nachgebildet hat er den Typ seiner Lebensgefährtin nicht. Nestroys Frauenfiguren sind größtenteils lustige, schnippische Frauenzimmer, die das Herz und das Mundwerk auf dem rechten Fleck haben. Sie sind hübsch, lebenslustig, bezaubernd, verliebt, neckisch, aber selten profilierte Persönlichkeiten. An ihre männlichen Partner reichen sie an Ausdrucksstärke bei weitem nicht heran.

Johann Nestroy schrieb Stück um Stück, hetzte von einer Aufführung in die andere, parodierte Richard Wagners *Tannhäuser*, stieß mit Jacques

Offenbachs *Orpheus in der Unterwelt*, in der er die Rolle des Jupiter verkörperte, das Tor zum Operettenzeitalter auf und gönnte sich in den Sommern zwischen 1858 und 1860 längere Badeaufenthalte auf der Insel Helgoland. Seine wortwitzige, typisch nestroyanische Begründung: „Man muss wo hingehen, wo Menschen leben, die noch keine Leut' sind."

1859 kaufte er ein Landhaus in Graz, am 30. Oktober 1860 nahm er mit einem bunten Programm, in dem er sechs Rollen spielte, im Carl-Theater Abschied von seiner geliebten Bühne.

Das Leben in Graz behagte ihm. Er war beinahe täglich im Café anzutreffen und besuchte eifrig das Casino, aber das Theaterspielen konnte er nicht lassen und auch nicht das Stückeschreiben. Im Einakter *Häuptling Abendwind*, seiner letzten Arbeit, spielte er die Hauptrolle und er absolvierte auch noch Gastspiele in Wien.

Der Schlaganfall, der ihn am 18. Mai 1862 traf und dem er eine Woche später erlag, hatte sich Monate zuvor angekündigt. Sein stupendes Rollengedächtnis ließ rapide nach, er verwechselte Namen und wurde rasch müde.

Nestroys Leichnam wurde nach Wien gebracht und am 2. Juni 1862 auf dem Währinger Friedhof bestattet. Tausende Menschen säumten die Straßen, als der Trauerzug vom Carl-Theater seinen langen Weg dorthin nahm. Sie nahmen Abschied von einem ihrer Lieblingsschauspieler, der mit seinen Clownerien, seinen witzigen Einfällen und derben Späßen ein paar Stunden Frohsinn und Unterhaltung in ihren tristen Alltag gebracht hatte.

FRANZ GRILLPARZER

Mit dem sensationellen Erfolg seiner *Ahnfrau* im Jahre 1817 stand der 26-jährige Franz Grillparzer plötzlich im grellen Licht der Öffentlichkeit, das er später so sehr scheute. Er hatte das Schicksalsdrama in nur sechzehn Tagen niedergeschrieben.

Auch *Sappho*, sein nächstes Schauspiel, entstand in der unglaublich kurzen Zeit von nur drei bis vier Wochen. Es wurde im Hofburgtheater uraufgeführt und trug dem jungen Dramatiker als fest bestallter Theaterdichter ein Jahresgehalt von 1.000 Gulden ein.

„Das Glück des jungen Mannes ist gemacht", notierte sein väterlichen Freund und Förderer Joseph Schreyvogel, der als Hoftheatersekretär den Spielplan des Wiener Burgtheaters gestaltete. Es war, nachträglich gesehen, ein völlig falsches Urteil. Schon im darauf folgenden Jahr 1819 sah alles ganz anders aus. Die Mutter beging Selbstmord. Das Ereignis stürzte den überaus empfindlichen Dramatiker in eine schwere seelische Krise. Ein Gedicht des der katholischen Kirche nicht eben wohl gesonnenen aufgeklärten Josefiners brachte ihn in Konflikt mit der Zensur und der Staatsgewalt. Ein kaiserliches Handschreiben an den allgewaltigen Polizeiminister, den Grafen Josef Sedlnitzky, bedrohte den „Missetäter" im Wiederholungsfall mit der Einstellung der finanziellen Zuwendungen.

Franz Grillparzer stand vor einer schweren persönlichen Entscheidung. An ein Leben als freier, regimegegnerischer Schriftsteller im vormärzlichen Habsburgerreich war nicht zu denken. Es gab nur zwei Möglichkeiten: auszuwandern oder sich der Staatsgewalt zu beugen. Franz Grillparzer entschied sich für die Unterwerfung. Es ist ihm nicht zu verdenken, obwohl es ihm oft zum Vorwurf gemacht wurde. Der Entschluss hatte für sein weiteres Leben und Schaffen freilich schwer wiegende Folgen: Die Anpassung an das autokratische Regime war mit der Einengung der geistigen und künstlerischen Bewegungsfreiheit teuer erkauft. Ein Dilemma, aus dem er nicht mehr herausfand.

Im Jahrzehnt zwischen 1820 und 1830 stand Franz Grillparzer auf dem Höhepunkt seines dichterischen Ruhmes, obwohl es Schwierigkeiten mit der Zensur gab. *König Ottokars Glück und Ende* wurde mit großem Erfolg uraufgeführt, *Ein treuer Diener seines Herrn* wurde bei der Premiere umjubelt. Nach der dritten Vorstellung forderten die Behörden den Dichter auf, das Stück an den Kaiser zu verkaufen, um es der weiteren Beachtung durch die Öffentlichkeit zu entziehen. Eine typische Vorgangsweise im Polizeistaat Kaiser Franz' I. und seines Staatskanzlers Clemens Wenzel Lothar Metternich, dessen Repressionsmaßnahmen der liberale Grillparzer auch bei einer Durchsuchung seiner Wohnung nach staatsgefährdenden Papieren am eigenen Leib zu spüren bekam. Vor diesen zwangsstaatlichen Maßnahmen flüchtete der Dramatiker nach Deutschland, wo er unter anderen mit Goethe zusammentraf. Ein Gespräch unter vier Augen mit dem Olympier lehnte er ab. Er fürchtete sich, mit Goethe einen ganzen Abend allein zu sein.

Das Jahr 1831 markierte in der dichterischen Laufbahn Franz Grillparzers den verhängnisvollen Wendepunkt. Die Liebestragödie *Des Meeres und der Liebe Wellen* fiel im Burgtheater durch. Der Misserfolg erschütterte den von Selbstzweifeln geplagten Dichter zutiefst. Als es ihm etliche Jahre spä-

ter mit *Weh dem, der lügt* nicht besser erging, zog sich der Dramatiker ver-
grämt in die innere Emigration zurück, wie man das heute formuliert, und
bot keines seiner Stücke mehr zur Aufführung an. Seine Alterswerke *Ein
Bruderzwist in Habsburg, Die Jüdin von Toledo* und *Libussa* waren zu Lebzeiten Grillparzers auf der Bühne nicht zu sehen.

Die Kritik an den politischen Verhältnissen und Umständen im vormärzlichen Österreich fand vorwiegend in seinem Tagebuch einen literarischen Niederschlag. 1848 trat Franz Grillparzer aus seiner Reserve heraus und unterzeichnete die von Eduard von Bauernfeld und Alexander
von Bach verfasste Petition für die Pressefreiheit und die Ausarbeitung einer Konstitution. Dann allerdings erteilte er mit seiner Hymne auf den in
Italien siegreichen Feldmarschall Radetzky („Glück auf, mein Feldherr,
führe den Streich!") den Freiheitsbestrebungen der Völker im multinationalen Habsburgerreich eine Absage. Die Häme blieb nicht aus. „Grillparzer, abgestorbener Dichter", stichelte eine Wiener Abendzeitung. „In
seiner Jugend gastierte er auf dem Parnaße als Ahnfrau, in seinem Alter
nahm er Dienste als Marketenderin beim Feldmarschall Radetzky." Und
auch Friedrich Hebbel äußerte sich abfällig über die Zwiespältigkeit seines Dichterkollegen. „Er ist eine servile Natur", urteilte er. „Im Privatge-
spräch kann man nicht genug zornige Schmähworte über gewisse hohe
Persönlichkeiten hören, die er dann öffentlich besingt ..." Franz Grillparzer galt von nun an als Erzkonservativer.

Im neoabsolutistischen Staat Kaiser Franz Josephs wurde der Dichter
mit Ehrungen geradezu überhäuft. Man verlieh ihm einen Orden nach
dem anderen, verschiedene Universitäten zeichneten ihn mit Ehren-
doktoraten aus, die Stadt Wien machte ihn zum Ehrenbürger, der Kaiser
empfing ihn in Privataudienz und ernannte ihn zum Mitglied des Her-
renhauses auf Lebenszeit. Der 1849 zum Direktor des Burgtheaters ernannte deutsche Schriftsteller und Publizist Heinrich Laube setzte seine
Stücke wieder auf den Spielplan. Für Grillparzer kam das allerdings, wie
er melancholisch anmerkte, „zu spät". Er grollte, zollte der habsburgischen
Staatsmacht aber bei gelegentlichen Anlässen mit Hymnen, Gedichten und
Trinksprüchen seine Ehrerbietung. Ein hellsichtiger, weit blickender politischer Beobachter war er aber jedenfalls. Sein Wort von der Humanität,
die über die Nationalität zur Bestialität führt, hat heute noch oder schon
wieder Gültigkeit. Joseph Roth nannte ihn den „einzigen konservativen
Revolutionär, den die Geschichte Österreichs kennt". Das scheint nicht
ganz unzutreffend zu sein.

Franz Grillparzer war ein zutiefst unglücklicher Mensch. Er neigte zur Hypochondrie, zur Skepsis und Melancholie und zur lebensbedrohenden Selbstkritik. Mit zunehmenden Jahren entwickelte er sich mehr und mehr zum mieselsüchtigen, missmutigen Misanthropen. Schon im Alter von 42 Jahren fühlte er sich als Greis. Mit etwa sechzig meinte er: „Ich bin in dem Alter, wo man nur noch in Erinnerungen lebt, aber die Toten und die Lebenden rücken zusammen." Und: „Wenn man keine Familie hat, weiß man nicht, warum man jetzt noch leben soll." Grillparzer hätte eine Familie haben können, aber er konnte und wollte keine dauernden Bindungen eingehen.

Franz Grillparzer lebte nach dem frühen Tod des Vaters im Jahre 1809 zehn Jahre allein mit seiner Mutter beisammen und begann 1819 nach deren Selbstmord mit Charlotte, der Frau seines Cousins und Freundes Ferdinand von Paumgartten, eine Liebesaffäre, die sich aber bald wieder zerschlug. Etwas länger dauerte das Verhältnis mit Marie Smolk von Smolenitz, die jedoch nicht ihn, sondern den Maler Moritz Daffinger heiratete. Katharina Fröhlich, seine „ewige Braut", lernte der Dreißigjährige im Haus des Bankiers Heinrich von Geymüller kennen. Sie war die Drittgeborene von vier Schwestern, die sich allesamt zur Kunst hingezogen fühlten. Katharina war eine von vielen Verehrerinnen. Die beiden verlobten sich rasch, geheiratet haben sie nicht.

Es war eine seltsame Liebesbeziehung. Katharina war wissbegierig, lebhaft, resch, lebenslustig, anziehend, feinnervig und ungeheuer musikalisch. Sie war nicht so zerbrechlich wie er, nicht so selbstquälerisch, sie konnte heftig und sogar zänkisch sein. Grillparzer liebte sie, die Bindung dauerte ohne körperliche Erfüllung ein halbes Jahrhundert. „Am Ende war es doch mein grillenhaft beobachteter Vorsatz das Mädchen *nicht* zu genießen, was mich in diesen Zustand versetzt hat. Grillenhaft beobachtet sage ich", setzte er hinzu, „denn es war kein eigentlich tugendhafter Entschluß, er war erzeugt durch ein vielleicht bloß ästhetisches, künstlerisches Wohlgefallen an des Mädchens Reinheit, was mich zurückhielt, das zu tun, wozu alle Gefühle und Gedanken mich beinahe unwiderstehlich hintrieben ..." Sie ließ ihm Zeit, sie wartete. Vergeblich. Nach dem achtzigsten Geburtstag wollte er sich mit ihr im Stephansdom trauen lassen. Da soll sie, einem Biografen zufolge, in Tränen ausgebrochen sein und ausgerufen haben: „Das hieße der Aufopferung eines langen Lebens den Stempel der Gemeinheit aufdrücken, ich bin keine alte Hofratsköchin."

Franz Grillparzer verbrachte eine lieblose Kindheit und Jugend. Seine psychische Disposition war familiär-genetisch auf Vereinzelung, Melancholie und selbstzerstörerische Innenschau vorgeprägt. Von diesen Komponenten her sind seine Persönlichkeit und sein Werk zu verstehen und zu erklären.

Am 15. Jänner 1791 als Sohn eines Advokaten geboren, wurde der Bub zunächst durch Privatlehrer unterrichtet und besuchte dann das St.-Anna-Gymnasium. Nach dessen Absolvierung studierte er an der Wiener Universität Staats- und Rechtswissenschaften. Er verdiente sich nach Studienabschluss seinen Lebensunterhalt zunächst als Hofmeister eines Mitglieds der Hocharistokratie und trat dann in den Staatsdienst ein, in dem er vom unbesoldeten Konzipisten nach zahlreichen Hintansetzungen bis zum Direktor des Hofkammerarchivs aufstieg. Seine lebenslange Beamtenlaufbahn endete 1856 als k. k. Hofrat mit der Versetzung in den Ruhestand.

Franz Grillparzers Lebensspanne reichte vom napoleonischen Zeitalter über das Sturmjahr 1848 bis in die Zeit des beginnenden Nationalitätenstreites, an dem das Habsburgerreich zerbrach.

Österreichs einziger „klassischer" Dichter starb am 21. Jänner 1872 und wurde auf dem Währinger Ortsfriedhof begraben. Sein Ehrengrab befindet sich auf dem Hietzinger Friedhof.

Zwei Tage nach seinem Tod schrieb der Literaturkritiker Ferdinand Kürnberger: „Zur Psychologie Österreichs ist die Biographie Grillparzers unentbehrlich." Wie wahr! Franz Grillparzer schrieb die wunderbare Erzählung *Der arme Spielmann*. Der arme Spielmann war im Grunde genommen er selbst, als Künstler wie als Mensch.

BERTHA VON SUTTNER

Sie sei öfter gefragt worden, wie und wieso und warum sie auf die Idee gekommen sei, *Die Waffen nieder* zu schreiben und eine Friedensgesellschaft zu gründen. Darauf musste sie immer die Antwort schuldig bleiben, so Bertha von Suttner. Sie habe höchstens erwidern können, nicht sie sei auf die Idee, sondern die Idee sei über sie gekommen.

Der Roman *Die Waffen nieder*, der zuvor von einigen Verlagen wegen seines Inhalts abgelehnt worden war, erschien 1889 in Leipzig. In diesem Buch ging es der damals bereits bekannten Schriftstellerin nicht um literarischen Ruhm, sondern um öffentlichen Widerhall, um Publicity, wie man heute sagt. Bertha von Suttner schildert darin am Schicksal einer jungen Aristokratin, deren persönliches Lebensglück in den Kriegen zwischen

1859 und 1870/71 zerschellte, die Sinnlosigkeit und verheerende Zerstörungskraft des Krieges. Im letzten Viertel des 19. Jahrhunderts ein Antikriegsbuch zu schreiben und für den Frieden einzutreten, dazu gehörten Mut und Entschlossenheit. Schon gar, wenn man weiblichen Geschlechtes war. Es war die Zeit des (preußischen) Militarismus, des Rüstungswahnsinns, der polternden Kriegshetze, des imperialistischen Machtstrebens. Die europäischen Großmächte machten sich die halbe Welt untertan und gerieten bei der Aufteilung der Beute hart aneinander. Gegen den Krieg und die Kriegstreiber anzuschreiben, schien von vornherein zum Scheitern verurteilt zu sein. Die Autorin selbst zweifelte am Erfolg ihres Buches, ihres Anliegens. Sie täuschte sich. Ihr Antikriegsbuch schlug voll ein. Alsbald in alle Kultursprachen übersetzt, löste es in aller Welt eine ungeheure Resonanz aus, wurde zum Bestseller und machte die Autorin schlagartig berühmt. Von der Presse des In- und Auslandes kam (überraschenderweise) Zustimmung, aber auch Kritik und herbe Ablehnung. Die zu diesem Zeitpunkt 46-jährige Schriftstellerin registrierte es mit Freude und leisem Unbehagen.

Besonders erfreut war sie über ein Schreiben des schwedischen Großindustriellen Alfred Nobel, der ihr in warmen Worten zu ihrem Bucherfolg gratulierte. „Ich habe gerade die Lektüre Ihres bewundernswerten Meisterwerkes beendet", schrieb er ihr. „Man sagt, daß es zweitausend Sprachen gibt - das wären 1.999 zu viel -, aber sicherlich gibt es keine Sprache, in die ihr herrliches Werk nicht übersetzt werden müsste, um gelesen und darüber nachgedacht zu werden. Wie viel Zeit haben Sie für dieses Wunder gebraucht? Sie werden es mir sagen, wenn ich die Ehre und das Glück haben werde, Ihnen die Hand zu drücken, diese Amazonenhand, die so wachsam dem Krieg den Krieg macht ..." Auch der berühmte Schriftsteller Leo Tolstoi, dem sie die russische Ausgabe ihres Buches zusenden ließ, sprach ihr mit folgenden Worten seine Anerkennung aus: „Ich schätze Ihr Werk sehr und denke, daß die Publikation Ihres Romans ein glückliches Vorzeichen ist. Der Abschaffung der Sklaverei ist das berühmte Buch einer Frau, Frau Beecher Stowe, vorausgegangen; Gott gebe es, daß die Abschaffung des Krieges Ihrem Buch folge."

Aber natürlich wurde die „Friedensbertha" auch verhöhnt und verspottet, und leider nicht nur in den Witzblättern. Man warf ihr vor, die Volksseele zu schädigen, das Pflichtbewusstsein, die Vaterlandsliebe und die heldenhafte Gesinnung zu untergraben. Bertha von Suttner musste damit leben.

Ihr Antikriegsroman bewirkte auch eine Wende in ihrem Leben. Sie stellte in den nächsten zweieinhalb Jahrzehnten bis zu ihrem Tod ihre ganze Kraft in den Dienst der Friedensidee und der Völkerverständigung.

Bertha von Suttner, die am 9. Juni 1843 in Prag geboren wurde, kam als Halbwaise zur Welt. Ihr Vater, der pensionierte Feldmarschallleutnant der kaiserlichen Armee, Graf Franz Joseph Kinsky, starb im Alter von 75 Jahren kurz vor ihrer Geburt. Die um fünfzig Jahre jüngere Mutter, eine geborene von Körner, war zwar mit dem Freiheitsdichter Theodor Körner verwandt, aber das zählte wenig. Nach den damaligen adeligen Standesbegriffen, die in der böhmischen Hocharistokratie streng gehandhabt wurden, war sie unebenbürtig. Ihre Verwandtschaft männlicherseits betrachtete sie nicht als ihresgleichen, behandelte sie von oben herab. Das bekam auch die Tochter zu spüren, als sie zum jungen Mädchen heranwuchs. Bertha von Suttner vermochte den Makel ihrer Abstammung ein Leben lang nicht zu überwinden. Sie fühlte sich als Bürgerliche und kritisierte mit scharfen Worten die Privilegien der österreichischen Aristokratie, ihre gesellschaftliche Arroganz und ihr törichtes Standesbewusstsein. Aber insgeheim bewunderte sie doch die althergebrachten adeligen Lebensformen. Sie selbst legte großen Wert auf untadeliges Benehmen, elegante Kleidung und führte, obwohl ihre Mittel dazu nicht ausreichten, einen aufwändigen Lebensstil.

Die kleine Komtess Kinsky wurde von französischen und englischen Gouvernanten erzogen, lernte und beherrschte eine Reihe von Fremdsprachen, las die Bücher der Klassiker, trieb Gesangstudien, unternahm mit ihre leichtlebigen, glückspielfreudigen Mutter Reisen, genoss das Gesellschaftsleben und träumte von einer „guten Partie". Daraus wurde freilich nichts. Sämtliche Verlobungs- und Ehepläne zerschlugen sich. Als mit einer Heirat nicht mehr zu rechnen war, fasste die Dreißigjährige den Entschluss, das Schicksal in ihre eigene Hand zu nehmen und einen „unstandesgemäßen" Beruf zu ergreifen. Sie verdingte sich im Haus des Barons Carl von Suttner, der ein prachtvolles Palais in Wien und das Landschloss Harmannsdorf am Manhartsberg in Niederösterreich sein Eigen nannte, als Gouvernante und Gesellschafterin seiner vier Töchter.

Der Baron hatte auch drei erwachsene Söhne. Die beiden älteren waren bereits verheiratet, als Bertha 1873 ihren Dienst bei den Suttners antrat. Der jüngste, Arthur Gundaccar, der mit mäßigem Erfolg Jus studierte, lebte noch bei der Familie. Er war um sieben Jahre jünger als die hübsche neue Erzieherin seiner Schwestern, charmant und sympathisch. Zwischen den beiden erwuchs eine Liebesbeziehung, die sie ein paar Jahre verheimlichen konnten. Als sie von Arthurs Mutter entdeckt wurde, war Feuer am Dach. Bertha verließ das Haus des Barons.

Durch eine Zeitungsannonce kam sie in Kontakt mit dem damals in Paris lebenden Alfred Nobel, der eine sprachenkundige Sekretärin suchte. Der schüchterne, menschenscheue schwedische Industrielle hätte sie gerne an sich gebunden. Die Komtesse Kinsky hätte die „gute Partie" machen können, die ihr in ihrer Jugend verwehrt geblieben war. Aber sie entschied sich anders. Sie fuhr nach Wien zurück und heiratete am 12. Juni 1876 in einer Vorortekirche ohne Wissen der Familie ihren mittellosen Arthur von Suttner.

Bald nach der Trauung verließ das verliebte Ehepaar Wien. Ziel war das kleine Fürstentum Mingrelien im Kaukasus, das Bertha und Arthur Suttner nach einer monatelangen, abenteuerlichen Reise erreichten. Die Fürstin, die Bertha in Paris kennen gelernt hatte, entbot ihnen eine gastfreundliche Aufnahme und lud sie immer wieder zu großartigen Festen in ihre Schlösser ein. Den Lebensunterhalt mussten sie sich selbst verdienen. Sie gaben Fremdsprachen- und Musikunterricht und begannen, für westliche Zeitschriften und Zeitungen Berichte über das Leben der Einheimischen zu schreiben. Aus Artikeln wurden Bücher. Bertha schrieb eine Reihe von Romanen. Ihr literarisches Vorbild war Emile Zola, der Hauptvertreter des französischen Naturalismus, ihr Menschenbild wurde von Charles Darwin geprägt. Sie glaubte an die ständige Weiterentwicklung des Menschen von der Bestialität zur Humanität. Gemeinsam lasen Bertha und Arthur Suttner die Werke zeitgenössischer Schriftsteller und Philosophen. Sie passten auch weltanschaulich gut zusammen. Beide waren Freidenker.

Nach neunjährigem Aufenthalt im fernen Kaukasus kehrten sie 1885 in die Heimat zurück und nahmen in Harmannsdorf ständigen Wohnsitz. Dort hatte sich unterdessen die finanzielle Situation der Familie Suttner entscheidend verschlechtert. Der Baron hatte durch Börsenspekulationen das gesamte Vermögen eingebüßt. Zwar wurde nach außen hin der Schein gesellschaftlichen Glanzes und Wohlstandes gewahrt, aber die Suttners waren in Wahrheit bettelarm. Das Leben in Harmannsdorf wurde zunehmend unerquicklicher und trister.

Da es an allen Ecken und Enden an Geld fehlte, musste Bertha mit rasch hingeworfenen Zeitungsartikeln und Büchern zum Lebensunterhalt der Familie beitragen, was sie viel Kraft und Energie kostete. Dazu gesellten sich persönliche Sorgen. Arthur begann mit seiner Nichte Marie Louise ein Liebesverhältnis, es gab Eifersuchtsszenen und Streit. Die Ehe wurde brüchig.

Die Öffentlichkeit erfuhr davon nichts. Bertha ließ sich nichts anmerken und setzte sich nach dem großen Erfolg ihres Romans *Die Waffen nieder* ein neues Ziel: Endgültig zur überzeugten Pazifistin geworden, kämpfte sie in einem waffenstarrenden Europa in den beiden letzten Jahrzehnten vor dem Ersten Weltkrieg für die Erhaltung des Friedens und trat in Wort und Schrift unerschrocken gegen nationalen Hader und den Antisemitismus auf, der wie eine Seuche um sich griff. Ab dem Jahr 1891, in dem sie im Alten Rathaus in Wien die „Österreichische Friedensgesellschaft" gründete, fand sie in der Person von Alfred Hermann Fried einen beherzten Mitstreiter. Bertha von Suttner widmete sich unermüdlich ihrer neuen Aufgabe. Sie organisierte Friedenskongresse, hielt Reden und unternahm Reisen durch Europa und in die USA, um für ihr großes Anliegen zu werben. Nicht überall fand sie Gehör, vor allem nicht in ihrer Heimat, wo die antiklerikal gesinnte Aristokratin auf heftigen Widerstand stieß. Man verunglimpfte sie auf jede nur erdenkliche Weise. Sie ließ sich dadurch nicht entmutigen.

Im Jahr 1895 stiftete Alfred Nobel auf ihre Anregung hin den Friedensnobelpreis (neben den anderen Preisen für wissenschaftliche Leistungen), der seit 1901 jährlich in Oslo durch den norwegischen König überreicht wird. Bertha von Suttner wurde der Preis als bisher einziger Österreicherin 1905 zugesprochen. Die hohe Auszeichnung war die vor der ganzen Welt sichtbare Anerkennung für ihre unermüdliche Arbeit im Dienste der Friedensidee. Der Preis gab ihr neue Kraft für ihre Anliegen, zu denen auch die Frauenfrage gehörte. Ihre zahlreichen Gegner missachtend, erhob sie weiterhin ihre warnende Stimme gegen den Krieg.

Den Mächtigen auf dieser Welt tönte die Stimme dieser klugen, unerschrockenen Frau misstönend in den Ohren. Sie hörten sie zwar, aber sie hörten nicht auf sie. Sie ließen weiter die Waffen sprechen, in Ostasien, auf dem Balkan und anderswo. Bertha von Suttner vermerkte es mit Bitterkeit. Sie konnte den Ausbruch des Ersten Weltkrieges, den sie kommen sah, nicht verhindern, aber es blieb ihr erspart, ihn zu erleben. Am 21. Juni 1914, sieben Tage vor dem Doppelmord in Sarajevo, starb sie in Wien an Darmkrebs. Ihr Leichnam wurde in Gotha den Flammen übergeben.

FRANZ KAFKA

Das Werk Franz Kafkas, so schmal und fragmentarisch es vergleichsweise ist, zählt zur Weltliteratur. Allerdings erst seit einigen Jahrzehnten. Denn die meisten Schriften des seltsamen, unergründlichen Dichters aus dem Prag der k. u. k. Zeit sind erst nach dem Zweiten Weltkrieg durch seinen Freund Max Brod der Öffentlichkeit zugänglich gemacht und einer literaturhistorischen Beurteilung unterzogen worden. Brod hat sie publiziert, obwohl Kafka verfügte, seinen handschriftlichen Nachlass zu vernichten. Er hat damit wohl gegen eine testamentarische Verfügung verstoßen, aber der Weltliteratur einen großen Dienst erwiesen.

Kafka schrieb übrigens alle seine Aufzeichnungen einschließlich des aufschlussreichen Tagebuches in einfache Hefte mit blauen, braunen oder schwarzen Einbänden. Zu seinen Lebzeiten waren diese Arbeiten nur einem kleinen Kreis von Freunden und ein paar Kritikern bekannt. Heute füllen die Bände über den introvertierten, selbstkritischen, geradezu von Selbsthass erfüllten Schriftsteller Bibliotheken. Interpretationsversuche gibt es zuhauf, jeder Satz in seinen Romanfragmenten (*Der Prozeß*, *Das Schloß*), seinen Erzählungen und Parabeln (*Die Verwandlung*, *Ein Landarzt*, *Vor dem Gesetz*, *Das Urteil* usw.) ist analysiert, kritisch durchleuchtet und auf seine oft verschlüsselte Aussage- und Deutungsmöglichkeit hin abgeklopft worden. Franz Kafkas in schmuckloser, knapper Sprache abgefasste Prosa bleibt letztlich ein Rätsel und auf unerklärliche Weise „kafkaesk".

Max Brod deutete sie übrigens religiös. Und auch so mancher Literaturwissenschaftler interpretierte sie genauso. *Das Schloß* beispielsweise sei als der Konzentrationsort göttlicher Gnadenfülle zu verstehen, das „Dorf" die Gemeinschaft der Gläubigen, die, unter das Gesetz des Schlosses gebeugt, ihr Tagewerk verrichten, die Behörde, vor der sich der Landvermesser K. zu verantworten hat, das göttliche Gericht. Ganz allgemein formuliert, wird man vielleicht sagen können, dass Kafka „parabolisch die absurde Welt der Gegenwart in präziser Unheimlichkeit darstellte", wie es in einer deutschen Literaturgeschichte zu lesen steht. Er thematisierte aber auch das Ausgeliefertsein gegenüber anonymen Mächten, die Bedrohung und die Ohnmacht des Einzelnen in einem zunehmend technisierten, verbürokratisierten Behördenlabyrinth.

Franz Kafka war ein literarischer Nachtarbeiter. Nach der Büroarbeit in der halb staatlichen „Arbeiterunfall-Versicherungs-Anstalt für das Königreich Böhmen", in der er von acht Uhr morgens bis zwei Uhr nachmittags tätig war, nahm er das Mittagessen ein (Gemüse, wenig Fleisch) und verbrachte den Rest des Nachmittags schlafend in der elterlichen Wohnung. Hierauf ging er eine Stunde spazieren, aß mit der Familie zu Abend und schrieb dann von circa elf Uhr nachts bis zwei oder drei Uhr morgens. Kafka bezeichnete diesen Zeitzwang, den er genau einzuhalten versuchte, als sein „Manöverleben". Das Schreiben im Dunkeln, in der Stille der Nacht, völlig abgeschirmt von der als feindselig verspürten Außenwelt, die seine innere Freiheit bedrohte, empfand er als drängendes, ihn bedrängendes Bedürfnis. Er tauchte dann hinab zu seinen dunklen Seelenschichten und holte den „Schmutz" herauf, den er unten vorfand. Schreiben als Befreiung von Zwängen, als Katharsis.

Der von Schlaflosigkeit gequälte Schriftsteller wickelte seinen literarischen Arbeitsprozess in Schüben ab, die in den langen Herbst- und Winternächten intensiver waren als in der Sommerzeit. Die Erzählung *Das Urteil* (1912), die er persönlich als seinen literarischen Durchbruch empfand, schrieb er in einer einzigen Nacht nieder und notierte im Tagebuch: „Die fürchterliche Anstrengung und Freude, wie sich die Geschichte vor mir entwickelte, wie ich in einem Gewässer vorwärtskam. Mehrmals in dieser Nacht trug ich mein Gewicht auf dem Rücken ... Nur so kann geschrieben werden, nur in einem solchen Zusammenhang, mit solcher vollständigen Öffnung des Leibes und der Seele." Seinem Arbeitsplatz blieb er am nächsten Tag mit der Begründung fern, „etwas Fieber" zu haben. Tatsächlich hatte er bis zur Erschöpfung an dem etwa 16 Druckseiten umfassenden Text gearbeitet.

Vom Literaturbetrieb hielt sich Franz Kafka fern, seine eigenen Texte las er nur seinen nächsten Vertrauten, beispielsweise seiner geliebten jüngsten Schwester Ottilie (Ottla), vor. Der Vater nahm davon überhaupt keine Notiz. Gleichwohl mied der scheue Dichter in jüngeren Jahren keineswegs die Öffentlichkeit. Franz Kafka war kein Stubenhocker. Als sechzehnjähriger Student nahm er an den Versammlungen des sozialrevolutionären „Klub Mladých" teil, entwarf mit jungen Literaten antibürgliche Denkschriften, hörte öffentliche Vorträge über die verschiedensten Themen, lernte auf Dienstreisen die unmenschlichen Arbeitsbedingungen des nordböhmischen Industrieproletariats kennen, die seine Abscheu hervorriefen, und befürwortete als zuständiger Referent Unfallschutzmaßnahmen bei Holzhobelmaschinen. 1908 hielt er eine Festrede anlässlich der Ernennung eines neuen Direktors der Versicherungsanstalt, 1913 trug er bei einer Wohltätigkeitsveranstaltung aus Kleists *Michael Kohlhaas* vor, 1917 las er in einer Münchener Galerie Gedichte von Max Brod. Auch das ist Franz Kafka, gewissermaßen sein der Öffentlichkeit und dem öffentlichen Interesse zugewandtes Gesicht. In späteren Jahren baute er Isolationsschichten um sich auf, persönliche Trennwände, die kaum jemand zu durchdringen und zu übersteigen vermochte. Er wich vor der Umwelt zurück, hauste sich buchstäblich ein.

Franz Kafka wurde am 3. Juli 1883 in der Prager Altstadt als ältestes Kind einer jüdischen Kaufmannsfamilie geboren. Seine beiden Brüder starben im Babyalter, seine drei Schwestern wurden in den Konzentrationslagern der Nazis zu Tode gebracht. Der geschäftstüchtige Vater entstammte dem tschechisch-jüdischen Provinzproletariat. Er behandelte die Kinder mit tyrannischer Strenge, aber auch die gebildetere Mutter ließ es an Zuwendung fehlen. Franz und seine Geschwister wuchsen unter der Obhut von Dienstmädchen, Köchinnen und einer französischen Gouvernante auf. Er besuchte das altösterreichische humanistische k. k. Staatsgymnasium, eine seelenlose (Ver-)Bildungsanstalt, die seinen charakterlichen Grundzug zur Vereinsamung verstärkte, obwohl ihn seine Mitschüler durchaus akzeptierten, sogar schätzten. Ein Klassenkamerad: „Wir alle hatten ihn sehr gern und verehrten ihn auch, aber wir waren mit ihm nie richtig vertraut: Eine dünne Glaswand umgab ihn. Mit seinem stillen, gütigen, Anteil nehmenden Lächeln öffnete und verschloß er sich der Welt gleichzeitig ...“

1901 bestand Kafka die Matura und begann dann an der Deutschen Universität Prag mit dem ungeliebten Jus-Studium, das er 1906 mit dem Doktorat abschloss. Er besuchte regelmäßig Aufführungen des Tschechischen oder Deutschen Theaters, las Nietzsche und beschäftigte sich mit dem philosophischen Werk Franz Brentanos, das ihm Rohmaterial für seine literarische Arbeit lieferte. Nach einem einjährigen Gerichtspraktikum trat er in das bereits erwähnte Institut ein, in dem er bis zu seiner vorzeitigen Pensionierung aus Gesundheitsgründen (1922) arbeitete. Er schrieb unter einem Pseudonym Aufsätze für Tageszeitungen und publizierte 1908 seine ersten Prosastücke in der von Franz Blei herausgegebenen Zeitschrift *Hyperion*.

Franz Kafka war ein schöner, groß gewachsener Mann mit einer hintergründigen, psychogrammatisch schwer fassbaren Persönlichkeit. In einem Brief an Carl Bauer, mit dessen Tochter er sich zu verloben gedachte, gewährte er in beabsichtigter selbstanalytischer Innenschau einen knappen Einblick in seine damalige Lebenssituation und seinen Seelenzustand. Sein Posten sei ihm unerträglich, weil er seinem einzigen Beruf, und das sei die Literatur, widerspreche, konstatierte er. Er werde von nervösen Zuständen schlimmster Art beherrscht, für ein Familienleben fehle ihm jeder Sinn, er sei sogar in seiner Familie fremder als ein Fremder. Und: „Ich bin nicht nur durch meine äußerlichen Verhältnisse, sondern noch viel mehr durch mein eigentliches Wesen ein verschlossener, schweigsamer, ungeselliger, unzufriedener Mensch ...“

Franz Kafka war beziehungs- und bindungsunfähig. Er war mehrere Male verlobt, er hatte Frauenbekanntschaften. Er dachte etliche Male auch an eine Heirat, aber es kam nie dazu. Er schreckte vor dieser Entscheidung zurück, weil er davon überzeugt war, dass es das Ende seines Schreibens bedeutet hätte. Er entschied sich letztlich immer für die Literatur.

Die leidenschaftlichste Beziehung unterhielt der bereits an seiner Todeskrankheit leidende Schriftsteller zur Tschechin Milena Jesenská. Sie war eine um dreizehn Jahre jüngere, leidenschaftliche Frau, „ein lebendiges Feuer, wie ich es noch nie gesehen habe ... Dabei äußerst zart, mutig, klug ...", schrieb er an Brod. Milena war verheiratet, die Ehe war brüchig. Kafka drängte sie, Wien zu verlassen und zu ihm nach Prag zu kommen. „Du gehörst zu mir", beschwor er sie in einem seiner Briefe. Milena erschaute Kafkas Seelenzustand mit intuitiver weiblicher Hellsichtigkeit. „Er ist ohne die geringste Zuflucht, ohne Obdach", analysierte sie seine Lebenssituation. „Darum ist er allem ausgesetzt, wovor wir geschützt sind. Er ist wie ein Nackter unter Angekleideten ..." Zur Lösung ihrer Ehe konnte sie sich nicht entschließen.

Anfang August 1917 vermerkte Kafka im Tagebuch: „Bluthusten". Die ärztliche Diagnose lautete auf Lungentuberkulose. „Falls ich in der nächsten Zeit sterben oder gänzlich lebensunfähig werden sollte ...", notierte er, „so darf ich sagen, dass ich mich selbst zerrissen habe ..."

Er lebte noch sechseinhalb Jahre mit der in dieser Zeit (Weltkrieg, Nachkriegsjahre) unheilbaren Krankheit, las die Schriften des dänischen Philosophen Kierkegaard, begann mit dem Studium der hebräischen Sprache, verbrachte Monate in Lungensanatorien, hielt sich bei seiner Schwester Ottla auf, die in Zürau, einem kleinen Dorf in Nordwestböhmen, einen Bauernhof bewirtschaftete, betätigte sich als Tischler und Gärtner, verlobte und entlobte sich und schrieb unter anderem seine Erzählung *Ein Hungerkünstler* und den Roman *Das Schloß*.

Die Frau, die ihn in seinen letzten Lebensmonaten begleitete, hieß Dora Diamant. Mit ihr übersiedelte er Ende September 1923 von Prag nach Berlin. In den ersten Monaten seines Aufenthaltes fühlte er sich verhältnismäßig wohl und glaubte, seinen „Dämonen" entwischt zu sein. Aber sein Gesundheitszustand verschlechterte sich im Inflationswinter 1923/24 zusehends. Die Tuberkulose hatte auch den Kehlkopf ergriffen. Man brachte ihn nach Prag, von dort an die Wiener Universitätsklinik und zuletzt in das Privatsanatorium Dr. Hugo Hoffmann nach Kierling bei Klosterneuburg, wo der Medizinstudent Robert Klopstock Dora Diamant bei ihren Samariterdiensten unterstützte.

In dem Haus in Kierling, in dem Kafka am 3. Juni 1924 starb (Hauptstraße 187), ist ein Gedenkraum eingerichtet. Franz Kafkas Leichnam wurde in Prag, seiner Geburts- und Schicksalsstadt, beigesetzt.

ARTHUR SCHNITZLER

Unter den zahlreichen Schriftstellern, die an der Wende vom 19. zum 20. Jahrhundert der österreichischen Literatur das Gepräge gegeben haben (Hugo von Hofmannsthal, Karl Kraus, Peter Altenberg, Hermann Bahr, Felix Salten usw.), war Arthur Schnitzler der wienerischste. Ein anderer von ihnen, der geistreiche Polyhistor Egon Friedell, schreibt über ihn in seiner *Kulturgeschichte der Neuzeit*: „Er [Schnitzler] hat in seinen Romanen und Theaterstücken das Wien des Fin de siècle eingefangen und für spätere Geschlechter konserviert: Eine ganze Stadt mit ihrer einmaligen Kultur, mit dem von ihr genährten und entwickelten Menschenschlag wie er sich in einem bestimmten Zeitpunkt der Reife und Überreife auslebte, ist in ihnen klingend und leuchtend geworden. Er hat damit etwas Analoges geleistet wie Nestroy für das Wien des Vormärz."

Arthur Schnitzler war ein unbestechlicher Diagnostiker dieser Zeit. Er hat mit kritischem Scharfblick, einer außergewöhnlichen Beobachtungsgabe und hellwacher, geistiger Tiefenschärfe die Dekadenz und den Niedergang der bürgerlichen Welt analysiert, geschildert und dargestellt, ihre moralische und sexuelle Scheinheiligkeit, ihren verlogenen Ehrenkodex angeprangert, die Wurzeln des aufkeimenden und mehr und mehr um sich greifenden Antisemitismus freigelegt. Er schrieb das kollektive Psychogramm der Jahrhundertwende. Arthur Schnitzler leuchtete in seinen Theaterstücken, Romanen, Novellen und Erzählungen seinen Charakteren in die Seele. Die Seele war für ihn ein „weites Land", das er mit dichterischer Intuition zu erforschen versuchte, er analysierte und deutete seine vielen Träume, die er in einem Traumbuch festhielt, er beschäftigte sich mit dem Unbewussten. Das rückt ihn in die Nähe Sigmund Freuds, des Begründers der Psychoanalyse, der sein ganzes Leben der wissenschaftlichen Erforschung des Unbewussten und der Triebkräfte menschlichen Verhaltens widmete.

Arthur Schnitzler und Sigmund Freud waren „Doppelgänger". Sie lebten jahrzehntelang in derselben Stadt und nahmen doch lange Zeit nur aus der Distanz voneinander Notiz. Erst 1906 gratulierte der Dichter dem Wissenschaftler zu dessen 50. Geburtstag und dankte ihm für die „so mannigfachen starken und tiefen Anregungen", die er aus seinen Schriften bezogen habe. Freuds Antwort: „Ich habe mich oft verwundert gefragt, woher Sie diese und jene geheime Kenntnis nehmen könnten, die ich mir durch mühselige Erforschung des Objektes erworben, und endlich kam ich dazu, den Dichter zu beneiden, den ich sonst bewundert." Erst viele Jahre später, 1922, kam es anlässlich eines Besuches Schnitzlers in der Berggasse 19 zu einer längeren Aussprache zwischen den beiden. Aus demselben Jahr datiert der oft zitierte Brief Freuds, in dem er Schnitzler attestiert: „... Ihr Ergriffensein von den Wahrheiten des Unbewussten, von der Triebnatur des Menschen, Ihre Zersetzung der kulturell-konventionellen Sicherheiten, das Haften Ihrer Gedanken an der Polarität von Lieben und Sterben, das alles berührte mich mit einer unheimlichen Vertrautheit ... Ja ich glaube, im Grunde Ihres Wesens sind Sie ein psychologischer Tiefenforscher ..."

Arthur Schnitzler kam wie Sigmund Freud aus einem jüdischen Elternhaus, freilich aus ganz verschiedenem sozialen Milieu. Freud wurde in ärmliche Verhältnisse hineingeboren, Schnitzler, der am 15. Mai 1862 in Wien das Licht der Welt erblickte, entstammte dem wohlhabenden jüdischen Großbürgertum. Der Vater war ein renommierter Hals- und Nasenarzt, zu dessen Patientenkreis größtenteils Schauspieler gehörten, da sein Spezialgebiet die Laryngologie (Wissenschaft vom Kehlkopf) war. Der Sohn sollte natürlich in seine Fußstapfen treten, jedenfalls aber Medizin studieren. Das tat er nach der mit Auszeichnung bestandenen Matura am Akademischen Gymnasium auch, wenn auch höchst lustlos. „Oh ich fühl's", klagte Arthur weltschmerzlich, „ich bin kein Mensch, der zum Studium taugt. Wenn ich nur so sehr Künstler wäre, als ich Künstlernatur bin."

Das Medizinstudium schaffte er dann doch, vom Militärdienst als Einjährig-Freiwilliger unterbrochen, ohne großen Ehrgeiz und Fleiß in verhältnismäßig passabler Zeit. Am 30. Mai 1885 wurde Arthur Schnitzler zum Doktor der gesamten Heilkunde promoviert.

Während Schnitzlers Studienjahren vollzogen sich im Habsburgerreich gesellschaftliche Wandlungen, die ihm, der ein flottes Leben mit zahlreichen flüchtigen Liebschaften führte und sich um derlei Entwicklungen wenig kümmerte, dennoch auffielen und ihn geistig beschäftigten. Der Liberalismus befand sich als bestimmende gesellschaftliche und politische Kraft in einem unaufhaltsamen Schrumpfungs- und Auflösungsprozess. Das Kleinbürgertum und die Arbeiterschaft begannen sich als politische Gruppierungen zu etablieren, deutschnationales Gedankengut und antisemitische Strömungen gewannen rasch an Boden. An den Universitäten schrien die schlagenden Couleurstudenten ihren jüdischen Kommilitonen immer häufiger ihre widerwärtigen, rassistisch-ideologischen Hassparolen ins Gesicht, denen sie mit Fausthieben Nachdruck verliehen.

Arthur Schnitzler hat als Student die Judenfrage in ihrer ganzen schwer wiegenden Tragweite nicht erkannt. Erst der reife Dichter hat dann den österreichischen Judenhass und die Situation der jüdischen Intellektuellen und der Bourgeoise in seinem Roman *Der Weg ins Freie* und dem eindrucksvollen Theaterstück *Professor Bernhardi* mit psychoanalytischer Eindringlichkeit dargestellt.

Bis dahin war es noch ein weiter literarischer Weg. Arthur Schnitzler beschritt ihn erst, als er sich nach einer länger dauernden, über das Normalmaß hinaus reichenden Pubertätsphase zur reifen Persönlichkeit entwickelt hatte. Seine Entscheidung für eine schriftstellerische Existenz, zu der er sich berufen fühlte, fiel um das Jahr 1890, obwohl er den ungeliebten Arztberuf nicht sogleich aufgab.

In den Jahren zwischen 1888 und 1892 entstanden die *Anatol*-Einakter, in denen Schnitzler jene leichtlebigen Figuren der Wiener Gesellschaft (nach)zeichnete, die er aus eigener Anschauung kannte und mit denen man ihn lange Zeit fast ausschließlich identifizierte: das putzige, weichherzige Vorstadtmädchen, das als „süßes Mädel" in die Literaturgeschichte eingegangen ist, den liebenswürdigen, aber selbstsüchtigen und herzlosen, müßiggängerischen Dandy, den Anatol verkörpert, und die verführerische, extravagante, gut verheiratete *femme fatale*. „Abschiedssouper", eines dieser kurzen, frivolen Stücke, wurde im Sommer 1893 im Kurtheater von Bad Ischl aufgeführt. Im selben Jahr löste *Das Märchen*, das im Wiener deutschen Volkstheater zur Aufführung gelangte, den ersten antisemitisch motivierten Skandal gegen den Autor aus. Zahlreiche weitere sollten folgen.

Zwei Jahre später gelang Arthur Schnitzler mit *Liebelei* im Burgtheater der Durchbruch zum künstlerischen Ruhm, was dem in hohem Maße selbstkritischen Dichter zum ersten Mal die Gewissheit gab, ein „wirklich gutes Stück" geschrieben zu haben. In den nächsten zwei Jahrzehnten avancierte Schnitzler mit seiner meisterhaften Darstellung von Zweierbeziehungen als Dichter des Eros und der Libido, der Todesangst und der Selbstmörder zum bedeutendsten, wenn auch umstrittensten österreichischen Dramatiker.

Es gab in dieser Zeit natürlich nicht nur Erfolge. Im Jahr 1900 ließ Arthur Schnitzler auf eigene Kosten unter dem Titel *Reigen* zweihundert Exemplare eines unverkäuflichen Manuskriptes drucken, die er an seine Freunde verschenkte. Der Autor schildert in zehn Einaktern unverblümt die heuchlerische Sexualmoral seiner Zeit, was seinen Schriftsteller-Kollegen Richard Beer-Hofmann zu der Bemerkung veranlasste, es sei Schnitzlers „erectiefstes Werk".

Das Stück, das nach einer Aufführung in München in Deutschland verboten wurde, löste nach dem Ersten Weltkrieg in Berlin und Wien so heftige Skandale aus, dass es der Autor von der Bühne zurückzog. Es wurde erst lange Zeit später von den Erben zur Aufführung freigegeben.

Die Novelle *Leutnant Gustl*, eine Satire auf den Ehrenkodex der k. u. k. Offizierswelt, die in der Weihnachtsnummer 1900 der *Neuen Freien Presse* erschien, brachte seinen Autor in Konflikt mit der allgewaltigen Armee und kostete ihn wegen „Verletzung der Standesehre" seinen Offiziersrang. Das Urteil hat ihn nicht aus der Bahn geworfen. Literaturhistorisch ist dieses Werk neben seiner schriftstellerischen Qualität deshalb von Bedeutung, weil Schnitzler lange vor James Joyce als Erster das Stilmittel des inneren Monologs in die deutsche Literatur eingeführt hat. Schließlich stieß auch das Theaterstück *Professor Bernhardi* auf Ablehnung. Seine Uraufführung am Deutschen Volkstheater wurde von der Kritik untersagt.

Über das Privatleben Arthur Schnitzlers sind wir seit der Veröffentlichung seiner Tagebücher ausführlich unterrichtet. Schnitzler war, um es vorsichtig zu formulieren, ein leidenschaftlich Liebender. Der Dichter war, was seine Liebesbeziehungen anlangt, seinem Anatol nicht unähnlich: erotisch leicht entflammbar, untreu, bindungsunfähig, ein romantischer Schwärmer. Er selbst bezweifelte, „zur Ehe geboren zu sein". Er heiratete im Alter von 41 Jahren dann doch, und zwar die Schauspielerin Olga Gussmann. Sie schenkte ihm zwei Kinder, einen Sohn Heinrich und eine Tochter Lili, die nach einer glücklosen Ehe mit einem italienischen Faschisten Selbstmord verübte. Olga Schnitzler betrog ihren Lebemann mit einem um zwölf Jahre jüngeren Pianisten. Eine Scheidung war unausbleiblich.

In seinem letzten Lebensjahrzehnt wurde der hypochondrisch veranlagte Dichter, der an einer Altersphobie litt, von psychischen Problemen und einer Otosklerose geplagt, die zur Ertaubung seines rechten Ohres führte. Arthur Schnitzler schied am 21. Oktober 1931 vermutlich nach einem Gehirnschlag aus dem Leben.

ROBERT MUSIL

An seinem Hauptwerk *Der Mann ohne Eigenschaften*, das ihm erst etliche Jahre nach seinem Tod literarischen Nach- und Weltruhm eingetragen hat, schrieb sich Robert Musil die Seele wund. Er hat zwei Jahrzehnte lang mit verzweifelter Beharrlichkeit daran gearbeitet und ist dennoch damit nicht fertig geworden. Musil setzte sich mit seinem gigantischen Projekt das Ziel, in einer umfassenden Zusammenschau am konkreten Beispiel der zerfallenden Habsburgermonarchie („Kakanien") die Auflösung der Weltordnung darzustellen. Die Zielsetzung, eine seelisch-geistige Bilanz des Zeitalters zu ziehen, verlangte eine reflektive Auseinandersetzung mit den geistigen und gesellschaftlichen Wirkungskräften der Ära vor dem Ersten Weltkrieg (Nationalismus, Pazifismus, Tiefenpsychologie, Fortschrittsgläubigkeit usw.) und bedingte Handlungs- und Motivabläufe, die weit über den Erzählcharakter eines herkömmlichen Romans hinausgehen. Das verlangt vom Leser des mehr als 2.000 Seiten starken zweibändigen Werkes ein hohes Maß an konzentrierter Denkarbeit.

Robert Musil hat in den *Mann ohne Eigenschaften* seine ganze schöpferische Kraft investiert. Er hat die Handlungsfäden immer wieder neu geknüpft, manche Kapitel zehn- bis zwanzigmal umgeschrieben, Formulierungen verändert, Wörter gestrichen und durch treffendere ersetzt, Sätze korrigiert, am Text so lange gefeilt, bis er seinen Vorstellungen von mathematischer Präzision entsprach. Diese Arbeit an seinem Romantorso hat seine Gesundheit untergraben, ihn existenziellen Nöten ausgeliefert, zu Schreibhemmungen geführt. Er wollte weiterkommen, das Werk zu Ende bringen, aber er kam nach der Publikation des ersten Bandes, der 1930 erschien, nur sehr mühsam voran. „Der Roman leistet ehrenvollen Widerstand und schlägt mich immer wieder zurück, wenn ich ihn zu bewältigen hoffe; so daß ich trübe Arbeitswochen hinter mir und um mich habe", konstatierte er 1934. Daran änderte sich nichts bis zu seinem Tod.

Robert Musil, der am 6. November 1880 in Klagenfurt zur Welt kam, hatte keine literarischen Vorfahren. Der Großvater war Regimentsarzt, der Vater erhielt 1890 den Lehrstuhl für Maschinenkunde und Maschinenbau an der Technischen Hochschule in Brünn. Die Vorfahren mütterlicherseits entstammten ebenfalls Techniker- und Beamtenfamilien. Die Erziehung des Knaben ließ viel zu wünschen übrig. Der Vater ging in seinem Beruf auf, mit der Mutter, die reizbar und aufbrausend war, verstand er sich schlecht. Von ihr erbte er seine nervöse Konstitution. Das Eheleben der Eltern war von Disharmonie geprägt, da Hermine Musil mit einem Freund ihres Mannes ein Verhältnis unterhielt. Der einzige Sohn des gegensätzlichen Ehepaares besuchte zunächst die Militär-Unterrealschule in Eisenstadt und dann die k. u. k. Militär-Erziehungs- und Bildungsanstalt in Mährisch Weißkirchen, wo die Schüler wie Sträflinge behandelt wurden. Noch nach Jahrzehnten erinnerte sich Musil mit Schrecken an diese Erziehungstortur.

Der 17-Jährige verlässt die geisttötende Bildungsanstalt und studiert in Brünn Maschinenbau. Der Vater sieht es gern, dass der Sohn in seine Fußstapfen tritt. Aber der Eindruck täuscht. Robert Musil wälzt insgeheim Pläne für ein Buch, macht erste schriftstellerische Gehversuche, beschäftigt sich mit dem Werk Friedrich Nietzsches und wendet sein Interesse in immer stärkerem Maße den Geisteswissenschaften zu. Er holt die Reifeprüfung nach, inskribiert an der Berliner Universität Philosophie mit dem Schwerpunkt Logik und experimentelle Psychologie, dissertiert über Ernst Mach und wird 1908 zum Doktor der Philosophie promoviert. Eine wissenschaftliche Karriere, die ihm angeboten wird, schlägt er aus.

Die Entscheidung für eine freie Schriftstellerexistenz ist längst gefallen, wenn auch nicht mit endgültiger Bestimmtheit. Bereits zwei Jahre vor Abschluss seines Studiums hat Robert Musil seinen ersten Roman veröffentlicht – *Die Verwirrungen des Zöglings Törleß* –, in dem er seine Erlebnisse an den Kadettenschulen verarbeitet, ohne vordergründig autobiografisch zu sein. Er durchleuchtet darin mit psychologischem Tiefblick die sexuellen Aggressionen, seelischen Spannungen und sadistischen Neigungen halbwüchsiger Internatsschüler. Die Kritik ist von seinem Erstling durchwegs angetan und bestätigt dem jungen Autor Erzähltalent.

Musil setzt seine schriftstellerische Tätigkeit fort und arbeitet für verschiedene deutsche Zeitschriften. Aber er kann davon nicht leben. Er ist jetzt bereits dreißig Jahre alt und muss sich noch immer vom Vater aushalten lassen. Um den Lebensunterhalt für sich und seine Gattin Martha Marcovaldi, geb. Heimann, bestreiten zu können, die er 1911 geheiratet hat, verlässt er Berlin und nimmt eine Stelle als Bibliothekar an der Technischen Hochschule in Wien an. Im gleichen Jahr veröffentlicht er zwei Erzählungen unter dem Titel *Die Vereinigungen*. Thema: Ehebruch. Die Stellung in Wien gibt er rasch wieder auf und kehrt nach Berlin zurück, wo er sich als Redakteur der *Neuen Rundschau* betätigt.

Im Ersten Weltkrieg, der bald darauf ausbricht, ist er als Bataillonskommandant in Südtirol stationiert, wird dann mit der Redaktion der *Soldaten-Zeitung* beauftragt und landet schließlich im Kriegspressequartier in Wien. Der Zusammenbruch der Habsburgermonarchie schmerzt ihn. Er wird dieses multinationale Staatsgebilde mit seiner komplizierten inneren Struktur und all seinen Widersprüchlichkeiten im *Mann ohne Eigenschaften* mit trefflicher Formulierungskunst so beschreiben: „... Überhaupt, wie viel Merkwürdiges ließe sich über dieses versunkene Kakanien sagen! ... Es war nach seiner Verfassung liberal, aber es wurde klerikal regiert. Es wurde klerikal regiert, aber man lebte freisinnig. Vor dem Gesetz waren alle Bürger gleich, aber nicht alle waren eben Bürger. Man hatte ein Parlament, welches so gewaltigen Gebrauch von seiner Freiheit machte, daß man es geschlossen hielt; aber man hatte auch einen Notstandspapagraphen, mit dessen Hilfe man ohne das Parlament auskam ... Solche Geschehnisse gab es viele in diesem Staat, und zu ihnen gehörten auch jene nationalen Kämpfe, die mit Recht die Neugier Europas auf sich zogen ...

Sie waren so heftig, daß ihretwegen die Staatsmaschine mehrmals im Jahr stockte und stillstand, aber in den Zwischenzeiten und Staatspausen kam man ausgezeichnet miteinander aus ...“

Nach dem Krieg ist Musil zunächst im Pressearchiv des österreichischen Außenministeriums tätig. 1920 übernimmt er im Staatsamt für Heerwesen Bildungsaufgaben. Eine Beamtenstelle im Rang eines Obersten, die ihm angeboten wird, lehnt er ab. Er begibt sich damit der letzten Möglichkeit, sich finanziell abzusichern. In den nächsten zwei Jahrzehnten muss er sich unter drückenden materiellen Bedingungen als Schriftsteller durchschlagen. Er lebt fast ausschließlich von den Vorschüssen des Rowohlt Verlages, der seinen großen Roman betreut, und von finanziellen Zuwendungen, die seine Freunde für ihn zusammenbetteln.

1924 publiziert Musil den Novellenband *Drei Frauen*, der ihn auf dem Höhepunkt seiner Erzählkunst zeigt, schreibt pointierte Theaterkritiken, hervorragende Essays und die Theaterstücke *Die Schwärmer*, in dem er sich vom zeitgenössischen literarischen Expressionismus abzugrenzen versucht, und *Vinzenz und die Freundin bedeutender Männer*. Er wird mit einigen Literaturpreisen ausgezeichnet, aber seine finanzielle Lage ist und bleibt prekär. Anfang 1930 vermerkt er in seinem Tagebuch: „Wir haben nur noch für wenige Wochen zu leben. Martha wünscht, daß ich mir das klar mache.“

Robert Musil stellte freilich an das Leben Ansprüche. Bescheidenheit war seine Sache nicht. Gutes Essen und kostspielige Bekleidung waren für ihn eine Selbstverständlichkeit, seine Reisen und Genesungsaufenthalte, seine Kaffeehausbesuche und sein Zigarettenkonsum verschlangen Geld. Es fehlte ihm auch nicht an Selbstbewusstsein. Von manchen seiner Schriftstellerkollegen wie Joseph Roth, Lion Feuchtwanger und Stefan Zweig hielt er wenig, anderen neidete er den Erfolg. Er selbst hielt sich, allerdings durchaus zu Recht, für unterschätzt. Ein angenehmer Zeitgenosse war Robert Musil nicht. Adolf Frisé, dem Musil seinen Platz in der Weltliteratur verdankt (er hat dessen *Gesammelte Werke* herausgegeben), hat persönliche Urteile über ihn zusammengestellt, die nicht gerade schmeichelhaft ausfielen: „Chevaleresk, gedämpft, kühl, stolz, eiskalt, vernichtend, scharf, Offizierston, maßlos eitel, elegant, sehr zivil, gepflegt, trug gut gebaute Anzüge (beste Schneider, beste Schuhe), diskret und distanziert, nie strahlend, wie ein Beamter, nicht unbestechlich, wenn er gelobt wurde ...“ Kein sehr edles Psychogramm, wie man sieht.

Gesundheitlich ging es Musil nicht gut. Er laborierte an zu hohem Blutdruck und litt an den Folgen einer Gallenoperation. Um sich fit zu halten, machte er täglich anstrengende Turnübungen und huldigte exzessiv dem Schwimmsport. Die körperliche Überanstrengung löste 1936 im Wiener Dianabad einen Schlaganfall aus, von dem er sich nie mehr ganz erholte.

Auch die politischen Ereignisse ließen ihn nicht unberührt. Musil war kein *homo politicus*, aber dem Faschismus stand er ablehnend gegenüber. Die Nazis verboten seine Bücher. Einige Monate nach der Okkupation Österreichs durch Hitler-Deutschland emigrierte das Ehepaar Musil von Wien nach Zürich und von dort nach Genf. Der letzte Lebensabschnitt des verkannten Schriftstellers war angebrochen.

Das Exil verdüsterte sein Gemüt vollends, die Arbeit am Roman ging nur noch schleppend voran, intellektuelle Verzweiflung erfasste ihn. Das Ehepaar lebte ihn fast völliger gesellschaftlicher Isolation, ein paar Freunde halfen mit Geldzuwendungen über die ärgsten Alltagsnöte hinweg. Zur einzigen Lesung aus dem Roman fanden sich in Winterthur gezählte fünfzehn Personen ein, von seinem 60. Geburtstag nahm die Öffentlichkeit keine Notiz.

Der Tod kam rasch und lautlos. Am 15. April 1942 traf ihn im Badezimmer ein Gehirnschlag.

Thomas Mann, der als einer von wenigen Zeitgenossen die schriftstellerische Größe Musils erkannte, schrieb 1934: „Man muß die Öffentlichkeit aufrufen und sie ermahnen, daß sie sich nicht durch Teilnahmslosigkeit schuldig mache an der Verkümmerung eines dichterischen Unternehmens, dessen Außerordentlichkeit, dessen einschneidende Bedeutung für die Entwicklung, Erhöhung, Vergeistigung des deutschen Romans außer Zweifel steht."

Sein Ruf blieb ungehört.

STEFAN ZWEIG

Stefan Zweig war in den zwanziger und dreißiger Jahren des vorigen Jahrhunderts der in der Welt meistgelesene Schriftsteller deutscher Zunge. Seine Bücher erfreuten sich ungeheurer Beliebtheit und erzielten riesige Auflagen. Stefan Zweig war weltberühmt. Seine Erfolge riefen sofort die missgünstigen Neider auf den Plan, allen voran den vor Hass triefenden Spötter Karl Kraus, der mit seiner spitzen Feder in seiner Zeitschrift *Die Fackel* Gift und Galle versprühte. Kraus fiel zu Adolf Hitler bekanntlich nichts ein, zu Stefan Zweig dafür umso mehr. Er bezeichnete ihn als „einen der repräsentativsten Schmuser der europäischen Kultur" und ätzte verletzend: „Als Novellist großen Formats hat Stefan Zweig sich alle Sprachen der Welt erobert. Bis auf eine." Auch Hugo von Hofmannsthal, den Zweig enthusiastisch verehrte, konnte es sich nicht verkneifen, seinen Schriftstellerkollegen als „Erwerbszweig" abzuqualifizieren. Robert Musil und Thomas Mann rümpften über den Vielschreiber die Nase, aber auch die deutsche Literaturgeschichtsschreibung zierte sich lange, ehe sie sich dazu herabließ, Stefan Zweig den ihm gebührenden Platz in ihrer selbstherrlichen Werteskala einzuräumen.

Nicht, dass es an Zweig nichts auszusetzen gäbe. Sein Stil ist zuweilen zu blumig, ein wenig zu arabesk und pathetisch, seine Sprachbilder neigen immer wieder einmal zur üppigen Übertreibung, seine Schilderungen zum leidenschaftlichen Überschwang. Aber diese Schwächen, die man in seinem riesigen Gesamtwerk findet, wenn man sie sucht, werden von seinen literarischen Qualitäten bei weitem aufgewogen. Stefan Zweig ist ein blendender Essayist, ein fesselnder Erzähler, ein hervorragender Biograf, der sich in das Seelenleben seiner (historischen) Figuren großartig einzufühlen und es bis zum letzten Fältelchen auszuleuchten verstand. Sigmund Freud schrieb seinem jungen Verehrer nach der Lektüre einiger Novellen, Zweig habe intuitiv und mit der Gabe feiner Selbstwahrnehmung all das erahnt, was er selbst als Tiefenpsychologe in mühseliger Arbeit an anderen Menschen aufgedeckt habe.

Übel wollenden Zweig-Kritikern, die es aus welchen Gründen immer gibt und geben wird, seien – *pars pro toto* – ein paar Werke in Erinnerung gerufen. Zum Beispiel die *Sternstunden der Menschheit*, feinst aquarellierte historische Miniaturen, in denen er mit unvergleichlicher stilistischer Meisterschaft Personen darstellt und Ereignisse beschreibt, deren Handlungen und Folgewirkungen von großer geschichtlicher und kulturhistorischer Bedeutung waren. Zum Beispiel seine Biografie über Joseph Fouché, den machiavellischen Machtmenschen, der als Polizeiminister mit seiner chamäleonhaften Anpassungsfähigkeit die Scheußlichkeiten der Französischen Revolution und des Zeitalters Napoleons ideologisch überlebte. Oder auch seinen *Erasmus von Rotterdam*, den spätmittelalterlichen Humanisten und Mann des Ausgleichs zwischen den religiösen Fronten, in dessen Person er sich gewissermaßen selbst bespiegelte. Schließlich sei auch noch seine autobiografische *Die Welt von Gestern* genannt, in der er ein Gesamtbild des ausklingenden francisco-josephinischen Zeitalters entwarf, einer Epoche, in die er hineingeboren wurde und die er aus ureigenster Anschauung und eigenem Erleben kannte. Freilich, Stefan Zweig blickte auf die Zeit seiner Jugend mit verklärtem Blick und mit den Augen des Ästheten zurück. Aus seiner Welt des Geistes, der schöngeistigen Literatur, des Theaters, der schönen Künste und der Musik blieben die Hässlichkeiten des

Alltags ausgeklammert und waren, wenn überhaupt, nur unscharf wahrnehmbar. „Wir hatten nicht das geringste Interesse für politische und soziale Probleme", formulierte er, „was bedeuteten diese grellen Zänkereien in unserem Leben?" Nationalitätenhader, Arbeitslosigkeit, Elend und Wohnungsnot, Wirtschaftskrisen, krisenhafte gesellschaftliche und politische Entwicklungen hatten in seinem elitären Weltbild keinen Platz. Auch das muss gesagt sein.

Stefan Zweig, der am 28. November 1881 in Wien geboren wurde, entstammte dem assimilierten jüdischen Großbürgertum. Der Vater war Fabrikant, die Mutter, eine geborene Brettauer, kam aus einer Bankiersfamilie. Stefan und sein älterer Bruder Alfred wurden von Kindermädchen und Gouvernanten umsorgt und zu Knaben mit guten Umgangsformen und zur Arbeitsdisziplin erzogen.

Stefan besuchte das Wasagymnasium und studierte dann in Wien und Berlin Philosophie, Germanistik und Romanistik (Dr. phil. 1904) Er begann bereits als Gymnasiast Gedichte und Erzählungen zu schreiben, veröffentlichte 1901 sein erstes Buch, eine Gedichtsammlung mit dem Titel *Silberne Saiten*, übersetzte die Lyrik Verlaines und Baudelaires und verfasste Feuilletons für die *Neue Freie Presse*.

In den Jahren vor dem Ersten Weltkrieg unternahm der von Unrast erfüllte, ruhelose junge Schriftsteller zahlreiche Reisen, die ihn nach Paris und London, nach Nordafrika, Amerika und bis nach Indien führten. In Flandern lernte er den belgischen Dichter Emile Verhaeren kennen, dessen Persönlichkeit und Dichtung ihn so sehr beeindruckten, dass er sich ihn zum Vorbild nahm. Auf diesen Reisen vertiefte Zweig seine kosmopolitische Geisteshaltung und begegnete bedeutenden Künstlerpersönlichkeiten (Rodin, Romain Rolland, W. B. Yeats), denen er über nationale Grenzen und trennende Zeitereignisse hinweg freundschaftlich verbunden blieb. Stefan Zweig war ein Mann des Ausgleichs und der Konzilianz.

In diese Zeit fällt auch seine erste Begegnung mit Friderike Maria von Winternitz. Die kluge, gebildete Frau und Mutter zweier Töchter löste sich aus den Fesseln ihres vergnügungssüchtigen, philisterhaften Gemahls und wurde Zweigs Partnerin und Lebensmensch. Selbst eine nicht unbegabte Schriftstellerin, energisch und selbstbewusst, brachte sie für den rastlosen, sensiblen, von Depressionen geplagten Gefährten großes Verständnis auf, begleitete ihn auf seinen Reisen, hielt den Alltag von ihm fern und nahm selbst dann (noch) Anteil an seinem persönlichen Schicksal und seinen beruflichen Plänen, als ihr der Ungetreue eine jüngere Frau vorzog.

Der Ausbruch des Ersten Weltkrieges stürzte den 33-Jährigen in eine Wirrnis der Gefühle. Der patriotische Kriegstaumel erfasste auch ihn, den Kosmopoliten. Aber schon bald stellte sich die Ernüchterung ein. Im Herbst 1915 erhielt Stefan Zweig als Mitarbeiter des Kriegspressedienstes im Wiener Kriegsarchiv den Auftrag, über die Zustände in Galizien zu berichten. Die Erfahrungen und Erlebnisse, in dem abseitigen Kronland des Habsburgerreiches, waren von traumatischer Natur. Von nun an kämpfte der sanfte, zart besaitete Schriftsteller mit der Waffe des Geistes und dem dichterischen Wort gegen Völkerhass und Völkermord und machte sich zum Anwalt für Humanität, Frieden und Völkerverständigung.

Im März 1919 bezog Stefan Zweig mit Friderike ein kleines Jagdschlösschen auf dem Kapuzinerberg in Salzburg, das er angekauft hatte. Die nächsten fünfzehn Jahre, die er dort verbrachte, waren die glücklichsten und erfolgreichsten seines Lebens. Bienenfleißig schrieb er ein Buch nach dem anderen, sammelte wertvolle Autografen, empfing Besucher, förderte junge literarische Talente und unterstützte großzügig in Not geratene Schriftstellerkollegen. Auf seinen zahlreichen Reisen las er aus eigenen Werken und hielt Vorträge über seine Lieblingsthemen: Europa und die Vielfalt der europäischen Kultur. Den gesellschaftlichen Veranstaltungen der Salzburger Festspiele blieb er fern.

Am 10. Mai 1933 fielen Zweigs Werke der barbarischen NS-Bücherverbrennung zum Opfer, im Zuge der Februarereignisse des Jahres 1934 durchsuchten Gendarmen die Villa des weltberühmten Pazifisten nach Waffen!

Stefan Zweig war außer sich. Er verließ sein Salzburger Domizil und ließ sich in England nieder, wo er zunächst in London und später, vor dem Bombenkrieg fliehend, im Badekurort Bath Aufenthalt nahm. Er schrieb unentwegt weiter, unter anderem auch das Libretto für *Die schweigsame Frau*, einer Buffo-Oper von Richard Strauss.

Vor seinen Depressionen, seiner „schwarzen Leber", wie er sie nannte, und den Widerwärtigkeiten des Kriegsalltags flüchtete Stefan Zweig in die Arbeit. Er konnte sich jedoch nicht dazu durchringen, gegen den Faschismus und den nationalsozialistischen Ungeist öffentlich Stellung zu beziehen. Von engagierteren Nazi-Gegnern wurde ihm das zum Vorwurf gemacht. War sein Schweigen Taktik, wie manche meinen? Wohl kaum. Fehlte es ihm an Courage? Schon eher. Stefan Zweig war eine friedfertige, konziliante Natur. Konflikten ging er aus dem Weg, Hasstiraden und leidenschaftliche Attacken passen nicht in sein Charakterbild.

1940 emigrierte der von den Zeitereignissen tief betroffene Schriftsteller mit seiner zweiten Frau Lotte, geborene Altmann, die er nach der Scheidung von Friderike geheiratet hatte, in die Vereinigten Staaten von Amerika und von dort nach Brasilien. Er hatte dem südamerikanischen Rie-
senland bereits 1936 einen viel bejubelten Besuch abgestattet. Brasilien,
das „Land der Zukunft", das er sehr liebte, war seine letzte Lebensstation.

Das Ehepaar mietete einen idyllisch gelegenen Bungalow einige Kilometer vom Stadtzentrum von Petrópolis entfernt. Stefan Zweig schrieb sein
letztes Buch, die *Schachnovelle*. (Seine Autobiografie *Die Welt von Gestern*
erschien posthum.) Das neue Domizil schien ihm zu gefallen, er strömte
Optimismus und Zuversicht aus. Aber im Grunde seines Herzens war er
zutiefst unglücklich. Seine Altersphobie und seine Depressionen plagten
ihn, er vermisste seine geliebte Bibliothek, er fühlte sich seiner Muttersprache beraubt, entwurzelt. Des Getriebes der Welt überdrüssig, „durch
die langen Jahres heimatlosen Wanderns erschöpft", wie er es in seiner
„Declaración", seiner an das Stadtoberhaupt von Petrópolis gerichteten
Abschiedserklärung, formulierte, beging er gemeinsam mit seiner ihm wil-
lenlos ergebenen Frau am 22. Februar 1942 Selbstmord. Über die Motive
dieser letzten persönlichen Entscheidung wurden die verschiedensten Mut-
maßungen angestellt, kann und wird man weiter rätseln. Sie sind erklär-
bar, aber letztlich unergründlich.

Der Freitod des weltberühmten Autors rief die unterschiedlichsten Re-
aktionen hervor. Die Nazis bejubelten ihn, manche seiner Schriftstellerkollegen in der Emigration äußerten offen ihren Unmut darüber, andere
zeigten dafür Verständnis. Stefan Zweig fand jedenfalls erst im Tod den
Frieden, den er für sich selbst, für die Welt und die Menschheit vergeblich herbeigesehnt hatte.

INGEBORG BACHMANN

Das am 25. Juni 1926 in Klagenfurt zur Welt gekommene erste Kind eines Lehrers und späteren Hauptschuldirektors war ein scheues, in sich gekehrtes Mädchen. Einige Kindheitserlebnisse haben sich tief in ihre Seele gegraben, ihr traumatische Wunden zugefügt, die nie ganz vernarbt sind. Ingeborg Bachmann ist immer wieder darauf zu sprechen gekommen. Wie ihr, der damals Sechsjährigen, ein mindestens um zwei Jahre älterer Bub auf dem Heimweg von der Schule zurief: „Du, du da, komm her, ich geb dir etwas!" und ihr dann, als sie sich ihm genähert hatte, einen Schlag ins Gesicht versetzte. „Es war der erste Schlag in mein Gesicht ... die erste Erkenntnis des Schmerzes", erinnert sie sich in ihrem Roman *Malina*, einem ihrer letzten Bücher. Wie der Einmarsch der deutschen Truppen die knapp Zwölfjährige in Angst und Schrecken versetzte, schilderte Bachmann in einem Interview. „Es hat einen bestimmten Moment gegeben, der hat meine Kindheit zertrümmert. Der Einmarsch von Hitlers Truppen in Klagenfurt. Es war etwas so Entsetzliches ... Natürlich habe ich das alles nicht verstanden. In dem Sinn, in dem ein Erwachsener es verstehen würde. Aber diese ungeheure Brutalität, die spürbar war, dieses Brüllen, Singen und Marschieren – das Aufkommen meiner Todesangst ...“

Ihre seelische Verletzbarkeit und ihre Schmerzerfahrung durch Zeitereignisse, die Betroffenheit, mit der sie auf gesellschaftliche Zustände und Entwicklungen reagiert hat, das waren die Problemkonstanten, die Grunderfahrungen ihres Lebens, die in ihrem vielschichtigen Werk motivisch immer wiederkehren.

Sie ist der Rohheit der Welt, der Lieblosigkeit der Menschen mit einer Gegenwelt begegnet: mit der Wahrheit der Dichtung („Wahrheit nämlich ist dem Menschen zumutbar“), der Heilkraft der Sprache, an die sie mit unverrückbarer Unbedingtheit glaubte, mit der Vision eines unversehrten Daseins. Ihre verletzliche Seele, ihr Leben sind an der Unverwirklichbarkeit dieser selbst auferlegten Ansprüche zerbrochen.

Ingeborg Bachmann nahm schon als Gymnasiastin unter ihren Mitschülerinnen eine Außenseiterposition ein. „Elfchen“, wie man sie ihrer Zartheit wegen nannte, war geistig frühreif. Sie verschlang die Werke Goethes und Schillers, las im Alter von fünfzehn Jahren Robert Musils *Der Mann ohne Eigenschaften* und flüchtete sehr früh vor der erbarmungslosen Realität in eine selbst gebaute Sprachwelt, in der sie sich beschützt und beheimatet fühlte.

Nach der Matura verließ sie ihre Vaterstadt und das Grenzland Kärnten, das sie stets als ein mögliches Modell der Völker- und Kulturverständigung über die engen Grenzen ethnischer Volkszugehörigkeit betrachtete, um zunächst in Innsbruck und dann in Graz und Wien Philosophie, Germanistik und Psychologie zu studieren. Ingeborg Bachmann hat später Wien als einen Ort der Demütigungen und Kränkungen beschrieben (*Das dreißigste Jahr*, 1961), die ihr zugefügt wurden. Der mehrjährige Aufenthalt in der Bundeshauptstadt war für die junge Studentin aus der Provinz jedenfalls aber auch eine intellektuelle und kulturelle Bereicherung ihrer Persönlichkeit. Sie schloss hier mit einer Dissertation über die Existenzphilosophie Martin Heideggers ihr Studium ab und setzte sich mit Ludwig Wittgenstein auseinander, dessen rigorosen sprachethischen Anspruch

(„Wovon man nicht sprechen kann, darüber muss man schweigen") sie zum Grundgesetz ihrer dichterischen Aussage machte. In Wien intensivierte sie auch ihre Selbstfindung und poetische Weiterentwicklung.

Ingeborg Bachmann fand im Herbst 1947 Anschluss an die Literatenrunde um den Schriftsteller, Kritiker und Talentförderer Hans Weigel, der im Café Raimund vis-a-vis vom Volkstheater residierte. Weigel förderte die junge, außerordentlich begabte Poetin nicht nur, er unterhielt mit ihr auch eine Liebesbeziehung, die einige Jahre währte. Unterstützung erhielt Ingeborg Bachmann auch von Hermann Hakel, der in seiner Zeitschrift *Lynkeus* erste Gedichte von ihr abdruckte, und von Rudolf Felmayer, der im Rundfunk jungen literarischen Talenten Gehör verschaffte. So hilflos, verletzlich und dem Alltag entrückt, wie sie selbst vorgab, war Ingeborg Bachmann nicht. Sie verfolgte zielstrebig ihre Ausbildung und ihren Weg als Schriftstellerin.

In Wien lernte sie auch den aus Czernowitz stammenden Lyriker Paul Celan kennen, der hier vorübergehend Station machte, um dann nach Paris zu gehen, wo er im Alter von nicht ganz 50 Jahren seinem Leben durch einen Sprung in die Seine ein Ende bereitete. Celan war Jude. Seine Eltern fielen dem Holocaust zum Opfer, er selbst war während des Zweiten Weltkrieges in einem rumänischen Arbeitslager interniert. Seine Lyrik ist von diesen traumatischen Erlebnissen geprägt. Die persönliche und geistige Beziehung mit diesem um sechs Jahre älteren, vom Schicksal schwer heimgesuchten Mann hat Ingeborg Bachmanns Denken verwandelt und in ihrem lyrischen wie epischen Schaffen deutliche Spuren hinterlassen. Nach Abschluss ihres Studiums führte ihre erste Auslandsreise nach Paris. Der Versuch eines gemeinsamen Lebens mit Celan schlug allerdings fehl. Sie blieb jedoch in brieflichem Kontakt mit ihm.

Ingeborg Bachmann kehrte nach Wien zurück und arbeitete über Vermittlung Weigels als Scriptwriter und später als Redakteurin beim Sender Rot-Weiß-Rot, der ihr erstes Hörspiel *Ein Geschäft mit Träumen* ausstrahlte.

Im Jahr 1952 trug Ingeborg Bachmann zum ersten Mal bei einer Tagung der Gruppe 47, einer Vereinigung fortschrittlich gesinnter junger deutscher und österreichischer Künstler, ihre Gedichte vor. Der klare, illusionslose Ton in ihren klagenden Versen, die Vielschichtigkeit der Bilderwelt, die Musikalität der Sprache hinterließen einen nachhaltigen Eindruck. Ein Jahr später veröffentlichte sie ihren ersten Gedichtband *Die gestundete Zeit*, der ihren Ruhm als Lyrikerin begründete. Es sollte nur noch ein zweiter und letzter folgen: *Anrufung des großen Bären* (1956). Mit ihm leitete sie ein neues Kapitel in der deutschen Lyrikgeschichte ein.

Nach ihrem ersten großen Erfolg als sprachschöpferische Wegbereiterin neuer Ausdrucksformen in der Dichtkunst entschloss sich Ingeborg Bachmann, als freie Schriftstellerin zu leben und Wien den Rücken zu kehren. Sie ließ sich in Rom nieder, der Stadt, die dann eine lebenslange Faszination auf sie ausübte und zu ihrer geistigen Heimat wurde. Von kürzeren und längeren Unterbrechungen (München, Zürich, Berlin) und Reisen (New York, Ägypten und Sudan) abgesehen, lebte und arbeitete sie ab 1953 in der traditionsreichen, sinnenfrohen Metropole südländischer Lebenslust und unbeschwerter Lebensgestaltung. Ihr Schaffen fand zunehmend Anerkennung und wurde mit Preisen und Auszeichnungen bedacht (Literaturpreis der Freien Hansestadt Bremen, Hörspielpreis der Kriegsblinden usw.).

Das Privatleben der sensiblen, von inneren Zwiespälten geplagten Frau, das von ihrem Werk nicht zu trennen ist, war folgenschweren Verstrickungen ausgesetzt. Ihr Beziehung zum deutschen Komponisten Hans Werner Henze, mit dem sie wohl nicht nur freundschaftlich verbunden war und für dessen Opern *Der Prinz von Homburg* und *Der junge Lord* sie die Libretti schrieb, zerschlug sich. Persönlich verhängnisvoller war ihr Liebesverhältnis mit dem Schweizer Schriftsteller Max Frisch. Frisch trennte sich nach fünf Jahren Beisammenseins einer jüngeren Frau wegen von ihr und machte die Beziehung auch noch öffentlich. Ingeborg Bachmann reagierte auf diese seelische Kränkung mit einem Nervenzusammenbruch und einer schweren psychischen Verstörtheit. Die Versuche, in Krankenhäusern und Kliniken ihre Gesundheit wiederherzustellen, blieben letztlich erfolglos.

Das Leben und Schreiben Ingeborg Bachmanns war an einem Wendepunkt angelangt. Ab 1965 war ihre Existenz durch zunehmende Vereinsamung gekennzeichnet, Alkohol- und Medikamentenabhängigkeit nahmen beklemmende Formen an. Der Eros wurde mehr und mehr durch den Thanatos verdrängt. 1971 veröffentlichte sie nach Jahren des Schweigens das Buch *Malina*, mit dem sie den *Todesarten*-Zyklus eröffnete, den sie nicht mehr vollenden konnte. *Malina* ist vielschichtig angelegt und vieldeutig interpretierbar. Der „Roman" handelt, auf eine einfache Formel gebracht, vom unerbittlichen Kampf der Geschlechter, wobei autobiografische Anklänge unüberhörbar sind. Die Mann-Frau-Beziehung, in welcher der Frau in einer vom männlichen Macht- und Besitztrieb beherrschten Gesellschaft die Opferrolle auferlegt ist, ist eines der zentralen Themen im Werk der großen Literatin.

Ingeborg Bachmann war innerlich ausgebrannt, als sie in der Nacht zum 17. Oktober 1973 in einem Hospital in Rom an den Folgen eines häuslichen Brandunfalles starb. Eine brennende Zigarette, mit der sie im Bett eingeschlafen war, löschte ein Leben aus, das zuletzt unlebbar geworden war. Der Leichnam Ingeborg Bachmanns wurde nach Klagenfurt übergeführt und auf dem Friedhof Annabichl bestattet.

THOMAS BERNHARD

Thomas Bernhard war und ist Österreichs umstrittenster Schriftsteller des vorigen Jahrhunderts. Während ihm die einen seine heftigen Attacken auf alles Österreichische, seinen Weltekel, seine Ti-
raden gegen die katholische Kirche bis heute nicht verzeihen können, seinen Stil hölzern finden, umständlich und schwerfällig, seine Satzmonster
qualvoll, ihm Monotonie und Geschwätzigkeit vorwerfen, preisen ihn die
anderen als subtilen Wortkünstler, als Sprachvirtuosen von variationsrei-
cher Musikalität.

Thomas Bernhard war ein durch Geburt, Erziehung, die Zeitumstände
und eine schwere, heimtückische Krankheit zutiefst verletzter und ver-
letzlicher, komplexbeladener, auf Lebensdauer ge- und beschädigter

Mensch, ein neurotischer Einzelgänger, der mit monomanischer Unbedingtheit und Unbeirrbarkeit gegen sein Vaterland, die Welt, die Gesellschaft, das menschliche Dasein rebellierte, ein „Amokläufer der Literatur". Nach außen hin und bei seinen öffentlichen Auftritten streitbar, angriffslustig, maßlos und ungerecht in seinen Urteilen und Beurteilungen, konnte er in seinem Privatleben warmherzig sein, höflich, von skurriler Komik. Sein und Schein waren bei ihm sehr oft nicht deckungsgleich. Unter der rauen Schale verbarg sich eine sensible Seele.

Thematisch hat sich Thomas Bernhard in seinen Romanen und Theaterstücken immer wieder mit dem Tod beschäftigt, mit der Tragik und Sinnlosigkeit der menschlichen Existenz, mit Krankheit und Verfall. „Es ist alles lächerlich, wenn man an den Tod denkt", rief er 1968 bei der Verleihung des Kleinen Österreichischen Staatspreises dem Unterrichtsminister nach, als dieser nach heftigen Invektiven des Schriftstellers auf den österreichischen Staat wütend den Saal verließ, in dem die Zeremonie stattfand. Es war Bernhards erster öffentlicher Eklat. Zahlreiche andere sollten folgen.

Der Tod war, wie gesagt, sein zentrales Thema, der Tod, der seit seiner schweren Lungenentzündung im Alter von achtzehn Jahren in und um ihn war, der ihn überallhin begleitete und dem er schreibend zu entkommen versuchte. Schreiben war für den „düstersten Poeten und bittersten Propheten der deutschen Literatur", wie ihn Marcel Reich-Ranicki einmal bezeichnete, nicht nur ein Ringen um Selbstbehauptung und gesellschaftliche Anerkennung. Es wurde von ihm als Therapie, als heilende Kraft verstanden, eingesetzt und erlebt. Thomas Bernhard erlitt sich das Leben durch seine literarische Existenz. Der streitbare Autor hat sein Leben literarisch inszeniert. Ohne Kenntnis seiner Lebensumstände, vor allem seiner Kindheit und Jugend, ist sein Œuvre nicht zu verstehen.

Thomas Bernhard war ein uneheliches und ungewolltes Kind. Den Vater, einen Tischlergesellen aus dem salzburgischen Henndorf, hat er nie gesehen. Dem Alkohol verfallen, beging Alois Zuckerstätter 1940 in Berlin Selbstmord. Die Mutter, Herta Bernhard, brachte ihren Sohn am 9. Februar 1931 in Holland zur Welt, wohin sie sich als Küchenmädchen verdingt hatte, um sich selbst und ihren Eltern die mit der Geburt eines unehelichen Kindes verbundene soziale Ächtung zu ersparen.

Das Kind verbrachte seine ersten Lebensmonate bei verschiedenen holländischen Pflegepersonen und zuletzt in einer streng geführten Kinderbewahranstalt. Dann brachte die Mutter den kleinen Thomas zu den Großeltern nach Wien. Er blieb bis zu seinem vierten Lebensjahr unter deren Obhut in der Großstadt, ehe Johannes Freumbichler und seine Lebensgefährtin (er hat Anna Bernhard erst 1937 geheiratet) in ihre Salzburger Heimat zurückkehrten, um sich in Seekirchen niederzulassen.

Im Leben des Kindes brachen entscheidende Stationen an, die sich im Werk des Schriftstellers spiegeln: das Alleingelassenwerden, das Ausgesetztsein, die Trennung von der Mutter, der dominante Großvater, der uns in vielen seiner monologisierenden Texte in den verschiedensten Ausformungen als Geistesmensch begegnet.

Johannes Freumbichler, ein stets am Rande des Existenzminimums lebender, im Großen und Ganzen erfolgloser Schriftsteller, formte seinen Enkel nach seinen Vorstellungen. Er traf alle wichtigen Entscheidungen, bereitete ihn auf seine künstlerische Laufbahn vor und erhoffte von ihm den Erfolg, der ihm selbst versagt geblieben war. Ohne seinen Großvater mütterlicherseits, der ihm ein idealisiertes Künstlerbild ins Herz pflanzte und den Knaben aus vollem Herzen liebte, wäre sein Leben gewiss anders verlaufen.

Thomas Bernhards weitere entscheidende Lebensprägungen waren der Zweite Weltkrieg, die Aufenthalte in einem NS- und einem katholischen Schülerheim, der Abbruch des Gymnasialstudiums, die Entbehrungen der Nachkriegszeit, der Tod des Großvaters, eine schwere Rippenfellentzündung, die sich zu einer offenen Lungentuberkulose entwickelte, und die sich notwendigerweise daraus ergebenden Kreuzwegstationen in Krankenhäusern, Sanatorien und Lungenheilstätten. Selbst das Zimmer, in das todkranke Menschen gelegt wurden, blieb dem vom Schicksal schwer geschlagenen, für sein ganzes Leben gezeichneten jungen Mann nicht erspart.

Diese familiären und gesellschaftlichen Erfahrungen und persönlichen Heimsuchungen bilden die thematische Grundlage für viele seiner Texte.

Nach dem Tod seines Großvaters, der im Februar 1949 starb, und seiner Mutter, die eineinhalb Jahre später einem Krebsleiden erlag, begann für Thomas Bernhard ein neuer Lebensabschnitt, seine „zweite Existenz". Er begann in der Lungenheilanstalt Grafenhof Verlaine, Baudelaire und Trakl zu lesen und wurde von Dostojewskis Roman *Die Dämonen* tief beeindruckt. In dieser Zeit, um 1950, lernte er Hedwig Stavianicek, geb. Hofbauer, kennen, die zu seinem Lebensmenschen wurde. Der aus einer bekannten Unternehmerfamilie stammenden, um 35 Jahre älteren Frau verdankt er viel. Sie gab ihm die menschliche Wärme, die er brauchte, unterstützte ihn finanziell und öffnete ihm den Zutritt zur kulturellen und literarischen Szene der Bundeshauptstadt. Die Beziehung dauerte mit zeitweiligen Entfremdungen und Streit bis zum Tod der verständnisvollen Gefährtin im April 1984.

Weniger dauerhaft war die künstlerische Verbindung mit dem Komponisten Gerhard Lampersberg und dessen Gattin Maja. Bernhard steuerte zur Zusammenarbeit die Kurzoper *Köpfe* und Dramolette bei, schöpfte daraus literarische Inspiration und schärfte seinen Sinn für Stil und sprachliche Ausdruckskraft. Nach drei Jahren ging man im Streit auseinander. Freundschaften mit dem eigenwilligen Schriftsteller hielten nicht lange, seinen Förderern blieb er selten längere Zeit verbunden. Dankbarkeit war Thomas Bernhards Sache nicht.

Thomas Bernhards schriftstellerischer Beginn fällt in das Jahr 1950. Er schrieb erste Zeitungsartikel, Gedichte und Erzählungen, die sowohl inhaltlich als auch sprachlich stark von der bäuerlichen Erlebniswelt des Großvaters geprägt sind. Später hat er sich davon gelöst, der Großvater blieb aber eine Leitgestalt seiner schriftstellerischen Existenz. 1952 wurde Thomas Bernhard Journalist beim Salzburger *Demokratischen Volksblatt*, einem Regionalorgan der Sozialistischen Partei, für das er als Kultur- und Gerichtssaalreporter in seiner dreijährigen Tätigkeit etwa 240 Artikel schrieb. Im Anschluss daran besuchte er das Schauspielseminar des Mozarteums in Salzburg. Er erweiterte in diesen beiden Jahren (1955–1957) sein Wissen über dramatische Literatur und erwarb jene Kenntnisse über die szenischen und schauspielerischen Voraussetzungen und Möglichkeiten am Theater, auf die er am Ende seines Schriftstellerdaseins zurückgreifen konnte. Mit der Publikation des Romans *Frost* im Jahre 1963, in dem er den Grundakkord seiner Erzähltechnik anschlug, begann Bernhards literarischer Aufstieg zu einem der bekanntesten Schriftsteller des deutschen Sprachraums. Von nun an hielt der störrische Misanthrop mit seiner radikalen Gesellschaftskritik, seinen Attacken auf den Katholizismus, das politische Establishment und den herrschenden Kulturbetrieb, mit seinen gezielten Provokationen Kritik, Öffentlichkeit und Leser in Atem.

Seine Protagonisten waren in ihrer überwiegenden Mehrzahl gesellschaftliche Außenseiter aus den Bereichen Kunst und Wissenschaft und vielfach im Tragikomischen angesiedelt. Sie artikulieren in endlosen Monologen die eigenwilligen Meinungen, aggressiven Behauptungen und gehässigen (Vor-)Urteile des Autors. Diese Feststellung gilt *mutatis mutandis* auch für die Hauptfiguren seiner Theaterstücke.

Das dramatische Œuvre Thomas Bernhards umfasst von seinem ersten abendfüllenden Stück *Ein Fest für Boris* (1970), das Claus Peymann, der engagierte Regisseur vieler seiner Stücke, im Deutschen Schauspielhaus in Hamburg inszenierte, über *Die Jagdgesellschaft* und *Der Theatermacher* bis zu seinem letzten *Heldenplatz* (1988), das trotz einer beispiellosen öffentlichen Kampagne gegen den Autor am Wiener Burgtheater zu einem großen Bühnenerfolg wurde, insgesamt achtzehn größere Werke. Es sind fast durchgehend Monodramen, die sich in geschlossenen Räumen abspielen, ohne viel Handlung und weltbewegende Themen. Sie leben vom Wort, von der Radikalität der Aussage, den ironischen Anspielungen, dem komödiantischen Effekt.

Noch einmal zurück zum Erzähler Thomas Bernhard. Zahlreiche Literaturhistoriker sind der Meinung, dass Bernhards Prosa in seiner fünfteiligen Autobiografie, die er mit dem Band *Die Ursache* einleitete und 1982 mit *Ein Kind* abschloss, entspannter ist, sein Stil schlichter, sein Ton umgangssprachlicher als in seinen Romanen. Eine näherer Beschäftigung mit dem Werk des schwierigen Autors sollte daher mit diesen Büchern ihren Anfang nehmen.

Thomas Bernhard starb am 12. Februar 1989, nicht ohne vorher in seinem Testament verfügt zu haben, dass nach seinem Tod aus seinem literarischen Nachlass kein Wort mehr veröffentlicht werden dürfe. Er ging, wie er es wörtlich formulierte, in die „postume literarische Emigration". Sein Leichnam wurde am 16. Februar 1989 auf dem Grinzinger Friedhof in Wien beigesetzt. Erst danach erfuhr die Öffentlichkeit vom Ableben des Schriftstellers.

ARCHITEKTEN, MALER
UND BILDHAUER

OTTO WAGNER

Um seine Anerkennung musste er lange kämpfen. Heute gilt Otto Wagner neben Johann Bernhard Fischer von Erlach als der bedeutendste österreichische Architekt.

Otto Wagner, der am 13. Juli 1841 im Wiener Vorort Penzing zur Welt kam, entstammte einer großbürgerlichen Familie. Der Vater, der 1846 starb, war königlich-ungarischer Hofnotar. Nach dessen Tod lebte der Knabe bei seiner Mutter in der Wiener Innenstadt und wurde durch Hofmeister und französische Gouvernanten erzogen. Er besuchte das Akademische Gymnasium, war Konviktschüler im Benediktinerstift Kremsmünster (OÖ) und entschloss sich im Alter von siebzehn Jahren, Architekt zu werden. Der junge Mann nahm am Wiener Polytechnischen Institut das

Studium auf, das er an der königlichen Bauakademie in Berlin fortsetzte. 1861 kehrte er nach Wien zurück, wo er als Schüler des Architektenduos Eduard van der Nüll und August von Siccardsburg an der Akademie der bildenden Künste seine Ausbildung abschloss.

Zu dieser Zeit war die Hauptstadt der Habsburgermonarchie eine Baustelle. Kaiser Franz Joseph hatte am 25. Dezember 1857 durch ein Allerhöchstes Handschreiben angeordnet, „die Umwallung und Fortifikation der inneren Stadt sowie die Gräben um dieselbe aufzulassen und eine entsprechende Verbindung mit den Vorstädten in Angriff zu nehmen". Der Monarch gab damit den Startschuss für eine grundlegende Umgestaltung seiner Residenzstadt. Die Basteien wurden gesprengt, die Stadtmauer abgerissen, der Stadtgraben zugeschüttet. Der Erlös der riesigen Bauflächen, die dadurch entstanden, floss in einen staatlichen Stadterweiterungsfonds. Eine neue Bauordnung wurde erlassen, eine „Stadterweiterungskommission" ins Leben gerufen, die die Pläne für die eingereichten Bauvorhaben einer Prüfung unterzog und die notwendigen Entscheidungen traf.

In den nächsten Jahrzehnten entstanden entlang der Ringstraße, der Via triumphalis der damaligen Kaiserstadt, eine Reihe von prunkvollen privaten Palästen und öffentlichen Monumentalbauten, die Wien noch heute sein unverwechselbares architektonisches Gepräge geben.

Die Baumeister, die um den Auftrag zur Errichtung der Ringstraßengebäude wetteiferten, nahmen sich historische Stilrichtungen zum Vorbild. Theophil Hansen baute das Parlament im Stil der griechisch-klassischen Antike, Friedrich von Schmidt ließ sich beim Bau des Rathauses zur Erinnerung an die Zeit des selbstbewussten mittelalterlichen städtischen Bürgertums von der Gotik inspirieren. Die Kulturbauten, die Universität, die beiden Hofmuseen (Natur- und Kunsthistorisches Museum) und das Burgtheater sind der italienischen Renaissance verpflichtet.

Der junge Otto Wagner war an der Planung dieser Bauwerke nicht beteiligt. Er arbeitete nach der Vollendung seines Studiums zunächst für kurze Zeit im Architekturbüro Ludwig Försters, der sein großes Talent erkannte und förderte.

Der Historismus der Ringstraßenarchitektur prägte natürlich auch sein Schaffen. Sein erster selbstständiger Bau als eigenständiger Architekt, ein Privatwohnhaus im neunten Wiener Gemeindebezirk (Wasagasse 33), ist ganz der Renaissance verhaftet. In den beiden nächsten Jahrzehnten schuf er weitere stilnachahmende Bauwerke, wie etwa für Theophil Hansen die Villa Epstein an der Ringstraße, die Synagoge in Budapest, die beiden Wagner-Villen in der Hüttelbergstraße. Im Rahmen des prachtvollen Festzuges anlässlich der Silberhochzeit des Kaiserpaares entwarf er das Festzelt neben dem Burgtor und nahm, ohne spektakuläre Erfolge zu erzielen, an zahlreichen internationalen Wettbewerben teil.

Im Jahre 1884 wartete der 43-jährige Otto Wagner beim Neubau der Länderbank in der Hohenstaufengasse 3 dann mit einer architektonischen Sensation auf. Nicht bei der Fassade, die trotz der klaren Gliederung der oberen Stockwerke noch dem Historismus verhaftet ist, sondern im Inneren des Bauwerkes. Die Glasdecke, die den großen Kassensaal überwölbt, hängt an einer sichtbaren Eisenträgerkonstruktion. Es gab kein Renaissancepathos mehr, Glas, Beton und Eisen lösten den Gips als Material ab, es herrscht funktionelle Klarheit. Ein neuer Baustil kündigte sich an, den Otto Wagner schlicht „Nutzstil" nannte. „Etwas Unpraktisches kann nicht schön sein", war die neue Devise. Der Architekt müsse sich bei der Konstruktion eines Bauwerkes von praktischen Erfordernissen, von der Raum- und nicht von der Fassadengestaltung leiten lassen. Seine Gestaltungsprinzipien formulierte er folgendermaßen: „1. Peinlich genaues Erfassen und vollkommenes Erfühlen des Zweckes (bis zum kleinsten Detail), 2. glückliche Wahl des Ausführungsmaterials (also leicht erhältlich, gut bearbeitungsfähig, dauerhaft, ökonomisch), 3. einfache und ökonomische Konstruktion und erst nach Erwägung dieser Hauptpunkte 4. die aus den Prämissen entstehende Form ..."

In den 90er-Jahren des 19. Jahrhunderts vollzog Otto Wagner dann den Bruch mit dem Historismus und schwor seiner eigenen architektonischen Vergangenheit ab. Zwischen 1890 und 1910 stand er auf dem Höhepunkt seiner Karriere (1894 Ernennung zum o. Prof. an der Akademie der bildenden Künste, Oberbaurat) und seiner künstlerischen Schaffenskraft. Die österreichische Architektur erlangte Weltgeltung.

Wien entwickelte sich zu dieser Zeit zur modernen Großstadt. 1890 wurden die Vororte eingemeindet, 1904/05 die Gemeinden jenseits der Donau. Die Fläche des Stadtgebietes wuchs um mehr als das Doppelte auf 273 Quadratkilometer an, die Einwohnerzahl erreichte fast die Zweimillionengrenze. Die Kommunalpolitik stand vor riesenhaften neuen Aufgaben.

Otto Wagner entwarf auf dem Reißbrett mit unermüdlicher Tatkraft städtebauliche Großprojekte von visionärem Charakter. Er entwickelte einen zukunftsweisenden Generalregulierungsplan für das gesamte Gemeindegebiet mit Parkanlagen in den einzelnen Bezirken, öffentlichen Gebäuden, Märkten und Friedhöfen, zwei Außenringgürteln in den Vorstädten und -orten, radialen Ausfallstraßen vom Ring weg und der Einbeziehung des linken Donau-Ufers in alle städtebaulichen Überlegungen. Das preisgekrönte Projekt blieb auf dem Papier. Selbst für die ansatzweise Ausführung fehlte das Geld, freilich nicht nur.

Weitere Projekte Otto Wagners, die nicht zur Durchführung kamen, waren seine Pläne für ein Technisches Museum, für den Neubau der Universitätsbibliothek, einer Kunstakademie, eines „Wien-Boulevards", der entlang des überwölbten Wienflusses entstehen sollte, und den Bau eines Städtischen Museums auf dem neu entstandenen Gelände neben der barocken Karlskirche, um den er jahrelang vergeblich kämpfte, obwohl er vom einflussreichen Bürgermeister Karl Lueger unterstützt wurde.

1894 wurde der in großstädtischen Dimensionen denkende Architekt mit dem Bau der Stadtbahn und der damals nur dem Frachtverkehr dienenden Vorortelinie betraut. Otto Wagner entwarf mit seinen Mitarbeitern sämtliche Stationsgebäude, Brücken und Viadukte. Mit seinen im Vergleich zum Historismus von sachlicher Nüchternheit geprägten Bauwerken, für deren Dekor er sich der Schmuckformen des Jugendstils bediente, gelang ihm der Durchbruch zu internationaler Anerkennung. Das Architektenbüro Wagner schuf auch die Wehr- und Schleusenanlage in Nussdorf mit dem dazugehörenden Verwaltungsgebäude.

Dem Jugendstil verhaftet ist auch die Fassadendekoration der beiden Zinshäuser Linke Wienzeile Nr. 38 und 40 gegenüber der Stadtbahnstation Kettenbrückengasse, die von neuartiger Schönheit waren (und sind), damals jedoch riesiges Aufsehen erregten. Beim Bau des Wiener Postsparkassengebäudes ein paar Jahre später (1904–1906) wandte sich Otto Wagner von diesem Dekorationsstil wieder ab und verwendete als Verkleidung des Mauerwerkes Granit- und Marmorplatten mit auffallender Nietung. Prunkstück des „schönsten Postsparkassenamtes der Welt" ist der große, streng funktionell gestaltete Kassensaal, der angeblich sogar auf die Zustimmung des greisen Franz Joseph stieß.

Den krönenden Abschluss im gewaltigen architektonischen Gesamtwerk Otto Wagners stellt die Kirche „Am Steinhof" dar, die durch ihre unverwechselbare Formgebung besticht. Auch sie stieß bei vielen Zeitgenossen auf Ablehnung. Im niederösterreichischen Landtag wetterte ein Abgeordneter: „Wir katholischen Christen verlangen von einer Kirche, dass sie auch wie eine Kirche ausschaut. Dieser Bau macht den Eindruck eines Grabmals eines indischen Maharadschas."

Im Jahr 1912 wurde Otto Wagner in den dauernden Ruhestand versetzt.

Da seine Studenten, die aus aller Welt kamen, seinen Nachfolger ablehnten, hielt er in eigens angemieteten Räumen seine Vorlesungen weiter.

Im Ersten Weltkrieg war der unermüdlich arbeitende Architekt mit verschiedenen Projekten beschäftigt und entwarf unter anderem Pläne für den Bau von Spitälern.

Otto Wagner war zweimal verheiratet. Seine erste Ehe, die er in jungen Jahren auf Wunsch der Mutter schloss und der zwei Söhne und eine Tochter entstammten, war unglücklich. Nach dem Tod der Mutter trennte er sich von seiner Gattin und entfloh dem „moralischen Kerker", in dem er sich eingesperrt fühlte. 1880 ehelichte er eine um achtzehn Jahre jüngere Frau, die sein Schaffen bewunderte und die er geradezu kultisch verehrte. Als sie 1915 starb, stürzte für ihn eine Welt ein. In den drei Jahren, die ihm noch gegönnt waren, führte er ein zurückgezogenes, von der Öffentlichkeit kaum mehr beachtetes Leben. Der große Architekt starb am 11. April 1918. Sein Leichnam wurde auf dem Hietzinger Friedhof in der von ihm entworfenen Familiengruft beigesetzt.

ADOLF LOOS

Adolf Loos war einer der bedeutendsten Schöpfer der modernen
Baukunst, ein Bahnbrecher, ein (revolutionärer) Erneuerer der Ar-
chitektur, der in seiner Profession dieselbe Rolle gespielt hat wie
Arnold Schönberg, mit dem er befreundet war, in der Musik.

Adolf Loos schuf einen völlig neuen Baustil. Seine Häuser und innen-
architektonischen Arbeiten sind einfach und schmucklos, ganz auf den Ver-
wendungszweck abgestellt. Er hielt das Ornament traditioneller Prägung
für verzichtbar. „Da das Ornament nicht mehr mit unserer Kultur orga-
nisch zusammenhängt", konstatierte er in seiner berühmten Schrift *Ornament und Verbrechen*, „ist es nicht mehr der Ausdruck unserer Kultur. Das
Ornament, das heute geschaffen wird, hat keinen Zusammenhang mehr

mit und hat überhaupt keinen Zusammenhang in der Weltordnung." Und er zog daraus die logische Schlussfolgerung: „Ornamentlosigkeit ist ein Zeichen geistiger Kraft."

Diese Sätze, die einen architektur- und kulturhistorischen Bekenntnischarakter haben, richteten sich gegen die zu seiner Zeit vorherrschende Gepflogenheit, alle Lebensbereiche zu behübschen, zu verklären und zu verschleiern. Die Mitmenschen und Zeitgenossen schätzten seine schmucklose Kunst nicht. Sie war ihnen zu schlicht, zu einfach. Die neue Architektur musste sich erst langsam und mühsam Bahn schaffen.

Adolf Loos verwirklichte sein Architekturkonzept 1899 zunächst bei der Innenausstattung des Café Museum in der Wiener Friedrichstraße, die sich in ihrer Schlichtheit deutlich von der Plüschatmosphäre des Gründerzeitkaffeehauses abhob. Die karge Ausstattung des Cafés, das ein Treffpunkt der Wiener Künstlerschaft war, stieß auf breite Ablehnung. Sie wurde geradezu als Provokation empfunden, das renommierte Kaffeehaus als „Café Nihilismus" bespöttelt. Zustimmung kam nur von ein paar Kritikern, unter anderen dem angesehenen Ludwig Hevesi, der schrieb: „Von jetzt an ist Loos geborgen, denn er hat die Sache gut gemacht. Etwas nihilistisch zwar, sehr nihilistisch, aber appetitlich, logisch, praktisch. Und ungewohnt, was auch ein Verdienst ist. Man glaubt gar nicht, wie schwer es ist, ungewohnt zu sein und doch einleuchtend zu bleiben."

So groß die Aufregung um Adolf Loos war und so bekannt sein erster großer Auftrag seine Arbeit auch machte, profitiert hat er davon wenig. Im folgenden Jahrzehnt wurden ihm nur bescheidene Aufträge zuteil. Er gestaltete Wohnungseinrichtungen, Portale, Geschäfte und baute die Villa Karma bei Montreux in der Schweiz und Häuser für reiche Familien in Wien. Erst 1910, im Alter von vierzig Jahren, erhielt der eigenwillige, kulturschöpferische Gegner des Ornaments, dessen dominierendes Feindbild der ästhetisierende Wiener Historismus war, seinen ersten und letzten größeren Bauauftrag: den Bau eines Wohn- und Geschäftshauses auf dem Michaelerplatz zwischen dem Michaelertrakt der Hofburg und der klassizistischen Fassade der Michaelerkirche.

Adolf Loos gestaltete die Fassade des heute nach ihm benannten und unter Denkmalschutz stehenden Gebäudes betont funktionell. Er setzte auf das durch Säulen gegliederte und mit grünem Marmor verkleidete Untergeschoss, den Geschäftsteil des Hauses, einen betont schlichten, ornamentlosen Oberteil, den Wohnbereich des Hauses.

Das Bauwerk löste im kaiserlichen Wien der Vorkriegszeit einen riesigen Skandal aus. Es wurde in der Tagespresse verunglimpft und verspottet, wobei die journalistischen Charakterisierungskünste vom sanften, geradezu lyrischen „Haus ohne Augenbrauen" bis zur einfallslosen Beschimpfung als Mistkiste und – auf etwas höherem Sprachniveau – als „marmorierte Kokskiste" reichten. Im Wiener Gemeinderat wetterte ein Abgeordneter, dass man gegen den Erbauer, der „mit Absicht die schönsten Plätze verschandelt", mit aller Strenge vorgehen müsse. Selbst der alte Kaiser soll die Meinung geäußert haben, er könne jetzt nicht einmal aus den Fenstern der Hofburg schauen, ohne sich ärgern zu müssen. Heute ist das „Loos-Haus" ein Stück unverzichtbarer Architekturgeschichte.

Woher nahm der radikale Vordenker und Pionier der modernen Architektur seine umwälzenden neuen Ideen? Nun, das Schlüsselerlebnis in seiner Karriere waren die drei Jahre seines Amerika-Aufenthaltes von 1893–1896. In den USA entstanden damals gerade die ersten Wolkenkratzer, deren bautechnische Kühnheit ihn beeindruckte. Das leistungsorientierte, vorurteilslose Amerika hat sein Denken entscheidend geprägt, sein Schaffen bestimmt.

1914 brach der Erste Weltkrieg aus. Adolf Loos brauchte sich vor einer Einberufung in die kaiserliche Armee nicht zu fürchten. Er war 44 Jahre alt, schwerhörig und wurde von einem Magenleiden geplagt, das durch den Wirbel um die Erbauung des Hauses auf dem Michaelerplatz ausgelöst worden war. 1917 nahm er am Wettbewerb für ein Franz-Joseph-Denkmal teil, einen Auftrag für die Errichtung irgendeines öffentlichen Gebäudes erhielt er in der Monarchie nicht.

Nach 1918 hätte seine „Raumplan"-Konzeption, welche die Architekten dazu veranlassen sollte, nicht nur den Grundriss eines Hauses zu planen und die Räume nicht nur horizontal, sondern auch vertikal zu organisieren, für die neuen Bauträger, etwa die sozialdemokratische Wiener Gemeindeverwaltung, Vorbildwirkung haben können. Es war für die neuen gesellschaftlichen und ökonomischen Rahmenbedingungen (bestmögliche Nutzung des zur Verfügung stehenden Bauareals) im Grunde genommen maßgeschneidert. Adolf Loos stellte sich der Gemeinde Wien zwar als Leiter des Siedlungsamtes zur Verfügung, zum Baubeamten eignete er sich aber absolut nicht. Dagegen sprach allein schon sein aufwändiger Lebensstil. Immerhin entwarf Loos Mustersiedlungen, die u. a. in Lainz und am Heuberg zur Ausführung gelangten. Der soziale Wohnbau verdankt dem großen Architekten jedenfalls wertvolle Anregungen. Da die großen Bauaufträge ausblieben, ging Adolf Loos 1924 nach Paris. In der französischen Hauptstadt, wo er bis 1928 in der Avantgardeszene lebte und das berühmte Haus für Tristan Tzara errichtete, wurde er als Vorkämpfer der modernen Architektur gefeiert.

Adolf Loos kam am 10. Dezember 1870 in Brünn zur Welt, einer Stadt, aus der zur Zeit der Habsburgermonarchie zahlreiche bedeutende Persönlichkeiten kamen. Aus Brünn stammten Maria Jeritza, Erich Wolfgang Korngold, Fritz Grünbaum, Richard Schaukal und Alfred Roller, um nur einige Namen zu nennen. Adolf Loos entstammte einer Handwerkerfamilie. Der Vater, in dessen Werkstatt der Bub aufwuchs, war Steinmetz von Beruf. Adolf sollte seine Nachfolge antreten. So war es geplant. Aber es kam anders. Als der Vater frühzeitig und überraschend starb, brach für den Knaben buchstäblich die Welt zusammen, denn mit der hartherzigen, lieblosen Mutter verstand er sich überhaupt nicht. Unter den gegebenen familiären Verhältnissen war es nicht verwunderlich, dass der Bub am Gymnasium ein glatter Versager war. Er wechselte im Alter von fünfzehn Jahren an die Brünner Höhere Gewerbeschule über, spezialisierte sich auf den Hochbau und studierte dann in Dresden und Wien Architektur. Zu einem Studienabschluss kam es nicht.

In Wien, wo der Schul- und Studienabbrecher nach seinem Amerika-Aufenthalt seinen ständigen Wohnsitz nahm, führte der junge Herr, der elegante Kleidung nach englischem Vorbild liebte, ein aufwändiges, dandyhaftes Leben, das weit über seine Verhältnisse ging. Groß, wohl gebaut und gut aussehend, machte Adolf Loos vor allem auf die Frauenwelt Eindruck. Er wusste seine Anziehungskraft zu nutzen. Die erste Frau, die dem herben Charme des verschwendungssüchtigen Architekten erlag, hieß Caroline Obertimpfler. Die Tochter begüterter Eltern war für Loos nicht nur eine gute Partie, sie entsprach auch seinem Frauenideal. Sie war jung (um 12 Jahre jünger als er), außergewöhnlich hübsch, mädchenhaft, unerfahren, ein „Mädili", das er, wie er glaubte, nach seinen Vorstellungen formen konnte. Er sollte sich täuschen. Die am 21. Juli 1902 in der Schlosskapelle des Fürsten Liechtenstein im mährischen Eisgrub geschlossene Ehe hielt nicht lange. Das Mädili löste sich selbstbewusst aus den Fesseln ihres machohaften Ehemannes und beschritt einen eigenbestimmten, emanzipatorischen Weg. Lina Loos schlug sich als Schauspielerin und Schriftstellerin durch ein sturmbewegtes, von künstlerischer Kreativität beherrschtes Leben.

In den nächsten zehn Jahren war Adolf Loos mit einer englischen Tänzerin namens Elizabeth (Bessie) Bruce liiert. Sie kam aus einer proletarischen Familie, war gänzlich ungebildet und Wachs in seinen Händen. Angeblich hat der Herzensbrecher, den ständige Geldnöte plagten, für die lungenkranke Frau gesorgt, als sie sich in der Schweiz kostspieligen Kuren unterziehen musste.

Am 4. Juli 1919 heiratete Adolf Loos ein zweites Mal, nachdem seine erste Ehe von Tisch und Bett getrennt worden war. Die Auserwählte, Elsie Altmann, war die Tochter eines jüdischen Rechtsanwalts, der Altersunterschied zwischen den Ehegatten betrug fast dreißig Jahre. Elsie war Tänzerin und in den 20er-Jahren des vorigen Jahrhunderts auch eine gefeierte Soubrette. Für den nach wie vor aufwändigen Lebensstil des Gatten, die Reisen an die französische Riviera und anderswohin kam sie auf. Als sie sich von ihm trennte, heiratete der bereits von einer schweren Krankheit gezeichnete, völlig ertaubte Architekt 1919 ein drittes Mal. Klara (Claire) Beck, die Tochter eines jüdischen Fabrikanten und Loos-Auftraggebers, war um ganze 34 Jahre jünger als er. Die Tragikomödie war nach zwei Jahren zu Ende. Adolf Loos, der auch ein kritischer Kulturphilosoph war, starb am 23. August 1933 in einem Sanatorium in Kalksburg bei Wien.

GUSTAV KLIMT

In seinen Anfängen, als er im protzigen, überladenen Stil Hans Makarts, des Oberhauptes der Wiener Historienmalerei, im staatlichen und privaten Auftrag Decken- und Wandgemälde schuf, die dem Geschmack der Kunstkritik und des Publikums entsprachen, wurde er mit Lobeshymnen überhäuft und als aufgehender Stern am Malerhimmel Wiens gefeiert. Aber Gustav Klimt wollte kein neuer Makart sein, im Historismus und im sterilen Akademismus nicht verharren und erstarren. Er war entschlossen, den Boden der Tradition zu verlassen, neue Wege in der Malerei zu gehen, ihr neue Sichtweisen und Themen zu erschließen, Tabus zu brechen.

Gustav Klimt erhielt im Jahr 1894 vom k. k. Unterrichtsministerium den ehrenvollen Auftrag, für den großen Festsaal der Universität so genannte „Fakultätsbilder" zu malen. Als der Künstler im Rahmen verschiedener Ausstellungen die drei Bilder „Philosophie", „Medizin" und „Jurisprudenz" der Öffentlichkeit präsentierte, schlug über seinem Kopf ein Proteststurm zusammen, ein Kunstskandal, wie ihn Wien bis dahin noch nicht erlebt hatte. Man beschuldigte ihn der „Pornografie". Die Kritik schäumte, die Professorenschaft protestierte lautstark, der Reichsrat (das Parlament) intervenierte bei der Regierung.

Was war geschehen? Was war an diesen Bildern, die 1945 im Schloss Immendorf (NÖ), wohin sie während des Zweiten Weltkrieges ausgelagert worden waren, ein Raub der Flammen wurden, so anstößig, so abstoßend?

Es gab dafür mehrere Gründe. Die größte Empörung lösten die nackten, ineinander verschlungenen Menschenleiber aus, die auf den Gemälden zu sehen waren. Es handelte sich zwar nicht um erotische Szenen, aber Nacktheit wurde in einer Zeit scheinheiliger Prüderie als gesellschaftliche Provokation empfunden. Dazu kam Klimts künstlerische Aussage, die nicht den Vorstellungen der Auftraggeber entspreche, wie seine zahlreichen Gegner behaupteten. Seine Interpretation der „Philosophie" widerspreche der traditionellen universitären Auffassung von Wissenschaft, die „Medizin" symbolisiere die Hilf- und Machtlosigkeit der ärztlichen Kunst gegen die Mächte des Schicksals, gegen Krankheit, Alter und Tod. In der „Jurisprudenz" schließlich bringe er zum Ausdruck, dass das Individuum der Strafverfolgung durch die Rechtsprechung gnaden- und schonungslos ausgeliefert sei. Natürlich erregte auch der ungewohnte Mal- und Kompositionsstil der Bilder Anstoß. Er bekam keine staatlichen Aufträge mehr.

Klimt war von der wütenden Ablehnung seiner Werke tief betroffen. Mit finanzieller Unterstützung des Industriellen August Lederer und seines Künstlerkollegen Kolo(man) Moser kaufte er die Bilder, für die er einen Vorschuss bezogen hatte, zurück. Ganz gegen seine Gewohnheit nahm er dazu auch öffentlich Stellung. „Ich habe keine Zeit, mich persönlich in dieses Gezänke einzumengen", äußerte er sich gegenüber einer Zeitung. „Es ist mir auch schon zu dumm, immer und immer wieder gegen dieselben starrköpfigen Leute aufzutreten ... Für mich entscheidet nicht, wie vielen es gefällt, sondern wem es gefällt." Den eingeschlagenen künstlerischen Weg ging er unbeirrt weiter.

Gustav Klimt entstammte einer bitterarmen Handwerkerfamilie. Der Vater, ein Graveurgehilfe, hatte Mühe, für seine Frau und seine große Kinderschar zu sorgen. Gustav, das zweite von sieben Kindern, wurde am

14. Juli 1862 in Baumgarten bei Wien (heute 14. Wiener Gemeindebezirk) geboren. Der begabte Bub wuchs mit seinen Geschwistern in einer Zimmer-Küche-Wohnung auf. Er besuchte die Bürgerschule, wo einem seiner Lehrer sein großes Zeichentalent auffiel. Auf dessen Anregung hin schickten die Eltern Gustav und seinen ebenfalls zeichnerisch hoch begabten Bruder Ernst auf die Kunstgewerbeschule. Dort erhielten die beiden eine profunde Ausbildung in den einschlägigen Fächern. Nach Absolvierung der Schule gründeten die Brüder Klimt mit ihrem Atelierkollegen Franz Matsch eine Künstlergemeinschaft, die sich rasch einen guten Namen machte.

Das erfolgreiche Künstlertrio, das mit dem Architektenpaar Helmer und Fellner eng zusammenarbeitete, wurde mit Aufträgen überhäuft. Es schuf Decken- und Wandgemälde für die Stadttheater im böhmischen Reichenberg, in Fiume (heute Rijeka), in Karlsbad und für die Hermesvilla in Lainz. Schließlich erhielten sie auch den Auftrag, die Deckenfresken in den Stiegenaufgängen des neu erbauten Hofburgtheaters zu malen und das Treppenhaus des Kunsthistorischen Museums künstlerisch auszugestalten.

Mit dem frühen Tod Ernst Klimts, der 1892 einem Gehirnschlag erlag, zerfiel die Künstlergemeinschaft. Gustav Klimt und Franz Matsch schlugen getrennte Wege ein. Klimt wandte sich dem Studium der fernöstlichen Kunst zu, machte sich mit den Werken der französischen Impressionisten vertraut und entwickelte seinen Malstil weiter. 1897 trat er gemeinsam mit einer Gruppe gleich gesinnter junger Künstler aus der konservativen Künstlerhausgenossenschaft, der sie angehörten, aus und gründeten die „Secession", zu deren erstem Präsidenten er gewählt wurde. Die neue Malergruppe, die als Gegenströmung zum Akademismus bei der Verbreitung des Jugendstils eine zentrale Rolle spielte, bezog ein bis heute existierendes Ausstellungsgebäude an der Wienzeile, mit dem programmatischen Leitmotiv: „Der Zeit ihre Kunst, der Kunst ihre Freiheit". Für die XIV. Ausstellung in der Secession im Jahre 1902 schuf Klimt seinen berühmten „Beethoven-Fries", der in der zeitgenössischen Kritik auf heftige Ablehnung stieß. Die Secessionisten gründeten auch eine inhaltlich auf hohem Niveau stehende, hervorragend gestaltete Kunstzeitschrift mit dem Titel Ver Sacrum. „Heiliger Frühling", das signalisierte einen künstlerischen Neubeginn.

Nach der vehementen Ablehnung seiner Fakultätsbilder zog sich Gustav Klimt in seine Privatsphäre zurück. Finanziell durch Privatmäzene abgesichert und frei von staatlichen Auftragszwängen konnte er sich nun ganz auf seine persönlichen künstlerischen Anliegen konzentrieren. Es waren im Wesentlichen zwei Themen, denen er sich widmete: Frauenporträts und Landschaften. Klimt hatte schon vor der Jahrhundertwende mit der Porträtmalerei begonnen, zunächst im herkömmlichen Malstil der Zeit. Nun schuf er Porträts, die seine ganz eigene, unverwechselbare Handschrift tragen: flächig-ornamentale Bilder mit einem byzantinisch anmutenden Dekor, die weibliche Figur in kostbare, durchschimmernde Gewänder eingehüllt. Das berühmteste aller dieser Porträts, für die ihm in den meisten Fällen die Ehefrauen des jüdischen Großbürgertums Modell saßen oder standen, war das Bildnis der *Adele Bloch-Bauer I*. Im gleichen Jahr, 1907, entstand auch Klimts wohl bekanntestes Kunstwerk: *Der Kuss*.

Nach dieser Schaffensperiode, die von den Kunsthistorikern als die „goldene Phase" bezeichnet wird, verbannte der Künstler das Gold aus seinen Gemälden und ersetzte es durch eine starke Farbigkeit und einen beinahe expressionistischen Malstil.

Gustav Klimt war ein Liebhaber der Frauen. Viele seiner Bilder atmen Erotik, faszinieren durch ihre erotische Ausstrahlung. Sein vordringliches künstlerisches Interesse galt der Frau, die er in allen Varianten malte, als *femme fatale* in Liebesekstase und provozierender Nacktheit, als vornehme Dame der Gesellschaft in würdevoller Pose und stolzer Distanziertheit.

Eine wesentliche Ergänzung seiner erotischen Bildnisse sind die tausenden von Aktzeichnungen, denen er mit wenigen meisterhaften Strichen handfeste Kontur verlieh. Sexualität, von Sigmund Freud wissenschaftlich erforscht und zur Sprache gebracht, war das Thema der Zeit. Die Frauen begannen sich ihrer eigenen Identität bewusst zu werden, sich gesellschaftlich und sexuell zu emanzipieren, aus ihrer jahrhundertelangen patriarchalischen Umklammerung zu befreien.

Gustav Klimt zeichnete vor der Ausführung seiner Porträts eine erkleckliche Anzahl von Vorstudien. Seine Landschaften malte er ohne Vorentwürfe unmittelbar in der freien Natur. Gustav Klimts bevorzugte Landschaft war das Gebiet um den Attersee, wo er sich in den Sommermonaten aufhielt und in der Nähe seiner langjährigen Gefährtin Emilie Flöge fernab vom Getriebe der Großstadt Erholung suchte. Mit Emilie Flöge war der Maler, der zahlreiche Affären hatte, eng befreundet. Sie war seine Muse, sein Lebensmensch. Die Beziehung zwischen den beiden war von Liebe und gegenseitiger Achtung geprägt. Emilie Flöge, die Tochter eines Meerschaumpfeifenfabrikanten, war eine starke, unabhängige Persönlichkeit. Sie betrieb mit ihren beiden Schwestern in der Wiener Mariahilfer Straße einen exklusiven Modesalon. Klimt entwarf für sie avant-gardistische Reformkleider im Stil der Wiener Werkstätte, die bei Emilies zahlungskräftigem Publikum, den vornehmen Damen der Gesellschaft, großen Anklang fanden.

Zurück zu Klimts Landschaftsbildern. Sie strahlen mit ihrem Reichtum an Bäumen, Pflanzen und blumenübersäten Wiesen, ihren Birken- und Buchenwäldern, ihren Weihern und Seen einen eigenartigen Zauber und eine unwiderstehliche Faszination aus. Der Mensch und der Himmel sind aus diesen Naturparadiesen verbannt.

Gustav Klimt war keineswegs eine elegante Erscheinung, aber eine impo-nierende Persönlichkeit. Sein ins Auge springender Petruskopf mit dem bartumrahmten, backenknochigen Gesicht, das auf einem kräftigen, stier-nackigen Körper saß, machte Eindruck.

Der gesellschaftlich ungelenke, bindungsscheue Künstler, der weiblichen Reizen schwer widerstehen konnte, unterhielt zu etlichen seiner Modelle delikate Beziehungen. Mit Mizzi Zimmermann, einem von ihnen, hatte er zwei Söhne, eine dritte Vaterschaft mit einer anderen Frau hat er aner-kannt, die Mütter finanziell unterstützt. Wie er überhaupt seinen Model-len gegenüber, die ihm den ganzen Tag zur Verfügung stehen mussten, sehr großzügig war. Übertrieben gesellig war Klimt nicht. Er lebte verhält-nismäßig zurückgezogen in seinen Domizilen und arbeitete den ganzen Tag unermüdlich in seinem Atelier. Der auf Kunstausstellungen in ganz Europa präsente und geschätzte Künstler war ein hilfsbereiter, scheuer und wort-karger Mensch. Im Charakterbild, das er von sich selbst entwarf, heißt es:

„1. Von mir gibt es kein Selbstportrait. Ich interessiere mich nicht für die eigene Person als ‚Gegenstand eines Bildes‘, eher für andere Menschen, vor allem weiblich … Ich bin überzeugt, daß ich als Person nicht extra in-teressant bin. An mir ist weiter nichts besonderes zu sehen.

2. Das gesprochene wie das geschriebene Wort ist mir nicht geläufig … Wer über mich – als Künstler, was allein beachtenswert ist – etwas wissen will, der soll meine Bilder aufmerksam betrachten und daraus zu erken-nen suchen, was ich bin und was ich will."

Am 11. Jänner 1918 erlitt Gustav Klimt einen Schlaganfall, der eine halb-seitige Lähmung zur Folge hatte. Er erholte sich nicht mehr davon. Der große, weltberühmte Maler hauchte am 6. Februar desselben Jahres sein Leben aus. Egon Schiele, sein junger Malerfreund, nahm ihm die Toten-maske ab.

EGON SCHIELE

N ach meinem Tode, früher oder später, werden die Leute mich gewiß lobpreisen und meine Kunst bewundern. Ob sie das auch so maßlos tun werden, wie sie mich und mein Werk geschmäht, verhöhnt, verleumdet, verpönt und – verkannt haben? Möglich. Missverständnisse wird es immer geben zwischen mir und den anderen ...“ Diese Äußerung überliefert der Kunstkritiker Arthur Roessler, Schieles langjähriger Förderer, als „letzte Worte“ des im Alter von 28 Jahren verstorbenen Malers, dessen Bilder seit langem weltweit zu den begehrtesten und kostspieligsten Objekten auf den Kunstmärkten zählen. Wenn auch Zweifel an dieser Aussage angebracht sind, prophetisch wären sie allemal gewesen. Egon Schiele, und das steht außer Zweifel, war jedenfalls von sich und seiner Malkunst zutiefst überzeugt. Er war eine selbstbewusste, egomanische Künstlernatur.

Wie Mozart und Schubert war Egon Schiele, wie es so schön heißt, ein „Frühvollendeter". Die Kunsthistoriker schätzen, dass er bis zu seinem Tod 250 bis 300 Gemälde, rund zweitausend bis dreitausend Zeichnungen, Aquarelle, Gouachen, Radierungen und Lithografien geschaffen hat, ein riesiges Gesamtwerk, das er in wenig mehr als einem Jahrzehnt zuwege brachte. Einfach gigantisch.

Egon Schiele war ein Zeichen- und Malgenie. Schon als Knabe hielt er vom Fenster der elterlichen Wohnung im Bahnhofsgebäude von Tulln (NÖ) aus die vorüberfahrenden Eisenbahnzüge mit dem Zeichenstift fest, ohne vom früh verstorbenen Vater oder der verständnislosen Mutter beachtet zu werden.

Der Erste, der die große Begabung des am 12. Juni 1890 in Tulln (NÖ) geborenen Knaben erkannte, war Ludwig Karl Strauch, sein Zeichenprofessor am Klosterneuburger Realgymnasium. Strauch scheint im Gegensatz zu vielen seiner Kollegen ein aufgeschlossener, einfühlsamer Pädagoge gewesen zu sein. Er gab seinem Schüler fachliche Ratschläge, lobte seine Zeichnungen und förderte ihn nach Kräften. Als der positive Klassenabschluss Schieles in Frage stand, riet er der Mutter, ihren Sohn zum Kunststudium nach Wien zu schicken. Schieles wohlhabender Onkel Leopold Czihaczek, der nach dem Tod des Vaters die Vormundschaft übernommen hatte, wollte davon allerdings nichts wissen. Aber die Mutter, die sich ansonsten wenig um den Buben kümmerte, setzte sich durch.

Im Jahre 1906 begann der damals 16-Jährige das Studium an der Akademie der bildenden Künste, nachdem er die Aufnahmsprüfung glänzend bestanden hatte. Der Vormund nahm ihn in seinen kinderlosen Haushalt auf und kam für die Kosten des Studiums auf. Sein Lehrer an der Akademie war der Historien- und Porträtmaler Christian Griepenkerl, dessen Traditionalismus er wenig abzugewinnen vermochte.

Während seiner dreijährigen Akademiezeit belegte Schiele hauptsächlich Zeichenkurse, in denen er die handwerklichen Kenntnisse des Faches erlernte, die aber keine nachhaltige künstlerische Ausrichtung bewirkten. Die frühen Blätter aus dieser Zeit sind durch akademische Angepasstheit gekennzeichnet und lassen keine eigenständige Note erkennen.

Den bestimmenden Einfluss in dieser Zeit übte Gustav Klimt auf ihn aus, den er zeitlebens verehrte und dessen dekorativ-ornamentaler Malstil ihn in Bann zog. Klimt war für Schiele eine Art Vaterersatz.

Die Hinwendung zur Secessionskunst war allerdings nicht von langer Dauer. Im Sommer 1909 verließ Schiele gemeinsam mit einigen Freunden und Malerkollegen (Anton Faistauer, Anton Peschka, Franz Wiegele) die konservative Akademie und gründete die „Neukunstgruppe", die jedoch nicht lange bestand. Die folgenden Jahre, die Zeit zwischen 1909 und 1915, in der sich seine Selbstfindung vollzog, gehört zu den fruchtbarsten und originellsten des Künstlers. Egon Schiele zeichnete und malte ein Werk nach dem anderen und fand verhältnismäßig rasch seine ganz persönliche, ausdrucksstarke Handschrift, die von den Kunsthistorikern dem Expressionismus zugeordnet wird. Auf Ausstellungen im In- und Ausland, an denen er sich beteiligte, wurden die Kunstkritiker und Sammler auf ihn aufmerksam.

In den Mittelpunkt seines künstlerischen Schaffens als Zeichner und Maler stellte Schiele mit schonungsloser, provokanter Offenheit sich selbst, den Menschen schlechthin, in seiner Nacktheit, inneren Zerrissenheit und existenziellen Ausgesetztheit. Thematische Schwerpunkte waren Selbstbildnisse, Aktdarstellungen, Porträts, Figurenkompositionen, Landschafts- und Städtebilder.

Egon Schiele hatte eine Vorliebe für eitle Selbstbespiegelung. In seinen Selbstporträts reflektiert sich seine egozentrische, narzisstische Persönlichkeit, sie sind ein Ausdruck seiner jeweiligen seelischen Befindlichkeit, seiner sexuellen Spannungen. Der Maler stellt sich in unterschiedlichsten Posen vor, als hilfloser, schutzbedürftiger Mann, als leidender Märtyrer, hockend, stehend, sich selbst verdoppelnd oder mit Doppelgänger, mit ausdrucksvollen Gesten, Grimassen, Verrenkungen und expressiv langen Händen, nackt, kantig, knochig. Während er in diesen Zeichnungen, Aquarellen und Gouachen vorwiegend seine Kreatürlichkeit zur Schau stellt, haben seine Aktselbstbildnisse natürlich eindeutig erotischen Charakter. Das trifft natürlich auch auf seine weiblichen Aktdarstellungen zu, die an Deutlichkeit nichts zu wünschen übrig lassen. Der Künstler stellt seine weiblichen Modelle, radikal entblößt, aus den verschiedensten Blickwinkeln in zumeist extremen Posen dar. In einer Gesellschaft, in der sexuelle Prüderie, Heuchelei und Bigotterie zum guten Ton gehörten, stieß Schieles Kunst zwangsläufig auf totales Unverständnis und entrüstete Ablehnung. Für Schiele hatte auch das erotische Kunstwerk etwas Heiliges an sich.

Weniger Aufregung verursachten seine Figurenkompositionen. In diesen größtenteils großformatigen Ölbildern greift Schiele thematisch Grundprobleme des Menschen auf – Not, existenzielle Bedrohung, Tod –, die er mit eindringlicher Anschaulichkeit visionär und zum Teil mystisch-religiös überhöht präsentiert. Im Rahmen dieser Darstellungen nehmen die düsteren, auf Verzweiflung gestimmten Mutter-Kind-Bilder eine besondere Stellung ein.

Egon Schiele schuf auch Porträts von großartiger Plastizität und malte Landschafts- und Städtebilder. Das Abbilden der Natur kam für ihn allerdings nicht in Frage. Er wollte seinen Landschaften Seele einhauchen. „Hauptsächlich beobachte ich jetzt die körperliche Bewegung von Bergen, Wasser, Bäumen, Blumen. Überall erinnert man sich an ähnliche Bewegungen im menschlichen Körper, an ähnliche Regungen von Freuden und Leiden in den Pflanzen", stellte er einmal fest.

1911 begegnete Schiele der siebzehnjährigen Valerie (Wally) Neuzil, die er zu seiner Geliebten machte. Das ehemalige Klimt-Modell begleitete in den nächsten Jahren seinen Lebensweg. Sie reiste mit ihm nach Krumau in Böhmen, den Geburtsort seiner Mutter. Er malte dort seine schönsten Stadtansichten. Als Schiele ein junges Mädchen im Garten des Hauses, in dem er wohnte, nackt Modell stehen ließ, mussten Wally und er die Stadt verlassen. Das unvermählte Liebespaar reiste nach Wien zurück und übersiedelte bald darauf nach Neulengbach (NÖ), wo Schiele in einem Haus im Grünen sein Atelier einrichtete. Er setzte dort seine Studien am lebenden Objekt mit jungen Mädchen fort. Das rief die Polizei auf den Plan. Am 13. April 1912 wurde der erotomane Künstler wegen Unsittlichkeit und Entführung eines minderjährigen Mädchens in Untersuchungshaft genommen und nach etwa drei Wochen vom Kreisgericht St. Pölten wegen Verbreitung unsittlicher Zeichnungen zu drei Tagen Haft verurteilt. Die Strafe war bereits abgebüßt. Seinen Aufenthalt im Neulengbacher Gefängnis hat der Künstler in einigen Arbeiten festgehalten.

Nach seiner Entlassung unternahm Schiele mit Wally einige Reisen, bezog in der Hietzinger Hauptstraße Nr. 13 ein neues Atelier und beteiligte sich an etlichen Ausstellungen. Seiner langjährigen Geliebten gab er eines Tages kaltherzig den Laufpass.

Am 17. Juni 1915 heiratete er nach nicht alltäglichen Annäherungsversuchen die aus einer bürgerlichen Familie stammende Edith Harms. Unterdessen war der Erste Weltkrieg ausgebrochen und der unsoldatische Künstler musste kurz nach der Eheschließung sein Atelier mit einer Kaserne tauschen. Er wurde nach Prag einberufen, machte in Neuhaus (Böhmen) seine Grundausbildung und war dann zumeist in Schreibstuben tätig. Der Einsatz an der Front blieb ihm erspart. Mit einem Gewehr in der

Hand kann man sich den sensiblen Künstler auch gar nicht vorstellen. Krieg und Kriegsgeschrei waren ihm verhasst. Der Mutter schrieb er kurz nach seiner Einberufung: „Liebe Mutter - ich bin nun 14 Tage Soldat - mir geht es herzlich schlecht ... Wie lange wird dieser elende Krieg noch dauern - es ist ja die schlechteste Lebenszeit die je Menschen durchgemacht haben - wozu ist man denn eigentlich auf der Welt? ..."

Egon Schiele hatte einflussreiche Gönner und Förderer. Sie setzten es durch, dass er Anfang Jänner 1917 nach Wien versetzt wurde, wo er neben dem Militärdienst auch seiner künstlerischen Arbeit wieder verstärkt nachgehen konnte.

Die Arbeiten, die er in dieser Zeit schuf, sind von den neuen Lebensumständen, von Heirat und Krieg, geprägt. Sie sind weniger expressiv und visionär, heimeliger und pittoresker, die Drastik der früheren Darstellungen ist ästhetisch entschärft. Die Ehe besänftigte seine psychische Unruhe und wirkte sich auf seine künstlerische Gestaltungskraft aus. Die nicht besonders kunstsinnige Mutter dürfte das instinktiv gespürt haben. „Solche Künstlernaturen sollten nicht heiraten", bemerkte sie nach dem Tod ihres Sohnes.

Kurz bevor er starb, feierte Egon Schiele bei einer Ausstellung in der Wiener Secession einen großen Erfolg. Am 28. Oktober 1918 wurde seine Frau, die im sechsten Monat schwanger war, von der damals in Wien grassierenden spanischen Grippe dahingerafft. Drei Tage später war er an der Reihe. Egon Schiele stand im 29. Lebensjahr, als ihm das Schicksal Zeichenstift und Pinsel aus der Hand nahm.

ALFRED KUBIN

Es ist eine dämonische, düstere, zwielichtige, hintergründige, fantastische und wohl auch rätselhafte Bilderwelt, die uns in seinem Werk entgegentritt. Skurriles mischt sich mit Gespenstischem, Groteskes mit Unheimlichem, Erzählerisches mit Versponnenem. Da und dort blinzelt aber auch Kauziges durch das Unwirklich-Wirkliche, blickt uns Anheimelndes entgegen, blitzt schalkhafter Humor auf. Man sollte sich von all dem nicht abschrecken lassen und versuchen, in das Dickicht von scheinbar wirren Linien und verdeckten Bildinhalten und -aussagen einzudringen.

Kubins vorwiegend zeichnerisches Werk – die wichtigsten Ausdrucksmittel des international angesehenen Künstlers sind die Lithografie und die (kolorierte) Federzeichnung – ist aus der Kunst des vorigen Jahrhunderts nicht wegzudenken.

Alfred Kubin war ein Mensch mit einem komplizierten Seelenleben, das an der Grenze zur Neurose angesiedelt war, eine ungemein sensible Natur, ein in sich gekehrter künstlerischer Einzelgänger. Der Schlüssel zu Kubins Werk, das mit seinem Leben eng verflochten ist, ist in seiner lieblosen, angstverzerrten Kindheit und Jugend zu suchen.

Kubin wurde am 10. April 1877 im böhmischen Leitmeritz geboren. Er war das erste Kind und der einzige Sohn eines ehemaligen k. u. k. Offiziers und einer hübschen, kunstsinnigen Mutter, die vor ihrer Verehelichung Pianistin gewesen war. Von ihr dürfte er seine selbstquälerische Veranlagung geerbt haben. Sie starb, als der Sohn erst zehn Jahre alt war. Ihr früher Tod nach einem langen Siechtum hinterließ in seiner Seele eine tiefe Verwundung.

Der Vater, der den seelischen Nöten seines Sohnes verständnislos gegenüberstand, heiratete alsbald wieder. Der Sohn musste außer Haus. Er schickte den Knaben nach Salzburg ins Gymnasium, wo er bereits im zweiten Jahr kläglich versagte. Alfred hatte ein vortreffliches Gedächtnis, aber er war unkonzentriert und lehnte sich gegen jegliche Autorität auf. Seine künstlerische Begabung blieb unerkannt und ungenützt. Der Hass auf die Schule, der bereits in der Volksschule zutage getreten war, vertiefte sich.

Zurück im Elternhaus traf den Knaben das nächste Schockerlebnis: Die Stiefmutter starb im Wochenbett. Der Bub zog sich in das Schneckenhaus seiner Gefühle zurück und wurde vollends zum verstockten Einzelgänger. Der ratlose Vater, dessen pädagogische Strenge ins Leere stieß, wusste sich nicht anders zu helfen, als den ungeliebten Sohn in eine Fotografenlehre zu einem Verwandten nach Klagenfurt zu schicken. Dort hielt der seelisch labile Jugendliche zwar vier Jahre durch, aber der Beruf fesselte ihn nicht. Seine Fantasie blieb unbefriedigt, die enge Bürgerlichkeit im Haus des Onkels behagte ihm nicht.

Der junge Kubin fiel, von einer heftigen Pubertätskrise geschüttelt, von einem Extrem in das andere. Er hielt sich Tiere in Käfigen, saß in Wirtshäusern herum, versuchte sein Glück in der Liebe. Er war ein junger Mann ohne Reiz und Charme, die Mädchen wiesen ihn ab. Frustriert und desillusioniert, suchte Alfred Kubin Zuflucht bei Büchern, las Schopenhauer und Nietzsche und fand bei ihnen den geistigen Trost, den er suchte. Aber doch auch wieder nicht so viel, dass er seinem Leben einen dauerhaften Sinn hätte geben können. Ein Selbstmordversuch am Grab seiner

Mutter mit einem verrosteten Revolver schlug fehl, löste seine Existenzkrise nicht. Die Kugel ging nicht los. War es eine Verzweiflungstat, eine dramatische Selbstinszenierung, ein Schrei nach Beachtung? Wahrscheinlich eine Mischung aus allem. Der Onkel jagte ihn aus dem Haus.

Wieder machte der Vater einen schweren pädagogischen Fehler. Er riet zum Eintritt in die k.u.k. Armee. Alfred war alles andere als eine soldatische Natur. Das Scheitern war vorprogrammiert. Der Tod seines Divisionskommandanten löste eine schwere Depression aus, die zu einem völligen körperlichen und seelischen Zusammenbruch führte. Kubin war abermals an einem Tiefpunkt seiner Existenz angelangt. Der Vater bewies jetzt immerhin mehr Verständnis für seinen Sohn. Er gestattete es ihm, sich in seinem Haus von seiner Existenzkrise zu erholen und auf einen Neuanfang vorzubereiten. Nach etwa einem Jahr, ihm Frühjahr 1898, gab er dem Entschluss Alfreds nach, sich an der Münchner Kunstakademie ausbilden zu lassen.

Es war die entscheidende Weichenstellung seines Lebens. Denn obwohl Alfred Kubin auch in der Hauptstadt Bayerns nicht seinen Seelenfrieden fand, von einer Depression in die andere schlitterte, von Zweifeln an seiner Begabung heimgesucht wurde, entwickelte er sich in München doch allmählich zur künstlerischen Persönlichkeit. Er studierte systematisch das grafische Werk so großer Meister wie Goya, Munch und Ensor, schuf in hektischer, unermüdlicher Arbeit, in einem schöpferischen Fieberrausch sondergleichen hunderte von Zeichnungen, die überquellen von furchtbaren Visionen, Angst einflößenden Ungeheuern, höllischen Dämonen und fratzenhaften Spukgestalten, die spätere Entwicklungen in der bildenden Kunst vorwegnahmen.

Nach und nach stieß sein Schaffen auf Aufmerksamkeit, aber auch auf heftige Ablehnung. Käufer fanden sich, erste Ausstellungen seiner Werke wurden veranstaltet. Fast im Gleichklang mit seiner künstlerischen Entwicklung fand er langsam sein seelisches Gleichgewicht, wenn auch immer wieder von Depressionen und anderen Heimsuchungen unterbrochen. Jedenfalls hatte er endgültig seinen Weg gefunden, seine Lebensaufgabe. Heilsames persönliches Geschick kam hinzu. 1904 fand der scheue Künstler die Frau, die ihn durch das Leben begleitete: Hedwig Gründler aus Frankfurt am Main, die Schwester eines Schriftstellers, gab ihm den inneren Halt, schuf die geordneten äußeren Verhältnisse, die er für seine Arbeit brauchte. 1906 kaufte er auf Anraten des Vaters das kleine Landgut Zwickledt bei Wernstein am Inn.

Es war in vielerlei Hinsicht ein neuer Lebensmorgen, der nun begann, ein Wendepunkt seiner Existenz, der bedeutendste Meilenstein auf seinem weiteren Weg als Künstler wie als Mensch.

Alfred Kubin zog sich aus dem hektischen Großstadtgetriebe in die Stille und Vertrautheit des Landlebens zurück, in der er aufgewachsen war. Sein turbulentes Innenleben beruhigte sich allmählich, seine Zeichnungen wurden „übersichtlicher", sein künstlerisches Traumreich nahm andere, freundlichere, hellere und, wenn man will, hellsichtigere Züge an. Die Dämonen bedrängten ihn immer seltener.

Zwickledt wurde, war und blieb Kubins Refugium, seine „Arche", in der er sich häuslich einrichtete, wo er mit seiner Frau, ein paar Mägden und einer stattlichen Anzahl von Haustieren das Leben eines Einsiedlers führte. Kubin war allerdings ein durchaus geselliger Eremit. Den Kontakt mit der Außenwelt, mit befreundeten Künstlern, mit Malern und Dichtern hielt er aufrecht. Er unterhielt eine umfangreiche Korrespondenz, machte (selten) und empfing (häufiger) Besuche. In der Zeit seines Zwickledter Daseins unternahm er Reisen auf den Balkan und nach Italien, fuhr nach München, Prag und Paris. Später verließ er seine Klause nur noch selten. Die Sommer verbrachte er zumeist im heimatlich-heimischen Böhmerwald. Ein halbes Jahrhundert lang, bis zu seinem Tod, blieb das kleine Innviertler Landgut seine Arbeitsstätte, die Quelle seiner Inspiration und Imagination.

Im Sommer 1908 schrieb Alfred Kubin den Roman *Die andere Seite* und erlangte damit rasch schriftstellerischen Ruhm. Das Buch hatte mit seinen biografischen Bezügen zweifellos therapeutischen Charakter. Kubin schrieb sich mit diesem Werk, in dem er detailreich und visionär die kommenden Weltkatastrophen beschwört, von seinen inneren Ängsten frei. Er selbst sprach von einem „veränderten Weltgefühl", das nun in seine Seele einzog.

Alfred Kubin war trotz seiner geringen Schulbildung ein Mann von weit reichenden geistigen Interessen und profunder Kultur. Neben seinem Hang zur Philosophie beschäftigte er sich eingehend mit den großen Weltreligionen und vertiefte sich im Zusammenhang mit seiner Arbeit als Buchillustrator in die Werke der Weltliteratur. Neben dem erwähnten Schlüsselroman schrieb er Erzählungen, Essays und autobiografische Arbeiten. Mit Herzmanovsky-Orlando, Hans Fronius und anderen Persönlichkeiten der österreichischen Kunst- und Kulturszene stand er in ständigem Kontakt.

Die Grundlage für Kubins wirtschaftliche Existenz war – abgesehen von den Privatverkäufen – seine illustrative Tätigkeit, die ihm bereits in den zwanziger und dreißiger Jahren des vorigen Jahrhunderts internationale Anerkennung brachte. Alfred Kubin hat die Bücher von Edgar Allen Poe, E.T.A. Hoffmann, Fjodor Dostojewski, August Strindberg und Franz Kafka, um nur einige Namen von Autoren zu nennen, denen er sich geistesverwandt fühlte, kongenial illustriert und interpretiert. Von seinem Zauberschlösschen im oberösterreichischen Innviertel aus hat er in der Buchillustration weltweite Maßstäbe gesetzt.

Kubins hintergründige, visionäre Bilderwelt wurde von den Nationalsozialisten als „entartet" eingestuft. Sein immens reichhaltiges grafisches Werk zählt heute zum wertvollen Bestandteil vieler Museen der Welt.

Alfred Kubin war ein künstlerischer Einzelgänger. Er hat keine Schule begründet, aber er war für viele österreichische Künstler nach 1945 eine Quelle der Inspiration. Alfred Kubin starb am 20. August 1959.

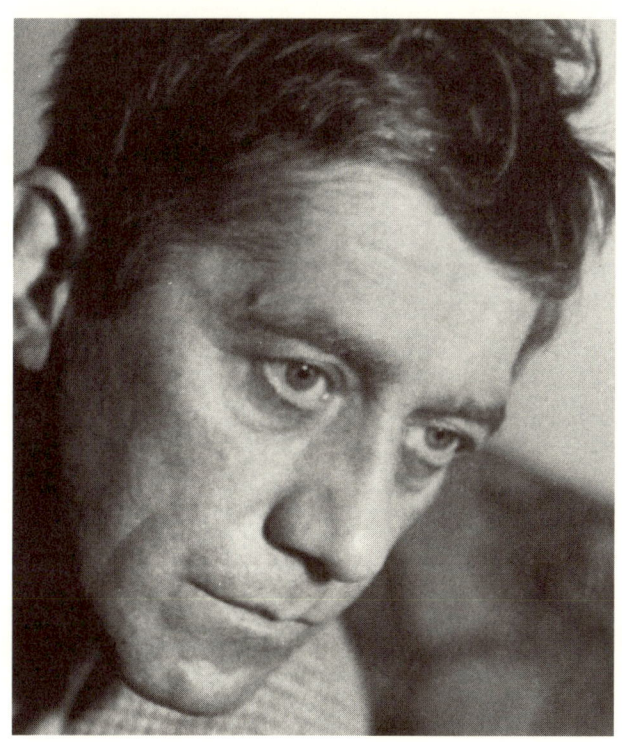

OSKAR KOKOSCHKA

E r war eine Doppelbegabung, wie sie bei Künstlern gar nicht einmal
so selten vorkommt. Er konnte seine Gedanken und Gefühle, seine Empfindungen und Visionen mit dem Pinsel und der Feder zum
Ausdruck bringen.

Weltberühmt wurde Oskar Kokoschka als Maler, als Schriftsteller ist er
nur Literaturkennern bekannt. Ein Revolutionär, ein Bahnbrecher des Expressionismus war er in beiden Kunstgattungen: in der Malerei wie in der
Literatur.

Das ungebärdige, ungezügelte Temperamentbündel, der „Oberwildling",
wie ihn ein zeitgenössischer Kritiker nannte, erregte mit dem Einakter *Mör-
der, Hoffnung der Frauen*, in dem er auf eine für die damalige Zeit unge-

wöhnliche Weise und mit ungewöhnlichen Mitteln (Gestik, Lichteffekte) das Thema des Geschlechterkampfes zur Diskussion stellte, einen ersten Theaterskandal.

Ungefähr zur gleichen Zeit stießen auch seine Bilder, die in ersten Ausstellungen der Öffentlichkeit präsentiert wurden, auf wütende Ablehnung. Der österreichische Thronfolger Franz Ferdinand, der in Kunstangelegenheiten ausgesprochen konservative Ansichten vertrat, geriet beim Anblick von Kokoschkas frühem Schaffen so in Rage, dass er sich mit der Bemerkung Luft verschaffte, wer so etwas produziere, dem müsse man „die Knochen im Leib zerbrechen". Die Drohung war nicht wörtlich zu nehmen, aber solche „Urteile" aus dem Mund eines Mitglied des Kaiserhauses konnten schwer wiegende Folgen haben. Oskar Kokoschka machte dennoch seinen Weg.

Rosen wurden dem am 1. März 1886 in Pöchlarn (NÖ) geborenen Künstler nicht in die Wiege gelegt, wohl aber ein schweres, belastendes väterliches Erbe: Oskar Kokoschkas Vater war ein ruheloser, großsprecherischer Herumtreiber, der sich weigerte, für die Familie zu sorgen. Er floh so oft es ging aus den beengten häuslichen Verhältnissen, sodass die Last des Familienunterhaltes größtenteils auf den Schultern der um 21 Jahre jüngeren, energischen Mutter lag. Diese elterliche Konstellation, die familiäre Abwesenheit des Vaters und die Lebenskraft der Mutter, haben das Weltbild Kokoschkas essenziell geprägt und ihn zu einem überzeugten Verfechter matriarchalischer gesellschaftlicher Grundstrukturen gemacht.

Bald nach Oskars Geburt übersiedelte die Familie nach Wien, wo sie alle paar Jahre das Domizil wechselte. Der kontaktscheue Bub vergrub sich, als er des Lesens mächtig war, in die Sagenwelt des klassischen Altertums, begeisterte sich für die Antike und las sich später mit Reclam-Heften in die Weltliteratur ein.

In der Staatsrealschule, die er 1904 mit der Reifeprüfung abschloss, blieben ihm im Rückblick zwei Lehrer in Erinnerung: sein Zeichenlehrer, der seine künstlerische Begabung erkannte und förderte, und sein Englischprofessor, der ihm die Dramen Shakespeares nahe brachte. Die Nöte seiner Pubertätsjahre hat Kokoschka später in seinem Buch *Die träumenden Knaben*, dichterisch überhöht, dargestellt.

Nach der Realschule ermöglichte ein Stipendium, das aus dem Legat der Schwestern Fröhlich, der Freundinnen Franz Grillparzers, gespeist wurde, dem begabten jungen Mann das Studium an der Wiener Kunstgewerbeschule. An dieser Anstalt, die enge Kontakte zur Wiener Werkstätte unterhielt, sollte er zum Lehrer ausgebildet werden. Daraus wurde dann nichts.

Schon während der ersten Schuljahre entwarf Kokoschka Postkarten, zeichnete Porträts, malte Selbstbildnisse und wurde dann in die Klasse von Carl Otto Czeschka aufgenommen, wo er das Aktzeichnen, den Holz- und Linolschnitt lernte. Czeschka förderte seinen Schüler nach Kräften, gab ihm die künstlerischen und menschlichen Orientierungshilfen, die er benötigte, und verschaffte ihm Aufträge für die Wiener Werkstätte.

Die erste öffentliche Ausstellung seines Frühwerkes auf der Kunstschau des Jahres 1908, von Gustav Klimt ermöglicht, stieß auf breite Ablehnung. Oskar Kokoschkas künstlerische Urkraft, die die Fesseln der Konvention radikal sprengte, rief jedoch auch Gönner und Förderer auf den Plan. Einer von ihnen war Adolf Loos, der ihn dazu ermunterte, Porträts zu malen, und für seinen Lebensunterhalt sorgte. Das war auch notwendig, denn von seiner Arbeit konnte Kokoschka, der 1909 aus der Kunstgewerbeschule entlassen wurde, nicht leben. Der Erlös aus Fächern für die Wiener Werkstätte, Exlibris, Feder- und Tuschzeichnungen, die von ein paar Museen angekauft wurden, waren nicht mehr als Tropfen auf den heißen Stein.

Kokoschka, in dessen Seele Stürme tobten, ging im März 1910 nach Berlin, schloss sich expressionistischen Zirkeln an, wurde Mitarbeiter der Zeitschrift *Der Sturm* seines Gönners Herwarth, beschickte Ausstellungen und kehrte dann wieder nach Wien zurück, wo er im Gartenhaus seiner Eltern sein erstes Atelier einrichtete.

Nach einem Intermezzo als Zeichenlehrer am Mädchenlyzeum der pädagogischen Revolutionärin Eugenie Schwarzwald lernte der 26-jährige Künstler Alma Mahler, die Witwe des Komponisten und Dirigenten Gustav Mahler, kennen. Die drei Jahre dauernde stürmische Liebesbeziehung mit der extravaganten Frau, die aus einem völlig anderen gesellschaftlichen Milieu kam, war und blieb ein zentrales Ereignis in seinem langen Künstlerleben. Kokoschka versuchte Alma nach seinen Vorstellungen zu formen, er quälte die Geliebte mit seiner rasenden Eifersucht. „Ich dulde keine fremden Götter neben mir. Du bist eines Sinnes mit mir und wirst mit mir leben, bis ich in Dir alles aus den Wurzeln gerissen habe, was mich verwirrt, kalt macht und unglücklich", gebot er kategorisch.

Alma ließ sich nicht versklaven, riss sich von ihm los, beendete die Liebesbeziehung. „Die drei Jahre mit ihm waren ein einziger heftiger Liebeskampf", schreibt sie in ihrer Autobiografie. „Niemals zuvor habe ich soviel Krampf, soviel Hölle, soviel Paradies gekostet ... Ich liebte dieses Genie und das unerzogene, störrische Kind in ihm. Es wäre schön gewesen, wenn er mir das geglaubt hätte. So aber jagten seine Eifersucht und sein Misstrauen unsere Bindung zu Tode." Das künstlerische Ergebnis der ungewöhnlichen Liebesbeziehung war das monumentale Bild *Die Windsbraut*, eines der berühmtesten Bilder des Malers.

Oskar Kokoschkas Verzweiflung war grenzenlos. Er zog freiwillig in den Ersten Weltkrieg, wurde schwer verwundet und verbrachte mehrere Monate in Sanatorien. Seine körperlichen und psychischen Verwundungen malte und schrieb er sich von der Seele (*Orpheus und Eurydike*, *Der brennende Dornbusch*).

Nach Kriegsende mündete das Leben des egozentrischen Künstlers in eine vorerst gesicherte Existenz ein. Er erhielt eine Professur an der Akademie für bildende Künste in Dresden, die er von 1919 bis 1924 innehatte. Während dieser Dresdener Jahre wurde seine Palette heller, sein Kolorit farbenprächtiger, sein Pinselstrich breiter. Manche Kunsthistoriker glauben, in dieser Zeit ein Nachlassen seiner expressiven Malkunst feststellen zu können. Aber wenn die jugendliche Sturm-und-Drang-Periode auch langsam verebbte, ein gewisses Protestpotenzial blieb auch für den reifen Kokoschka charakteristisch. Jedes seiner Werke trägt unverkennbar den Stempel seiner vielschichtigen Persönlichkeit. Kokoschka hatte ein scharfes Auge, er schaute den Menschen, die er porträtierte, in die Seele. Karl Kraus, einer seiner frühen Künstlerfreunde, dessen Porträt er malte, fand für das Endergebnis eine charakteristische Begründung: „Kokoschka hat ein Porträt von mir gemacht", schrieb er. „Schon möglich, daß mich die nicht erkennen werden, die mich kennen. Aber sicher werden mich die erkennen, die mich nicht kennen."

Im Gesamtwerk Oskar Kokoschkas nehmen die Städtebilder einen besonderen Stellenwert ein. Sie sind mit zupackender Malerhand gestaltete, panoramahafte Stadtlandschaften, die mit ihren ungewöhnlichen Farbtönen, ihrem breiten Pinselstrich und ihren amorphen Umrissen auf den Gesamteindruck abzielen, ohne dass die Städte ihre Identität verlieren.

Kokoschkas Schaffen fand zunehmend Anerkennung. In Dresden ließ er auch eine lebensgroße Puppe, eine Nachbildung seiner ehemaligen Geliebten Alma Mahler, anfertigen, eine Frauenfigur, die er als Modell verwendete und von der er mit seiner *Frau in Blau* auch eine Paraphrase malte.

Nach seinem formlosen Weggang von Dresden folgten Jahre des Reisens durch halb Europa (Italien, Frankreich, Spanien, Portugal), in den Vorderen Orient und nach Nordafrika, auf denen er seine Eindrücke in expressiven Landschafts- und Städtebildern festhielt. Zwischendurch kehrte er aber immer wieder nach Wien zurück, kümmerte sich um seine Mutter, um seinen jüngeren Bruder Bohuslav und dessen Familie.

Nach der Machtergreifung Adolf Hitlers in Deutschland und der Etablierung einer ständestaatlich-autoritären Herrschaftsordnung in Österreich schlug Oskar Kokoschka 1934 seinen Wohnsitz in Prag auf, wo er die Anwaltstochter Olda Palkovská kennen lernte (Heirat 1941) und neben einer Reihe von Stadtansichten ein Porträt des greisen tschechoslowakischen Staatspräsidenten Thomas G. Masaryk auf dessen Landsitz Lány malte. Er schrieb ein Drama über den tschechischen Reformpädagogen Jan Amos Komenský (*Comenius*) und erwarb die tschechische Staatsbürgerschaft.

Vor der Besetzung der ČSR durch deutsche Truppen im Jahre 1939 floh Kokoschka, dessen Bilder von den Nazis als „entartete Kunst" eingestuft wurden, nach England, wo er sein Leben gemeinsam mit Olda neu einrichten musste.

Der entschiedene Nazigegner stellte seine Kunst nun zunehmend in den Dienst des Kampfes für Humanität, Recht und Gerechtigkeit und nahm mit manchen seiner Bilder Stellung zu Zeitfragen und -problemen. So rief er etwa 1945 mit dem Plakat „Christus neigt sich zu den hungernden Kindern", das er auf eigene Kosten in der Londoner U-Bahn anschlagen ließ, zur Hilfe auf.

Nach dem Ende des Zweiten Weltkrieges nahm Oskar Kokoschka sein unstetes Wanderleben wieder auf, reiste quer durch die Welt und besuchte auch seine alte Heimat. In Salzburg schuf er Bühnenbilder für die Festspiele und betreute im Rahmen der Internationalen Sommerakademie eine „Schule des Sehens", in der er versuchte, seine Schüler zum Erlebnis der Welt mit eigenen Augen anzuregen. Das Sehen war für ihn ein Erlebnis von Farbe, Licht und Raum. In Wien entwarf er unter anderem die Bühnendekorationen für einen Raimund-Zyklus des Burgtheaters. Der Versuch, ihn künstlerisch auf Dauer an die Bundeshauptstadt zu binden, scheiterte. Oskar Kokoschka schlug seinen dauernden Wohnsitz in der Schweiz auf, in Villeneuve am Genfer See. Er schuf in seiner unverwechselbar-einmaligen, ausdrucksstarken Handschrift ein Werk nach dem anderen und schrieb seine Autobiografie *Mein Leben*.

Oskar Kokoschka bewahrte sich bis ins hohe Alter seine Schaffenskraft. Als sein Augenlicht schwand und er nicht mehr räumlich sehen konnte, hörte er auf zu malen.

Das Ende kam unerwartet rasch. Einige Wochen nach einem Schlaganfall starb der weltberühmte Maler am 22. Februar 1980 in der Klinik von Montreux.

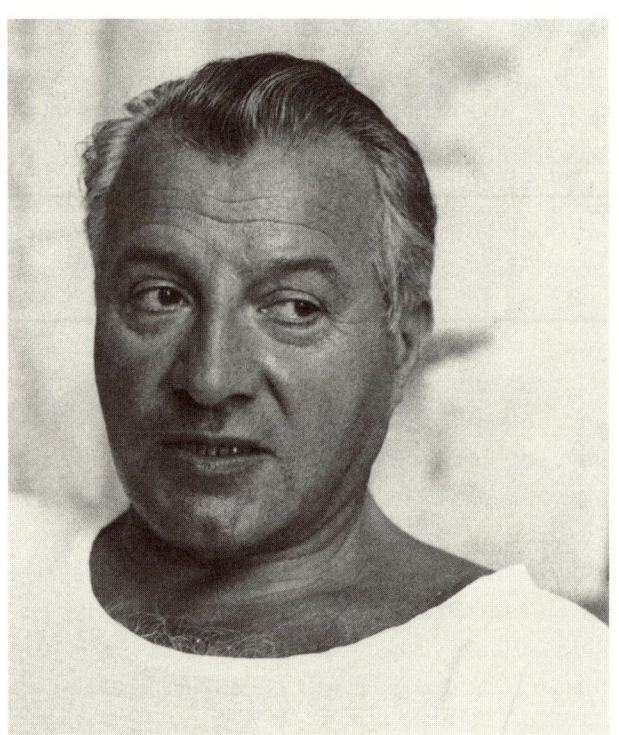

FRITZ WOTRUBA

Ö sterreich ist kein Bildhauer-, sondern ein Musikland, die Österreicher sind ein Volk der Tänzer und Geiger. Trotzdem: Wenn
Italien seinen Michelangelo hat und Frankreich seinen Rodin, so
haben wir unseren Wotruba.

Der zweifellos größte österreichische Bildhauer des vorigen Jahrhunderts
war nicht nur von Datum und Geburt, sondern auch von seiner Abstammung her gesehen ein Kind des habsburgischen Vielvölkerreiches. Der Vater, Schneider von Beruf, war Tscheche, die Mutter stammte aus Ungarn.
Die zehnköpfige Familie – Fritz war das jüngste von acht Geschwistern –
führte ein Proletarierdasein. Auf engstem Raum zusammengepfercht,
kämpfte sie sich durch das Leben.

Auch das jüngste Familienmitglied bekam in seiner Kindheit und Jugend die Härte proletarischen Daseins zu spüren. Sie hat ihn auf Lebenszeit geprägt und ist in sein Werk eingegangen. Fritz Wotruba, der am 23. April 1907 in Wien zur Welt kam, besuchte die Volks- und Hauptschule und ging dann auf Wunsch des Vaters in eine Graveur- und Stanzenwerkstatt in die Lehre. Schon als Lehrling interessierte er sich brennend für die bildende Kunst. Er kopierte, ehe er sich zur Arbeitsstätte aufmachte, die Zeichnungen berühmter Bildhauer und besuchte abends die Wiener Kunstgewerbeschule, wo er nach dem Modell Aktzeichnen lernte. Seine zeichnerische Begabung hielt sich nach eigener Aussage allerdings in Grenzen. Es drängte ihn zur Bildhauerei.

Nach seiner Ausbildung zum Graveur trat Wotruba in die Meisterklasse Anton Hanaks ein, wo er Marian(ne) Fleck kennen lernte, die er 1929 heiratete. Nach Unstimmigkeiten mit Hanak verließ er nach zwei Jahren dessen Meisterklasse. Er wollte selbstständig arbeiten, seinen eigenen Formwillen entwickeln. In einer gemieteten Baracke, unabhängig von Einflüssen jedweder Art, entstanden seine ersten Arbeiten in Stein, ein männlicher Kalkstein-Torso, die Figur *Der junge Riese*, ein *Hockender*, Werke, in denen uns kein frühreif Unfertiger, sondern ein eigenständiger, reifer Bildhauer entgegentritt.

Auf einer Reise nach Deutschland zu den Verwandten seiner Frau lernte Wotruba in Düsseldorf und Essen die Kunst Wilhelm Lehmbrucks, des bedeutendsten Vertreters der deutschen expressionistischen Plastik, und die mediterrane Welt des französischen Bildhauers Aristide Maillol kennen, die einen tiefen Eindruck auf ihn machten. Essen war auch der Schauplatz seiner ersten Ausstellung im international bedeutenden Folkwang Museum. Ein Jahr später machte er auf der Biennale in Venedig Bekanntschaft mit dem Maler Carl Moll. Bis 1937 sollte Moll in Österreich Wotrubas „sicherster Rückhalt" sein.

In der Heimat erregte der Bildhauer Anstoß, stieß er auf Widerstand. Der Durchschnittsösterreicher, anderswo dürfte es nicht anders sein, schätzt in der Kunst das Gefällige. Ein Kunstwerk soll keine großen geistigen Ansprüche stellen, es soll sich auf den ersten Blick erschließen. Wotrubas Figuren wirken spröde, hart, schnörkellos, abweisend. Fritz Wotruba ist kein Bildhauer der geschmeidigen Form und der Gefälligkeit. Sein Frühwerk wuchs am Widerstand gegen künstlerisches Banausentum. Davon ausgenommen waren einige fortschrittlich denkende Künstlerpersönlichkeiten wie Hermann Broch, Alban Berg, Herbert Boeckl, Josef

Hoffmann und Franz Theodor Czokor, die Wotrubas große Begabung erkannten und mit denen er eine engere Bekanntschaft und Freundschaft einging.

Die Lebensverhältnisse in Österreich wurden Anfang der dreißiger Jahre des vorigen Jahrhunderts für den der Sozialdemokratie nahe stehenden jungen Bildhauer immer bedrängender. Die Februar-Unruhen 1934 zwangen ihn, „den Staat, von dem er nichts zu hoffen hatte", zu verlassen. Wotruba und seine Frau gingen in die Schweiz, wo er in einer offenen Steinmetzbaracke am Zürichsee den *Liegenden Jüngling* aus rotem Sandstein schuf.

Carl Moll vermittelte ihm die Rückkehr nach Wien und einen Auftrag für das Grabmal der großen Koloratursopranistin an der Wiener Staatsoper, Selma Kurz, die im Jahr zuvor, am 10. Mai 1933, gestorben war.

Im christlichsozialen Ständestaat faschistischer Prägung war die Luft zum Atmen stickig geworden. Wotruba 1937 über sein Leben: „Wir haben kein Geld; feiern aber die hemmungslosesten Feste. Dabei leben wir alle unter einem ständig zunehmenden Druck. Unsere Existenz hat etwas Hektisches, es ist wie der Augenblick vor dem Abruf. Jedem von uns geht es schlecht; wir alle haben ständig Sorgen, wovon wir den nächsten Tag leben sollen. Trotzdem beherrscht uns eine unbändige Lebenslust, wir tanzen vor einem glühenden schwarzorangeroten Hintergrund." Es war kein Tanz vor einem Hinter-, sondern vor einem Abgrund.

Im März 1938 flohen Fritz Wotruba und seine jüdische Frau aus Österreich und tauchten ausgerechnet dort unter, wo sie am gefährdetsten waren: in Berlin, der Hauptstadt des Dritten Reiches. Die Witwe Max Liebermanns gewährte dem Ehepaar in einem Gartenhaus in Wannsee Unterschlupf. Bald wurde auch der Boden in Hitler-Deutschland zu heiß. Im September 1938 gelang dem Bildhauer mit gefälschten Papieren und einem Betrag von 10 D-Mark in der Tasche die Ausreise nach Zürich.

In der Schweiz, wo er im Exil lebte, überdauerte Fritz Wotruba den Zweiten Weltkrieg. Von Freunden tatkräftig unterstützt setzte er in einem Atelier in Zug seine bildhauerische Tätigkeit fort, beschickte Ausstellungen, knüpfte Bekanntschaften und wurde Mittelpunkt eines Bekanntenkreises (Fritz Hochwälder, Robert Musil u. a.).

Das Schicksalsjahr 1945 war dann auch die große Wende, der große Einschnitt in seinem eigenen Leben. Von Herbert Boeckl, dem Rektor der Akademie der bildenden Künste, gerufen, kehrte Wotruba im Dezember mit seiner Frau nach Wien zurück und übernahm eine Meisterklasse. Unter widrigen Umständen nahm er in seiner zerbombten Heimatstadt die Lehrtätigkeit an der Akademie auf, setzte die eigene Arbeit fort und verschaffte sich selbst und der österreichischen Bildhauerei internationale Beachtung und Anerkennung.

Bereits 1946 entstand die *Große Stehende*, auch *Weibliche Kathedrale* genannt, eine Skulptur, die sich vom Anatomischen löst, strukturellen und tektonischen Gesetzen folgt. Thematisch ganz der menschlichen Figur als dem Maß der Schöpfung verschrieben, ging Wotruba beharrlich den eingeschlagenen Weg weiter, zerlegte den menschlichen Körper blockhaft in seine Grundstrukturen und fügte die einzelnen Elemente, die grob behauenen, kantigen Blöcke, Quader und Kuben, zu einer Einheit von monumentaler Geschlossenheit und archaischer Kraft zusammen.

Ab Mitte der fünfziger Jahre des vorigen Jahrhunderts trat zu den aus Stein gehauenen Plastiken die Bronzefigur. Die Arbeit mit dem neuen Material leitete einen neuen Abschnitt in Wotrubas Schaffen ein. Die menschliche Figur wurde nun aus Röhren und Kugelgelenken zur „Säule" zusammengefügt, wurde geschmeidiger, elastischer, schlanker. Die Kante wurde von der Rundung abgelöst, die zylindrische Form trat neben den Quader. Die weitere Entwicklung ging von der „Säulen- zur Pfeilerfigur" und von der Figur zur Architektur. Wotrubas Figuren wurden von einem Kunstkritiker einmal als heimliche Architekturen bezeichnet, in dem ganz trivialen Sinn, dass der Künstler den menschlichen Körper in seiner in sich ruhenden Geschlossenheit als Behausung, aber auch als Ort des Gebundenseins, als Kerker, auffasste.

Der Zug ins Architektonische, die Liebe Wotrubas zur Architektur, dokumentiert sich noch auffälliger in seinen Zeichnungen, die der bildhauerischen Arbeit vorausgingen, in der er seine Ideen und sein Arbeitsprogramm umriss, seine Denkprozesse festhielt. Sie sind nicht nur Bildhauer-, sondern Architekturzeichnungen, Entwürfe eines in großen Dimensionen denkenden Künstlers.

Bildhauerei und Architektur sind in Wotrubas Schaffen eng miteinander verschränkt. Das beweisen seine Bühnenbilder, die er über Einladung des Regisseurs Gustav Rudolf Sellner für dessen Antikezyklus am Wiener Burgtheater schuf.

Der Künstler entwarf in jahrelanger Beschäftigung mit dem antiken Theater die Bühnenarchitektur, die Kostüme und Masken für die Sophokles-Dramen *König Ödipus*, *Ödipus auf Kolonos*, *Antigone* und *Elektra*, die dann auch in Salzburg und Athen gezeigt wurden. Diese Arbeit wirkte sich nach seinen eigenen Worten für sein bildhauerisches Schaffen „ungeheuer fruchtbar, breit und stark" aus. Wotruba hat übrigens auch für Richard Wagners *Ring des Nibelungen*, den Sellner für die Berliner Festwochen inszenierte, die Bühnenbilder und Kostüme entworfen.

Wotrubas krönende Schöpfung, deren Fertigstellung er nicht mehr erlebte, ist die Kirche „Zur heiligsten Dreifaltigkeit" auf dem Georgenberg in Wien-Mauer. Das aus klobigen über- und ineinander verschachtelten Betonblöcken bestehende Gotteshaus ist ein moderner Zyklopenbau von ungeheurer, beeindruckender Monumentalität. Er trägt die Handschrift eines Bildhauers, dem es gelungen ist, seine skulpturelle Fantasie in Architektur umzusetzen.

So eindrucksvoll und fest gefügt wie ihr Äußeres wirkt auch der Innenraum der Kirchenburg. Er vermittelt den Eindruck räumlicher Weite und Ordnung, streng auf das Wesentliche konzentrierter Spiritualität.

Der Agnostiker Fritz Wotruba, der die Existenz Gottes bejahte, sie aber nicht zu begreifen vermochte, hat für den Entwurf dieses in vielerlei Hinsicht un- und außergewöhnlichen Werkes weder ein Honorar verlangt noch genommen.

Fritz Wotruba fand noch zu seinen Lebzeiten internationale Anerkennung. Er war mit zahlreichen Künstlerpersönlichkeiten des In- und Auslandes befreundet, sein Schaffen wurde in zahlreichen Ausstellungen gewürdigt, seine monumentalen Plastiken sind ein unverzichtbarer Bestandteil der renommiertesten Museen der Welt. Ein eigenes Museum für den großen österreichischen Bildhauer in seiner Heimatstadt ist seit langem geplant, aber noch immer nicht verwirklicht. Fritz Wotruba, der Klassiker der modernen Plastik, starb am 28. August 1975 im 69. Lebensjahr.

WISSENSCHAFTLER

SIGMUND FREUD

Sigmund Freud war einer der revolutionärsten Denker des vorigen Jahrhunderts. Freud hat mit seinem profunden, wissenschaftlich-analytischen Geist eine bis in seine Zeit weitgehend gemiedene *terra incognita* erforscht: den riesenhaften, beinahe unergründlichen Kontinent der menschlichen Seele. Seine Lehre von der Bedeutung des Unbewussten, seine grundlegenden Einsichten in die Triebstrukturen menschlichen Verhaltens, seine Entdeckung der Sexualität als treibende Kraft menschlichen Handelns und Fühlens, seine Erkenntnisse über die Bedeutung der Kindheit für die Entfaltung der Persönlichkeit, seine Dechiffrierung der Traumwelt haben in zahlreichen wissenschaftlichen Disziplinen grundlegende Denkanstöße bewirkt: in der Medizin, der Sozialarbeit, im Strafvollzug, im Familienrecht, in der Pädagogik, der Seelsorge, in der Kunst- und Literaturkritik. Freuds geistesgeschichtlicher Einfluss ist kaum zu überschätzen.

Sigmund Freuds psychoanalytischen Erkenntnisse und Lehren sind bei vielen seiner Zeitgenossen, einige seiner Schüler mit eingeschlossen, auf zum Teil heftige Einwände und Ablehnung gestoßen. Der „Vater der Psychoanalyse" wurde gesellschaftlich ausgegrenzt, bekämpft, verfemt. Die akademische Karriere, die er anstrebte, wurde hintertrieben und verhindert. Man gönnte ihm nicht mehr als eine außerordentliche Titular-Professur.

Die Gründe für die Widerstände, auf die Freuds Werk stieß und die in dem bösartigen Bonmot von Karl Kraus gipfelten, die Psychoanalyse sei die Krankheit, für deren Therapie sie sich halte, waren (und sind) vielfältiger Natur. Persönliche Neidkomplexe spielten da gewiss eine Rolle, Intrigen, antisemitische Hassgefühle, aber selbstverständlich und vor allem zeitgebundene Wertvorstellungen und Haltungen. Sigmund Freud rüttelte an Tabus. Er holte in einer Zeit, in der scheinheilige Doppelmoral und Prüderie das Normverhalten der gehobenen Gesellschaftsschichten bestimmten, die in das Unbewusste abgeschobenen und verdrängten Sehnsüchte, Ängste, sexuellen Begehrlichkeiten und Verklemmungen an das Licht der Öffentlichkeit. Der Seelenforscher und -erforscher diagnostizierte und analysierte Neurosen und andere psychische Erkrankungen, als die meisten seiner Kollegen nur die physischen Krankheitssymptome ihrer Patienten registrierten, mit überkommenen medizinischen Methoden behandelten und zu kurieren versuchten.

Sigmund Freud verteidigte seine Lehren, für die er einen dogmatischen Absolutheitsanspruch stellte, mit autoritärer Vehemenz und patriarchalischer Starrköpfigkeit gegen alle Anfechtungen. Er konnte jedoch nicht verhindern, dass einige seiner engsten Mitarbeiter, wie Alfred Adler, der Begründer der Individualpsychologie, und der Schweizer Psychologe Carl Gustav Jung, eigenständige Wege gingen.

Sigmund Freud, der am 6. Mai 1856 im mährischen Städtchen Freiberg (heute Příbor) zur Welt kam, war jüdischer Abstammung. Er bekannte sich zeitlebens zu seinem Judentum, jedoch nicht zum jüdischen Glauben. Freud war ein „Atheist strengster Observanz".

Im Jahre 1860 übersiedelte der älteste Sohn der Familie mit seinen Eltern nach Wien. Es war die Zeit, in der die Hauptstadt des multinationalen Habsburgerreiches nach der Schleifung der Stadtmauern architektonisch neu gestaltet (Bau der Ringstraße) wurde und durch einen enormen Zuwandererstrom innerhalb einiger Jahrzehnte zur Zweimillionenstadt mit allen daraus resultierenden gesellschaftspolitischen und sozialen Folgewirkungen anwuchs. Wirtschaftlicher Wohlstand auf der einen, soziales Elend auf der anderen Seite, Nationalitätenhader, Antisemitismus und ein aufkeimendes weibliches Selbstbewusstsein, gepaart mit dem Wunsch nach sexueller Selbstbestimmung, prägten das Bild der so genannten Gründerzeit. Vor diesem Hintergrund entstand das Werk Sigmund Freuds.

Noch war es längst nicht so weit. Aus dem Knaben musste erst einmal etwas werden. Sigmund besuchte das Leopoldstädter Communal-Real- und Obergymnasium im zweiten Wiener Gemeindebezirk, maturierte mit Auszeichnung und immatrikulierte sich 1873 an der Wiener Universität. Er plante zunächst Jus zu studieren, entschied sich dann aber für das Studium der Medizin, das er 1881 abschloss. Ein Mann von brillanter Intelligenz und wissenschaftlich-analytischer Erkenntnisschärfe, war er von der Absicht beseelt, eine akademische Laufbahn zu ergreifen und sich als Forscher zu betätigen. Aus der geplanten Universitätskarriere wurde aus privaten Gründen nichts. Sigmund Freud lernte eines Tages Martha Bernays, die Tochter einer jüdischen Gelehrtenfamilie, kennen, die er unter allen Umständen zu heiraten gedachte.

Für eine Haushaltsgründung reichte sein Einkommen allerdings nicht aus. Freud wechselte die medizinische Disziplin, wurde am Wiener Allgemeinen Krankenhaus Assistenzarzt beim renommierten Psychiater und Hirnanatomen Theodor Meynert, habilitierte sich als Neurologe und betrieb bei Jean-Martin Charcot, dem berühmtesten Neurologen seiner Zeit, in Paris Studien über Hypnose und Hysterie. Nach Wien zurückgekehrt, eröffnete er 1886 eine Privatpraxis und heiratete nach fünfjähriger, quälend langer Verlobungs- und Trennungszeit Martha Bernays.

Das frisch vermählte Paar bezog eine Vierzimmer-Wohnung im „Sühnehaus", das an Stelle des 1881 abgebrannten Ringtheaters errichtet worden war. Die Praxis ging schlecht, aber Martha Freud war eine sparsame Frau, die hauszuhalten wusste. In den ersten fünf Ehejahren brachte sie drei Kinder zur Welt, eine Tochter Mathilde und zwei Söhne, Jean-Martin und Oliver. Der Ehemann hielt Ausschau nach einer größeren Wohnung und fand sie im Haus Berggasse Nr. 19 im neunten Wiener Gemeindebezirk. Sie war zentral gelegen, geräumig, aber nicht gerade sonnendurchflutet. Das Haus, in dem sich heute das Freud-Museum befindet, ist eine der weltweit bekanntesten Adressen, die jährlich zehntausende Besucher anzieht.

Martha Freud gefiel diese Mietwohnung ganz und gar nicht. Sie war ihr zu klein, obwohl sie ein ganzes Stockwerk umfasste. Noch ein Jahr vor ihrem Tod machte sie die Bemerkung, sie habe es dem „Sigi" nie verzeihen können, dass sie jahrzehntelang in der Berggasse habe leben müssen.

Sigmund Freud und seine Gattin lebten hier bis zu dem Tag im Jahr 1938, an dem sie von den Nationalsozialisten aus ihrer Heimatstadt vertrieben wurden.

Martha Freud schenkte in der Berggasse drei weiteren Kindern das Leben, die auf Wunsch des Vaters die Namen Ernst August, Sophie und Anna erhielten. Die Kinderschar und die Führung des großen Haushaltes forderten natürlich Marthas vollen persönlichen Einsatz und erschöpften zuweilen ihre Kraft. Von Zeit zu Zeit litt sie an Migräneanfällen, Darmkoliken und einmal sogar an einer (wahrscheinlich psychosomatisch bedingten) Schreiblähmung. Trotzdem sorgte Martha Freud jahrzehntelang mit Hilfe eines Kindermädchens und einer Hausgehilfin für den reibungslosen Ablauf des Alltags. Aber natürlich gab es auch im Haus des großen Seelenforschers Spannungen, Verstimmungen, Streit und Eifersüchteleien zwischen den Kindern. Zwischen den Ehepartnern soll es in der 52 Jahre währenden Ehe kaum je Krach gegeben haben.

Das eheliche Zusammenleben lief ganz nach dem konventionellen Familienbild der Zeit ab. Der Ehemann ging seiner beruflichen Tätigkeit nach, die Frau fügte sich in das herkömmliche Rollenbild, kam ihren Mutterpflichten nach, führte den Haushalt und sorgte nicht nur für die Erziehung der Kinder, sondern auch für den Gatten, der sich nicht ungern verwöhnen ließ. Sie bereitete jeden Morgen das Badewasser für ihn und half ihm, als er schon ein wenig gebrechlich war, beim An- und Ausziehen. Für die Arbeit ihres Mannes interessierte sie sich kaum. Anna, die jüngste Freud-Tochter, die nach dem Tod des Vaters zur Gralshüterin seines Werkes wurde und als Begründerin der Kinderpsychologie Weltruhm erlangte, bemerkte einmal: „Meine Mutter glaubte an meinen Vater und nicht an die Psychoanalyse."

Sigmund Freud, der in seiner Familie ein patriarchalisches Regiment führte, brachte seinen Kindern Verständnis entgegen, beobachtete ihre Entwicklung und beeinflusste ihre Berufswahl. Es ist allerdings bezeichnend, dass keiner seiner Söhne in die Fußstapfen des Vaters trat und dass seinen Töchtern eine akademische Ausbildung versagt blieb. Seiner Frau gegenüber fehlte es ihm in manchen Situationen an Verständnis und Einfühlungsvermögen. Unbekümmert um ihre jeweilige Gemütslage unternahm der Liebhaber der alpenländischen Natur mit seiner Schwägerin

Minna, die seit 1896 zum Familienkreis in der Berggasse gehörte, Wanderungen und Reisen. Mit der resoluten, temperamentvollen Schwester seiner Frau verstand er sich ausgezeichnet. Möglicherweise besser, als es Martha seelisch gut tat.

Sigmund Freud war ein viel beschäftigter, rastlos tätiger Mann. In der Berggasse 19 entwickelte er in eingehenden Gesprächen und Analysen mit seinen Patienten, die auf der berühmten Couch Platz nehmen mussten, seine Lehren und Theorien über das menschliche Seelenleben. Hier schrieb er seine Bücher, die sich neben ihrer tief schürfenden fachlichen Qualität übrigens durch ihre hervorragende sprachliche und stilistische Qualität auszeichnen, widmete sich breit gefächerter Lektüre und wickelte seine umfangreiche Korrespondenz ab. Sein Tagesablauf war exakt geregelt und reichte oft bis spät in die Nacht.

In der Bergasse 19, wo antike Skulpturen und Statuetten Freuds Sammelleidenschaft und seine Altertumsliebe dokumentierten, trafen einander ab 1902 an Mittwochabenden gleich gesinnte ärztliche Kollegen zu Gesprächen und Diskussionen über psychoanalytische Probleme. Nicht nur an diesen Abenden war die Luft in seinem Arbeitszimmer rauchgeschwängert. Sigmund Freud rauchte im Schnitt zwanzig Zigarren pro Tag, eine Sucht, der er nicht Herr zu werden vermochte. Die Mittwoch-Gesellschaften waren die Vorläufer der einige Jahre später gegründeten Wiener Psychoanalytischen Vereinigung.

Im Jahr 1923 entdeckte Freud eine Geschwulst in seiner Mundhöhle, die sich als Kieferkrebserkrankung herausstellte und zahlreiche Operationen notwendig machte. Eine Prothese, die eingesetzt wurde, verursachte starke Druckschmerzen und musste nach jeder Mahlzeit gereinigt werden. Diese Arbeit und die Pflege übernahm Anna, seine Lieblingstochter. Mit ihr verband den Vater ein Naheverhältnis, das der Mutter, die sich zur Seite gedrängt fühlte, seelisch schwer zu schaffen machte. Es kam zu Eifersüchteleien und Konflikten. Das Mutter-Tochter-Verhältnis blieb komplexbeladen.

Um die Zeitereignisse kümmerte sich Sigmund Freud wenig. Er steckte den Kopf in den Sand. Als die Nazis 1933 seine Bücher verbrannten, bemerkte er sarkastisch oder doch ein wenig ahnungslos: „Was wir für Fortschritte machen! Im Mittelalter hätten sie mich verbrannt, heutzutage begnügen sie sich damit, meine Bücher zu verbrennen." Fünf Jahre später klopfte die Gestapo an seine Wohnungstür. Im Juni 1938 wurde der 82-

jährige, schwer kranke Mann aus seiner Heimat vertrieben und fand in England Zuflucht. Sein letztes Lebensjahr war angebrochen. Die Kräfte des alten Herrn schwanden zusehends, aber er legte seine Hände nicht in den Schoß. Er schrieb sein Moses-Buch fertig und gab sogar noch einige Analyse-Stunden.

Seine Krankheit nahm ihren unaufhaltsamen Verlauf. Als die Schmerzen unerträglich wurden, verabreichte der Hausarzt der Familie dem Todgeweihten auf dessen ausdrücklichen Wunsch und nach Rücksprache mit Anna eine Dosis Morphium. Am 23. September 1939 schied der weltberühmte Gelehrte schmerzlos aus dem Leben.

LISE MEITNER

Die große österreichische Physikerin, deren Name in der breiten Öffentlichkeit leider kaum bekannt ist, kam am 17. November 1878 als Tochter des Hof- und Gerichtsadvokaten Philipp Meitner und seiner Frau Hedwig in Wien zur Welt. Sie wurde in eine großbürgerliche jüdische Familie hineingeboren, in der man in weltoffener, liberaler Atmosphäre auf Kultur, Bildung und gepflegte Umgangsformen großen Wert legte. Das drittgeborene Kind einer großen Geschwisterschar – Lise hatte vier Schwestern und drei Brüder – war ein intellektuell aufgewecktes Mädchen, das sich schon in jungen Jahren brennend für Mathematik, Physik und andere naturwissenschaftliche Fächer interessierte. Es wurde im protestantischen Glauben erzogen und erhielt privaten Klavierunterricht, indes der Vater seinen Töchtern in eigener Person die klassischen und modernen Fremdsprachen nahe brachte. Philipp Meitner unternahm mit ihnen aber auch Spaziergänge, zeigte ihnen die Sehenswürdigkeiten der kaiserlichen Residenz und nahm sie in die Oper und das Theater mit.

Nach der fünfjährigen Volksschule besuchte Lise die dreijährige Bürgerschule, die sie in den Wissensfächern mit sehr gutem Erfolg abschloss, während sie in den handwerklichen Fächern (weibliches Handarbeiten usw.) mit Mühe das Lernziel erreichte. Für praktische Arbeit im Haushalt hatte sie weder Begabung noch Interesse.

Ihre Schulbildung schien abgeschlossen zu sein, denn der Vater hatte nicht die Absicht, sie die Matura machen und ein Studium ergreifen zu lassen. Er glaubte, Lise, die von allen seinen Töchtern die zarteste Konstitution hatte, sei zu fragil dafür. Er konnte auch nicht alle seine Kinder studieren lassen. Das war selbst für einen gut situierten Advokaten zu kostspielig. Ein öffentliches Gymnasium gab es damals in Wien nicht und Privatstunden waren teuer. Lise sollte nach seinem Wunsch Pianistin werden. Das zierliche Mädchen setzte sich aber partout in den Kopf, die Externistenmatura abzulegen und dann Mathematik und Physik zu studieren. Ein dorniger Weg stand bevor. Erst im Alter von zwanzig Jahren erhielt sie die notwendige finanzielle Unterstützung durch die Eltern. Die Zeit dazwischen nutzte sie zur Weiterbildung. Den Lehrstoff der Oberstufe des Gymnasiums bewältigte sie in zwei Jahren. 1901 legte sie dann als Externistin am Akademischen Gymnasium die Matura ab, fünf Jahre später bestand sie die Lehramtsprüfung und promovierte als zweite Frau mit dem Hauptfach Physik an der Wiener Universität zur Dr. phil. Einer ihrer akademischen Lehrer war der berühmte Ludwig Boltzmann, an den sie sich zeitlebens mit Verehrung und Bewunderung erinnerte.

Sie wurde nicht Lehrerin, sie schlug die wissenschaftliche Laufbahn ein. 1907 ging sie für ein paar Semester nach Berlin. Es wurden 31 Jahre daraus. Dort hörte sie Vorlesungen über theoretische Physik bei Max Planck. Lise Meitner wollte aber auch experimentell arbeiten. Mit Zustimmung ihres damaligen Institutsleiters Emil Fischer bekam sie einen Arbeitsplatz im Labor des Chemikers Otto Hahn, der gemeinsam mit Kollegen der Physik Studien zur Erforschung der Radioaktivität betrieb. Es war der Beginn einer langen, fruchtbaren Zusammenarbeit. Die bedeutende Physikerin und der überragende Chemiker ergänzten einander wissenschaftlich auf das Glücklichste. Lise Meitner urteilte darüber später einmal: „Daß

Hahn der beste lebende radioaktive Chemiker, also Radio-Chemiker, war und ich eine wasserreine Physikerin geblieben bin, für die die einfachste Formel aus der organischen Chemie immer Mystik bedeutete, war doch eine gute Grundlage und eine gute Ergänzung in unserer Zusammenarbeit." Auch menschlich verstanden die schüchterne Physikerin und der frohgemute Chemiker einander gut. Gemeinsam gelang ihnen eine Reihe von wichtigen Entdeckungen. Die Anerkennung der Leistungen der österreichischen Wissenschaftlerin blieb nicht aus. 1912 nahm sie Hahn in das Chemische Institut des neu gegründeten Kaiser-Wilhelm-Instituts mit, Planck, der längst ihre wissenschaftliche Begabung erkannt hatte, machte sie zu seiner Assistentin. Erst jetzt, im Alter von 34 Jahren, wurde ihre Arbeit finanziell honoriert, konnte sie sich eine eigene Wohnung leisten und daran gehen, sich eine Bibliothek einzurichten.

Zu Beginn des Ersten Weltkrieges unterbrach Lise Meitner ihre wissenschaftliche Arbeit, absolvierte eine Röntgenausbildung und einen Krankenpflegekurs und meldete sich freiwillig zum Pflegedienst in der österreichischen Armee. Nach Einsätzen an der russischen Front in Galizien und einigen Heeresspitälern kehrte sie im September 1916 an das Kaiser-Wilhelm-Institut zurück. Sie erlebte in Berlin die Ausrufung der deutschen Republik, die sie durchaus begrüßte. Lise Meitner hatte von „jeher starke demokratische Neigungen". Ihrer Forschungstätigkeit widmete sie sich weiterhin mit Eifer und ganzer Hingabe. 1918/1919 gelang ihr mit Otto Hahn, der aus dem Krieg zurückgekehrt war, die Entdeckung eines neuen Elementes, des Protactiniums, das ausschließlich beim Zerfall radioaktiver Isotope auftritt. Es war ein wichtiger Beitrag zur Kernforschung.

Mit ihrer wissenschaftlichen Karriere ging es weiter bergauf. 1922 habilitierte sich die österreichische Madame Curie als Dozentin für Physik an der Berliner Universität, einige Jahre später wurde ihr der Professorentitel verliehen. Schließlich stieg sie auch noch zur Abteilungsleiterin am Institut auf. Trotzdem wurde sie das Gefühl nicht los, als Frau benachteiligt zu werden.

Ihren bescheidenen Lebensstil in der Dienstwohnung neben dem Institut behielt sie bei. Lebenspartner fand sie keinen. Sie war mit ihrem Beruf verheiratet, Physikerin aus Berufung. „Es ist eine Art persönlicher Liebe, wie gegen einen Menschen, dem man sehr viel verdankt", charakterisierte sie diese Bindung. „Und ich, die ich so sehr an schlechtem Gewissen leide, bin Physikerin ohne jedes böse Gewissen."

In ihrer Freizeit spielte sie mit ihrem Neffen Otto Robert Frisch, der ebenfalls Physiker war, des Öfteren vierhändig Klavier und besuchte Konzerte, so oft sie sich von ihrer Forschungstätigkeit freimachen konnte. Lise Meitner war auch eine begeisterte Bergsteigerin. Sie verbrachte so manchen Urlaub in ihren geliebten Alpen. Mit ihrer österreichischen Heimat, wo sie ihre geistigen Wurzeln hatte, vor allem mit ihrer Geburtsstadt, blieb sie verbunden. Mit den bedeutendsten Forschern ihres Fachgebietes, mit Albert Einstein, Erwin Schrödinger, Wolfgang Pauli und Niels Bohr, um nur einige zu nennen, pflegte sie freundschaftlichen Kontakt.

Die Nationalsozialisten entzogen ihr im September 1933 die Lehrbefugnis an der Berliner Universität. Ihre Stellung am Kaiser-Wilhelm-Institut blieb ihr erhalten. An ihrem Lebensrhythmus änderte sich zunächst nichts. Sie forschte weiter und war mit Otto Hahn an der Auswertung von Messergebnissen beschäftigt, die die Neutronenbestrahlung des Urans betrafen. Rückblickend meinte sie, dass sie schon damals hätte emigrieren sollen. Aber Planck und Hahn redeten ihr zu, zu bleiben, und sie hing natürlich am Institut, das sie unter Hintansetzung vieler persönlicher Wünsche mitgeholfen hatte aufzubauen. „Und doch war es sehr unrecht von mir zu bleiben. Nicht nur vom praktischen Standpunkt, sondern auch moralisch gesehen", meinte sie später. Aber diese Einsicht kam zu spät.

Nach der Annexion Österreichs durch Hitlerdeutschland im Jahr 1938 galten dann auch für die österreichische Staatsbürgerin die Nürnberger Rassengesetze. Da ihr das Regime die legale Auswanderung verwehrte, flüchtete die bedeutende Atomphysikerin mit Hilfe eines befreundeten holländischen Kollegen über die deutsch-holländische Grenze und von dort nach Schweden.

In der schwedischen Emigration war sie unglücklich. Die Arbeitsbedingungen in der physikalischen Abteilung des Nobel-Institutes waren schlecht. Sie musste ohne Laboranten auskommen, erhielt nur ein niedriges Gehalt, konnte die Sprache nicht, fühlte sich einsam. Sie käme sich wie ein Toter vor, dessen Stimme nicht mehr gehört werde, schrieb sie einer Freundin.

Mit Otto Hahn blieb sie in brieflicher Verbindung. Und so war sie auch die Erste, die davon erfuhr, dass ihre letzten Experimente, die Hahn nach ihrer Emigration mit einem Schüler weitergeführt hatte, zu Weihnachten 1938 ein überraschendes Ergebnis gezeitigt hatten: Es war die Entdeckung der Kernspaltung mittels chemischer Befunde. Bereits im Jänner 1939 veröffentlichten sie und Otto Robert Frisch in einer englischen Zeitschrift die physikalische Deutung der Befunde Hahns.

Die Welt war in das Atomzeitalter eingetreten, auch wenn zunächst nur ein paar Wissenschaftler die Tragweite der Ergebnisse ihrer Forschungsarbeit abschätzen konnten. Lise Meitner war eine von ihnen. Sie hoffte, dass die Atomkraft zum Nutzen der Menschheit eingesetzt werden würde. Diese Hoffnung war mehr als trügerisch. Am 6. August 1945 fielen dem Abwurf einer Uranbombe und einer Plutoniumbombe auf zwei japanische Städte aus amerikanischen Bombenflugzeugen mehr als 300.000 Menschen zum Opfer. Sie war tief betroffen, als sie die Nachricht darüber in einem schwedischen Urlaubsort erreichte. Für die Entwicklung der Atombombe fühlte sie sich nicht mitverantwortlich. „Natürlich hatte ich seinerzeit keine Ahnung, dass meine rein wissenschaftlichen Untersuchungen zur Konstruktion einer Bombe führen würden", beteuerte sie in einem Schreiben an einen Kollegen.

Im Februar 1946 trat Lise Meitner eine Gastprofessur an der Universität in Washington D.C. an, wo sie eine Reihe von Vorlesungen über Kernphysik hielt. Sie erhielt etliche Ehrendoktorate und wurde zur „Frau des Jahres" gewählt. Otto Hahn wurde mit dem Nobelpreis ausgezeichnet, seine langjährige Mitarbeiterin ging leer aus. Sie war tief enttäuscht, zumal Hahn in Interviews, die er im Zusammenhang mit der Preisverleihung im Dezember 1946 gab, die langjährige Zusammenarbeit mit ihr oder auch nur ihren Namen mit keinem Wort erwähnte.

1950 besuchte Lise Meitner zum ersten Mal wieder ihr Heimatland und kam auch in den folgenden Jahren immer wieder zum Besuch von Freunden und für Klettertouren nach Österreich. Mit Hahn söhnte sie sich wieder aus.

In ihrem letzten Lebensjahrzehnt wurden der großen österreichischen Physikerin noch zahlreiche Ehrungen und Auszeichnungen zuteil. 1960, im Alter von 82 Jahren, ging sie in den Ruhestand und übersiedelte nach Cambridge, wo sie im Kreis der Familie ihres Neffen ihren Lebensabend verbrachte. In der berühmten englischen Universitätsstadt schied sie am 27. Oktober 1968, kurz vor ihrem 90. Geburtstag, aus dem Leben. Ihr Leichnam wurde auf dem Dorffriedhof von Brambley in der Nähe von Cambridge beigesetzt.

KONRAD LORENZ

Konrad Lorenz war der Sohn des berühmten Orthopäden Adolf Lorenz und auch er wurde, was selten genug vorkommt, berühmt. Es gelang ihm, aus dem Schatten des Vaters herauszutreten. Allerdings auf einem anderen Fachgebiet.

Am 7. November 1903 in Altenberg an der Donau (NÖ) geboren, wuchs Konrad Lorenz in einem wohlhabenden, großbürgerlichen Haus auf und interessierte sich schon als Knabe ungewöhnlich lebhaft für Tiere, vor allem für Wasservögel, die er zunächst mit Vorliebe zeichnete und bald schon im weitläufigen väterlichen Anwesen hielt und aufzog. Dieses Interesse wurde noch durch die Donaulandschaft in der Umgebung seines Elternhauses verstärkt, die mit ihren Tümpeln, den großen und kleinen Biotopen, in denen sich eine Vielzahl von Tierarten tummelte, die Aufmerksamkeit des Kindes erregte. Es waren prägende Erlebnisse, die in Konrad Lorenz den Wunsch wachriefen, Zoologe zu werden.

Das Phänomen der Prägung, das er später in seinem langen Forscherleben so eingehend beobachtet und beschrieben hat, dürfte auch seine persönlichste Beziehung bestimmt haben. Konrad Lorenz war jedenfalls auf Margarethe Gebhardt, eine Gärtnerstochter aus dem benachbarten St. Andrä-Wördern, durch seine erste Begegnung im Kindesalter fixiert. Er hat seine „Gretl" 1927 geheiratet und ist ihr ein Leben lang verbunden geblieben.

Der tier- und naturliebende Jüngling maturierte am Schottengymnasium in Wien und nahm anschließend auf Wunsch des Vaters an der Columbia University in New York das Medizinstudium auf, das er, in die Heimat zurückgekehrt, 1928 in Wien beendete. Dem Wunsch des Vaters war damit Genüge getan, nicht jedoch der unwiderstehlichen Vorliebe des frisch gebackenen Dr. med. Konrad Lorenz blieb als Assistent am II. Anatomischen Institut der Medizin zwar treu, begann aber mit dem Studium der Zoologie, das er 1933 mit dem Dr. phil. abschloss. Der gestrenge Papa, der von den wissenschaftlichen Interessen seines Sohnes nicht viel hielt, konstatierte trocken: „Da Konrad zur ärztlichen Praxis keine Neigung zeigte, fügte er nach langwierigem Studium zum medizinischen das philosophische hinzu."

Bereits während seines Zoologiestudiums hatte Lorenz in Altenberg mit Verhaltensstudien an Vögeln begonnen, wobei er der Fixierung eines Jungtieres auf ein Objekt in der sensiblen Phase unmittelbar nach der Geburt seine vordringliche Aufmerksamkeit schenkte. Diese Prägung erfolgt in der Regel auf die Mutter. Bei der Forschungsarbeit an einem Graugansküken, dem er den Namen „Martina" gab, stellte Lorenz fest, dass die Prägung auf ihn erfolgte, da er durch einen bestimmten Laut und eine Bewegung das Jungtier nach der Geburt auf sich fixiert hatte. Die Gans folgte ihm überallhin nach. Sie hatte den Forscher als Mutterersatz angenommen.

Konrad Lorenz wurde gelegentlich als „Vater der Graugänse" apostrophiert, worüber er alles andere als erfreut war. Wie immer diese Apostrophierung auch gemeint war, ob anerkennend, hämisch oder gar herablassend, sie wird dem umfangreichen Werk des Nobelpreisträgers und dem Leben des großen Naturforschers in keiner Weise gerecht. Konrad Lorenz, der die vergleichende Verhaltensforschung (Ethologie) als biologische Disziplin entwickelte, hat weit über sein unmittelbares Forschungsgebiet hinaus gewirkt. Sein Denken und seine Erkenntnisse haben auch die Psychologie befruchtet und die Soziologie, seine evolutionäre Erkenntnistheorie hatte weit reichende Folgen im Bereich der Philosophie.

Konrad Lorenz war ein eigenständiger, unkonventioneller Forscher. Er vergrub sich nicht wie ein wissenschaftlicher Eremit in einer Klause, verbarg sich nicht, am Schreibtisch sitzend, hinter einem Stoß von Büchern, er war kein blutleerer Theoretiker. Er ging hinaus in die Natur und machte mit unendlicher Geduld und weltoffener Neugier seine kritischen Beobachtungen. Mathematische Formeln, Statistiken, Experimente und Analysen, die heute ein Charakteristikum der Naturwissenschaften sind und sich in Publikationen fast nur noch dem Fachmann erschließen, widerstrebten seinem Forschungsgeist. Konrad Lorenz war als Wissenschaftler nicht der quantitativen, sondern der qualitativen Methode verpflichtet, er „lebte" mit den Tieren, deren Verhalten er erforschte, er untersuchte nicht im Labor ihre Gehirnströme und zählte nicht ihre Federn. Das hat ihm einerseits Popularität verschafft, andererseits von manchen Vertretern der „exakten" Wissenschaft Kritik eingetragen.

Mit dem Phänomen der Prägung entdeckte Lorenz ein Grundelement der tierischen Verhaltensforschung, die uns darüber hinaus auch gelehrt hat, dass es in der Tierwelt ein Freund-Feind-Verhalten, aggressive Triebhandlungen, Rangordnungen, Unterwürfigkeitsgebärden und Verständigungsmittel gibt.

Wie weit diese Erkenntnisse auch auf menschliche Verhaltensweisen anwendbar sind, darüber sind die Wissenschaftler der verschiedensten Disziplinen unterschiedlicher Meinung. Konrad Lorenz, der seine Beobachtungen in zahlreichen Veröffentlichungen darlegte, habilitierte sich 1937 an der Wiener Universität für Anatomie und Tierpsychologie und wurde 1940, also bereits in der Nazizeit, zum Ordinarius für vergleichende Psychologie nach Königsberg berufen. Auf dem einstigen Lehrstuhl Immanuel Kants entwickelte er seine evolutionäre Erkenntnistheorie. Sie beruht, auf eine laienhafte Kurzformel gebracht, auf der These, dass unsere Anschauungsformen das Resultat stammesgeschichtlicher Entwicklungen sind. Konrad Lorenz rüttelte mit dieser Lehrmeinung, die eine Synthese zwischen der Erkenntnistheorie Kants und der Evolutionstheorie Darwins darstellt, an den Grundfesten der traditionellen Philosophie.

1938 war Lorenz der NSDAP beigetreten, war Mitarbeiter des rassenpolitischen Amtes der Partei und stellte sich und seine Erkenntnisse damit in den Dienst des Nationalsozialismus. 1941 wurde er zur deutschen Wehrmacht einberufen, geriet 1944 in russische Kriegsgefangenschaft und kehrte 1948 nach Österreich zurück. Er schrieb seine ersten Bücher, hielt Vorlesungen am Wiener Institut für Wissenschaft und Kunst und gründete die Station für vergleichende Verhaltensforschung in Altenberg bei Greifenstein (NÖ).

Im November 1950 ging er über Einladung des deutschen Zoologen und Verhaltensforschers Erich von Holst, mit dem er seit Jahren befreundet war, in die BRD und übernahm die Leitung einer Forschungsstelle für vergleichende Verhaltensforschung in Buldern bei Münster in Westfalen. Er setzte dort mit einer Gruppe von Schülern und Mitarbeitern seine Forschungsarbeit fort und fand bald internationale Anerkennung. 1961 wurde er zum Direktor des neu gegründeten Max-Planck-Instituts für Verhaltensphysiologie im oberbayerischen Seewiesen bestellt und blieb es bis zu seiner Emeritierung im Jahre 1973.

In emsiger Forschungsarbeit bemühte er sich dort mit seinem Team um den Nachweis angeborener Anteile im Verhalten der Lebewesen, den Menschen eingeschlossen, was ihm die heftige Gegnerschaft der Behavioristen eintrug, die das Verhalten ausschließlich auf Umwelteinflüsse und Lernen zurückführen. Leidenschaftlichen Widerstand erregte auch seine Aggressionstheorie, die er in dem Buch *Das so genannte Böse* (1962) präsentierte. Die Arbeit des eigenwilligen Verhaltensforschers stieß trotz dieser zum Teil sehr emotionell geführten Kontroversen auf immer größere Zustimmung. Konrad Lorenz erhielt Ehrendoktorate (Leeds, Basel, Yale, Oxford), Preise, Orden und Auszeichnungen. 1973 wurde ihm gemeinsam mit dem Tierpsychologen Karl von Frisch und dem Zoologen Nikolaas Tinbergen der Nobelpreis für Physiologie und Medizin verliehen.

In diesem eminent wichtigen Jahr seines Lebens kehrte der 70-jährige rüstige Wissenschaftler, der sich, mit dem Alter kokettierend, längst als Greis bezeichnete, nach Österreich zurück. Seine Grauganskolonie wurde im Almtal bei Grünau (OÖ) angesiedelt. Er war nun offiziell im Ruhestand, aber er dachte keine Minute daran, die Hände in den Schoß zu legen. In der Villa in Altenberg umgab er sich wieder mit allerlei Tieren, vor allem mit Vögeln, Fischen und Hunden.

Im Jahr seiner Rückkehr in die Heimat erschien sein erkenntnistheoretisches Hauptwerk *Die Rückseite des Spiegels*, aber auch das Buch *Die acht Todsünden der zivilisierten Menschheit*, in dem er offen Zivilisationskritik übte und auf die globalen Gefahren hinwies, die das Weiterleben des Homo sapiens bedrohen. In den Jahren bis zu seinem Tod engagierte sich der greise Forscher vehement für die Erhaltung einer gesunden Umwelt, wetterte gegen das zerstörerische wirtschaftliche Profitdenken, die Übertechnisierung der Welt und den damit verbundenen „Abbau des Menschlichen". 1984 stand er geistig auf der Seite jener Aktivisten der Grünbewegung, die den geplanten Bau eines Kraftwerkes in der Stopfenreuther Au bei Hainburg (NÖ) verhinderten.

In seinen letzten Lebensjahren verfiel Konrad Lorenz körperlich zusehends. Die Beine versagten ihm den Dienst, er wurde schwerhörig. Nur sein unermüdlicher Geist hielt ihn am Leben. Der konfessionslose Forscher starb am 27. Februar 1989. Er wurde auf dem Friedhof von St. Andrä-Wördern (NÖ) bestattet.

KARL POPPER

Die Lebensspanne, die das Schicksal dem großen Philosophen zumaß, umfasste beinahe das ganze 20. Jahrhundert. Karl Popper wurde am 28. Juli 1902 in Ober St. Veit (Wien) geboren und starb am 17. September 1994 in Croydon bei London. In diesen etwas mehr als neun Jahrzehnten erschütterten zwei blutige Kriege die Welt, wurden totalitäre Herrschaftssysteme errichtet und wieder gestürzt, Menschen ihrer Rasse, Religion oder politischen Gesinnung wegen verfolgt, vergast oder zu Tode gefoltert. Einstein entwickelte seine Relativitätstheorie, mit dem Abwurf zweier Atombomben auf die beiden japanischen Städte Hiroshima und Nagasaki trat die Welt in das Atomzeitalter ein und das Fernsehen trat seinen globalen Siegeszug an. Durch zahllose Erfindungen auf allen erdenklichen Gebieten der Naturwissenschaften wurde das Leben der Menschheit grundlegend verändert.

Karl Poppers Existenz, sein Denken und Fühlen ist davon selbstverständlich nicht unberührt geblieben und vor dem Hintergrund dieser Ereignisse und Entwicklungen nicht nur, aber doch besser zu verstehen.

Karl Popper war das dritte und jüngste Kind des jüdischen Rechtsanwaltes Dr. Simon Popper und dessen Frau Jenny, geborene Schiff. Er wuchs in einer Welt von Büchern und Musik auf. Dem Vater, der eine riesige Bibliothek besaß und der aufklärerisch-liberale Grundsätze vertrat, verdankt er seine rationale geistige Grundhaltung, seiner Mutter die lebenslange Liebe zur Musik.

Die Kindheit, die Jugend und die ersten Mannesjahre Karl Poppers wurden von den politischen Zeitereignissen in Wien, seiner intellektuellen Neugier und seiner großen geistigen Offenheit beeinflusst und geprägt. Der junge Popper schloss sich den sozialistischen Mittelschülern an, verließ vorzeitig das Gymnasium, inskribierte als außerordentlicher Hörer an der Universität Wien Vorlesungen über theoretische Physik, Mathematik und Philosophie, las Kant, legte als Privatschüler die Matura ab und begann eine Tischlerlehre, die er mit der Gesellenprüfung abschloss. Er wollte ganz einfach wissen, was es heißt, Arbeiter zu sein. 1924 erwarb er an einer Lehrerbildungsanstalt das Lehramt für Volksschulen, fünf Jahre später jenes für Hauptschulen in den Fächern Mathematik, Chemie und Physik, besuchte als ordentlicher Hörer die Vorlesungen von Professoren des Wiener Kreises, einer Gruppe neopositivistischer Philosophen um Moritz Schlick, und dissertierte über das Thema „Zur Methodenfrage der Denkpsychologie" (Dr. phil. 1928).

Riesigen Eindruck auf den jugendlichen Tausendsassa machten das Aufbauwerk der sozialdemokratischen Wiener Stadtverwaltung und in dessen Rahmen die reformpädagogischen Bestrebungen und Ziele Otto Glöckels. Karl Popper war als kurzzeitiger Lehrer an einer Wiener Hauptschule ein begeisterter Schulreformer.

Am 15. Juni 1919 wurde der Siebzehnjährige Augenzeuge eines gewaltsamen Zusammenstoßes der Polizei mit unbewaffneten kommunistischen Demonstranten, in dessen Verlauf mehrere Arbeiter erschossen wurden. Es war sein politisches Schlüsselerlebnis. Popper später einmal: „Ich war entsetzt über das Vorgehen der Polizei, aber ich war auch empört über mich selbst. Denn es wurde mir klar, daß ich als Marxist einen Teil der Verantwortung für die Tragödie trug – wenigstens im Prinzip." Er schwor dem Marxismus ab, blieb jedoch manchen seiner sozialdemokratischen Jugendideale bis in das hohe Alter treu.

Sein privates Schlüsselerlebnis war die Bekanntschaft mit der Lehrerkollegin Josefine Henninger am Pädagogischen Institut der Stadt Wien, die er 1930 heiratete. Die lebenstüchtige Frau blieb bis zu ihrem Tod im Jahr 1985 seine hilfsbereite, verlässliche Lebensgefährtin. „Hennie" beurteilte seine Arbeit, tippte seine Manuskripte in die Schreibmaschine und half ihm bei der Bewältigung schwieriger Lebenssituationen und intellektueller Krisen.

Karl Popper hatte zwar nicht vor, Berufsphilosoph zu werden, aber philosophischen, insbesondere erkenntnis- und wissenstheoretischen Fragen brachte er schon als Student großes Interesse entgegen. Auf Rat Herbert Feigls, eines Schlick-Schülers, entschloss er sich, seine philosophischen Überlegungen in Buchform zu publizieren. Popper machte sich an die Arbeit und verfasste in den nächsten drei Jahren ein Manuskript über die Grundprobleme der Erkenntnistheorie. Die beiden Hauptthesen, die er entwickelte, veröffentlichte er unter dem Titel *Logik der Forschung*, der 1935 im Band 9 der von Moritz Schlick herausgegebenen *Schriften zur wissenschaftlichen Weltauffassung* erschien. Popper sprach sich darin gegen das von den Philosophen des Wiener Kreises vertretene Prinzip aus, wissenschaftliche Aussagen durch Verifikation an letzten Erfahrungsdaten zu begründen. Nur Hypothesen, die sich falsifizieren, auf ihren Wahrheitsgehalt hin überprüfen lassen, sind wissenschaftlich, stellte er fest. Die Wissenschaft müsse sich einem ständigen Prozess der Kritik und Selbstkritik unterziehen, sonst verdiene sie nicht, als solche bezeichnet zu werden. Des Weiteren verwarf der philosophische Newcomer die Induktion als wissenschaftliche Methode. Allgemeine Naturgesetze seien nicht mittels induktiver Beweisführung (durch Schlüsse vom Besonderen auf das Allgemeine), sondern nur durch Deduktion (Schluss vom Allgemeinen auf das Besondere) zu beweisen. Poppers Überlegungen erregten in Fachkreisen großes Interesse, stießen auf Zustimmung und Ablehnung.

Das Jahr 1935 markierte eine Zäsur im Leben Poppers. Der große polnische Philosoph und Mathematiker Alfred Tarski, dem er in Wien begegnete, lud ihn zu Vorlesungen an das Bedford College in London ein. Popper ließ sich unter Aussetzung seines Gehaltes für ein Jahr beurlauben und ging nach England. Seine Frau blieb in Wien und verdiente für beide den Lebensunterhalt.

In England lernte Karl Popper bedeutende Persönlichkeit der Wissenschaft kennen, unter anderen den neoliberal gesinnten Nationalökonomen Friedrich August von Hayek, der an der London School of Economics einen Lehrstuhl innehatte und ihn zu einem Vortrag einlud. Popper referierte über das Thema „Das Elend des Historizismus". Er verfocht dabei seine von ihm bereits 1919/20 entwickelte Grundthese, dass die von den Marxisten vertretene „Lehre von der geschichtlichen Notwendigkeit" unwissenschaftlich und nichts als „der reinste Aberglaube" sei. Die Bekanntschaft mit Hayek spielte im weiteren Leben Poppers eine wichtige Rolle. Der einflussreiche Nationalökonom förderte Poppers Publikationstätigkeit und verschaffte ihm nach dem Zweiten Weltkrieg eine Professur an der genannten Hochschule.

Um sich in Zukunft ganz der Philosophie widmen zu können, gab Popper nach seiner Rückkehr in die Heimat seinen Lehrberuf auf. An eine akademische Karriere im autoritär regierten ständestaatlichen Österreich war allerdings nicht zu denken. Eine Einladung zu einer Dozentur am Canterbury University College im neuseeländischen Christchurch kam ihm daher mehr als gelegen. Popper nahm das Angebot sofort an. Es war eine Entscheidung von großer persönlicher Tragweite. Der nationalsozialistische deutsche Führerstaat überzog die Welt mit Krieg und räumte mit blindwütiger Erbarmungslosigkeit alle jene Menschen aus dem Weg, die nicht in sein ideologisches Konzept passten.

In den Jahren seines Aufenthaltes in Neuseeland (1937–1946) schrieb Popper zwei sozialphilosophische Bücher – *Das Elend des Historizismus* und das zweibändige Werk *Die offene Gesellschaft und ihre Feinde* –, die ihn weit über den Kreis der philosophischen Fachwissenschaft hinaus bekannt und berühmt machten. Popper verstand diese Bücher als Beitrag im Kampf gegen die beiden unheilvollsten Regime des 20. Jahrhunderts, die Hitlerdiktatur und den Stalinismus, deren geistesgeschichtliche Wurzeln er analysierte und freilegte. Er sah sie im autoritären Staats- und Gesellschaftsdenken von Platons Schrift *Politeia*, in der dialektischen Geschichtsauffassung Hegels, vor dessen Anbetung des (preußischen) Nationalismus ihn schauderte, und im Werk von Karl Marx und Oswald Spengler begründet. Sie sprechen einer geschlossenen Gesellschaftsordnung das Wort, in der die Freiheit des Einzelnen eingeschränkt oder überhaupt nicht existent und die politische Ordnung, wenn überhaupt, nur durch eine Revolution (Marx) reformier- und änderbar ist. Das Staatsdenken Nietzsches, auf den sich der Nationalsozialismus berief, ließ er in diesem Zusammenhang außer Acht.

Popper selbst verstand sich als Anwalt einer offenen, pluralistisch organisierten, freien, demokratischen Gesellschaft. Seine theoretischen Überlegungen über das Wesen des Staates und der Staatsformen brachte er klipp und klar auf die einfache Formel: „Es gibt eigentlich nur zwei Staatsformen: solche, in denen es möglich ist, die Regierung ohne Blutvergießen durch eine Abstimmung loszuwerden, und solche, in denen das nicht möglich ist." Politische und persönliche Freiheit hielt Karl Popper für die höchsten Güter im menschlichen Leben, dem Staat gestand er so wenig Macht wie möglich zu. Zu viel Staat führe zur Unfreiheit, meinte er. Aber es gäbe auch ein Zuviel an Freiheit, einen Missbrauch der Freiheit analog zum Missbrauch der Staatsgewalt.

Karl Popper, der sich sein Leben lang als Lernender begriff, fühlte sich als „einer der letzten Nachzügler des Rationalismus und der Aufklärung", als Kantianer, der sich um die größtmögliche Klarheit des Denkens und der Sprache bemühte, sich aber der Grenzen seines Wissens bewusst war. Er misstraute dem bombastischen Wortgeklingel und vertrat die Ansicht, dass die Philosophie die Aufgabe habe, Probleme zu lösen und sie in verständlicher Form darzustellen. Er selbst gab mit seinen klar formulierten Büchern ein gutes Beispiel.

Nach dem Ende des Zweiten Weltkrieges ging Popper nach England und übernahm 1949 einen Lehrstuhl an der London School of Economics, den er bis zu seiner Emeritierung im Jahr 1969 bekleidete. Er führte mit Ludwig Wittgenstein ein wortreiches philosophisches Streitgespräch, schrieb Bücher, verfasste eine Autobiografie, nahm an Tagungen teil, hielt Vorträge und bewahrte sich bis in das hohe Alter seine geistige Spannkraft. 1965 wurde er geadelt, 1985 starb seine Frau. Nach ihrem Ableben übersiedelte der menschlich und intellektuell äußerst bescheidene Philosoph in sein Haus in Kenley südlich von London zurück. Dort empfing er in seinen letzten Lebensjahren prominente Besucher, mit denen er anregende Gespräche führte, las viel, brachte seine Gedanken zu Papier, schrieb und schrieb, bis ihm der Tod die Feder aus der Hand nahm.

VIKTOR FRANKL

Als der Psychiater und Neurologe Viktor Frankl Mitte August 1945, bis auf die Knochen abgemagert, in seine Heimatstadt, das zerbombte Wien, zurückkehrte, hatte er das Inferno von vier Konzentrationslagern hinter sich. Im September 1942 war er gemeinsam mit seiner Frau Tilly, geb. Grosser, und seinen Eltern nach Theresienstadt deportiert worden. Von dort wurde er nach Auschwitz überstellt und kam dann in die Außenlager von Dachau: Kaufering III und Türkheim. Er war dem Tod einige Male mit knapper Not entronnen und war, was er zu diesem Zeitpunkt noch nicht wusste, der Einzige seiner Familie, der überlebt hatte. Sein 82-jähriger Vater war in Theresienstadt nach zwei Lungenentzündungen gestorben. Am ersten Tag nach seiner Rückkehr erfuhr

Viktor Frankl, dass seine Frau im KZ Bergen-Belsen umgekommen war, die Mutter war in Auschwitz vergast worden, der Bruder in einem Nebenlager von Auschwitz in einem Bergwerk verendet.

Kann ein Mensch, der von so schweren Schicksalsschlägen heimgesucht wird, in einer solchen Extremsituation noch die Kraft aufbringen weiter zu leben, kann er dem Leben noch einen Sinn abgewinnen? Selbst der vom Sinn menschlichen Leidens so überzeugte Viktor Frankl stand vor dem seelischen und existenziellen Zusammenbruch. Er dachte sogar an Selbstmord. Mit Hilfe von Freunden überwand er die schwere Krise und fand in den Alltag zurück. Bruno Pittermann, der spätere SPÖ-Vizekanzler der Jahre 1957–1966, den er aus früheren Tagen kannte, drängte ihn dazu, seine KZ-Erlebnisse zu Papier zu bringen. Und er legte ihm ein Blankoformular mit der dringenden Bitte vor, es zu unterschreiben. Pittermann füllte es aus und leitete es an die zuständige Stelle weiter. Kurze Zeit später wurde Frankl behördlicherseits vorgeladen. Man machte ihm das Angebot, als Primararzt die neurologische Abteilung der Wiener Poliklinik in der Mariannengasse im 9. Wiener Gemeindebezirk zu übernehmen. Frankl akzeptierte und bezog eine Mietwohnung in der Nähe (Mariannengasse Nr. 1). Das Primariat hatte er bis zu seiner Pensionierung ein Vierteljahrhundert später inne, die Wohnadresse behielt er bis zu seinem Tod im Jahre 1997 bei.

Viktor Frankl wurde wieder gebraucht, er hatte wieder eine sinnerfüllte Aufgabe, ein Ziel vor Augen. Er diktierte einer Stenotypistin in neun Tagen das KZ-Buch in die Schreibmaschine. Es erschien unter dem Titel *Ein Psychologe erlebt das KZ* im Verlag Jugend & Volk. Bereits die zweite Auflage musste eingestampft werden, so schlecht verkaufte es sich. Erst die englischsprachige Edition *Man's Search for Meaning* war ein durchschlagender Erfolg. Das Buch wurde ein Best- und Longseller und gilt in Amerika als *„one of the ten most influential books"*. Es erzielte dann auch im deutschen Sprachraum unter dem Titel *... trotzdem Ja zum Leben sagen* Rekordauflagen. Das zweite Buch, das Frankl bereits 1945 herausbrachte – *Ärztliche Seelsorge* – fand hingegen sofort reißenden Absatz.

Mit diesen beiden Publikationen legte der heute weltberühmte Psychiater das Fundament für sein wissenschaftliches Lebenswerk: die Logotherapie, die man, kurz gefasst, als sinnzentrierte Psychotherapie bezeichnen kann (*logos* = Sinn). Was für Sigmund Freud der Geschlechtstrieb und für Alfred Adler der Machttrieb war, war für Frankl der Sinn. Er spricht in Anlehnung des von Friedrich Nietzsche geprägten Begriffes vom

„Willen zur Macht" vom „Willen zum Sinn", den er als die Hauptmotiva-
tion des Menschen bezeichnete. Er selbst hatte im KZ erlebt, dass von den
Häftlingen, die nicht sofort vergast wurden, diejenigen am ehesten überlebt hatten, „die auf die Zukunft hin orientiert waren, auf einen Sinn hin,
dessen Erfüllung in der Zukunft auf sie wartete". Ohne Sinn, so Frankl,
ist das Leben perspektivlos und leer. Geht der Lebenssinn verloren, ent-
steht ein existenzielles Vakuum, aus dem man nur mehr schwer heraus-
findet. Den Menschen, die durch die verschiedensten Umstände in eine
ihnen ausweglos scheinende Lebenssituation geraten, Trost zu spenden,
ihnen eine sinnerfüllte Orientierungshilfe zu geben, ist nach Frankl die
zentrale Aufgabe der Logotherapie. Der Logotherapeut versteht sich daher primär als „ärztlicher Seelsorger".

Trotz des großen Leides, das ihm in den Konzentrationslagern der Nazis zugefügt wurde, trat Viktor Frankl bereits 1946 gegen die nach dem
Zweiten Weltkrieg vertretene These der Kollektivschuld auf. Jeder Mensch,
so Frankl, ist für seine Taten persönlich verantwortlich. Er kann daher nur
für seine eigenen Taten schuldig werden. Und auch das Böse ist nicht in
einer Partei, einem Volk oder einer Rasse, es ist als Möglichkeit in jedem
Menschen angelegt. In diesem Sinne, meinte Frankl, gibt es nur zwei Men-
schenrassen: die „Rasse" der anständigen und die der unanständigen Menschen. Mit dieser Auffassung, die er auch bei großen Reden in der Öffentlichkeit vertrat, stieß er auf Ablehnung und schuf sich viele Gegner.
Sie ist, wenn auch im Grundsatz richtig, wohl zu pauschal und undiffe-
renziert.

Nachdem er sich sein Leid und seine Ängste von der Seele geschrieben
hatte, fand Frankl rasch wieder in das normale Leben zurück. Er war innerlich bald auch frei für eine engere persönliche Beziehung. Der ein wenig scheue Arzt, der seine Gefühle nicht an die große Glocke hängte, begegnete eines Tages an der Klinik einer Krankenschwester aus der zahn-
medizinischen Abteilung, die ihn augenblicklich faszinierte. Ein Jahr später wurde die um zwanzig Jahre jüngere Eleonore (Elly) Schwindt seine
Frau. Elly, die ihm eine Tochter schenkte, war Viktor Frankls Lebensmensch. Die eheliche Schicksalsgemeinschaft der beiden währte bis zum
Tod des großen Psychiaters.

Frankl habilitierte sich 1948 an der Wiener Universität in Neurologie
und Psychiatrie. Im Jahr darauf erwarb er im Fachbereich Psychologie die
philosophische Doktorwürde. Als Leiter der Poliklinik leistete er zur Lin-
derung der Leiden psychisch erkrankter Menschen Pionierarbeit bei der
Entwicklung von Psychopharmaka, forschte und bildete sich in seinem

Spezialgebiet unermüdlich weiter, ließ seinen Patientinnen und Patienten aufmerksame medizinische Fürsorge und menschliche Zuwendung angedeihen, hielt Vorlesungen und Vorträge, schrieb Bücher und verfasste Artikel für Fachzeitschriften. Seine wissenschaftliche Arbeit fand bald internationale Anerkennung und weltweite Wertschätzung. Die Universität San Diego (Kalifornien) errichtete eigens für ihn einen Lehrstuhl für Logotherapie, Frankl wurden 28 Ehrendoktorate und unzählige Ehrenmitgliedschaften verliehen, er erhielt Auszeichnungen aller Art.

Der weltberühmte Wissenschaftler war ein begehrter und geschätzter Vortragender. Frankl besaß eine blendende Rednergabe. Er konnte treffsicher formulieren, seine Stimme hatte Gewicht, seine Gestik wirkte überzeugend. Er verstand es meisterhaft, seine Zuhörer durch seine Geistesschärfe, seine rationalen Gedankengänge und Argumente, seinen Mutterwitz und seinen Humor zu fesseln und zu überzeugen. Und was besonders beeindruckte: Er sprach frei, klebte nicht an einem vorgefertigten Manuskript. Frankl gelang es mühelos, seine Botschaft zu vermitteln, Hoffnungen zu wecken, Zuversicht auszulösen, Lebenssinn zu stiften. Er erzielte mit seinen Büchern und seinen Vorträgen eine Breitenwirkung wie kein Wissenschaftler vor ihm.

Viktor Frankl, der am 26. März 1905 in Wien zur Welt kam, war der Sohn frommer jüdischer Eltern. Er wuchs mit seinen beiden Geschwistern, seinem um drei Jahre älteren Bruder Walter und seiner um vier Jahre jüngeren Schwester Stella, in einer aus zwei Zimmern, einer Küche und einem Vorzimmer bestehenden Wohnung in bescheidenen Verhältnissen auf. Der Vater, der einen prägenden Einfluss auf seine Erziehung und seine Entwicklung nahm, war ein karg besoldeter Staatsbeamter, ein pflichtbewusster, streng religiöser Mann, die Mutter eine Frau von großer Güte und Fürsorglichkeit.

Viktor äußerte schon als Knabe den Wunsch Arzt zu werden. Er besuchte das Gymnasium und engagierte sich bei den sozialistischen Mittelschülern. Bereits im Alter von vierzehn Jahren besuchte er Vorträge und Volkshochschulkurse über Psychologie und interessierte sich besonders für die Psychoanalyse Sigmund Freuds. Er las viel und stand mit dem berühmten Professor mehrere Jahre in brieflicher Verbindung. Der Gymnasiast hielt 1920/21 seinen ersten Vortrag über den „Sinn des Lebens" und veröffentlichte einige Zeit später seine ersten wissenschaftlichen Arbeiten.

Mit Beginn seines Medizinstudiums an der Wiener Universität wandte sich Viktor Frankl von der Psychoanalyse Freuds ab und der Individualpsychologie Alfred Adlers zu. Als er sich der Kritik einiger Schüler am Lehrer anschloss, wurde er von Adler aus dem Verein für Individualpsychologie ausgeschlossen. Es war ein Schockerlebnis. Frankl verfolgte die logotherapeutischen Ansätze, die bis in diese Zeit zurückreichen (um 1926), nicht weiter und organisierte noch vor Abschluss seines Studiums im Jahr 1930 Beratungsstellen für seelisch in Not geratene Jugendliche, ein zutiefst humanes Anliegen, das ihm viel bedeutete. Nach der Promotion war Frankl Assistenzarzt an der Psychiatrischen Universitätsklinik in Wien, leitete dann die Station für selbstmordgefährdete Frauen im Krankenhaus „Am Steinhof" und eröffnete 1937 eine Privatklinik für Neurologie und Psychiatrie. Die Nationalsozialisten engten ab 1938 seinen Wirkungskreis empfindlich ein, ließen ihn jedoch bis 1942 als Privatarzt am jüdischen Rothschild-Spital arbeiten, um ihn dann dem KZ auszuliefern.

Viktor Frankl war eine Persönlichkeit von markantem charakterlichen und geistigen Zuschnitt. Er hatte einen scharfen Verstand, einen wachen Geist und ein lebhaftes Temperament. Er war ein von humanitärem Ethos erfüllter, warmherziger, willensstarker, religiöser Mensch, der einen bescheidenen Lebensstil pflegte und dessen große Leidenschaft das Bergwandern und Klettern war. Er selbst sah den Sinn seines Lebens darin, anderen zu helfen, in ihrem Leben einen Sinn zu sehen. Von diesem unerschütterlichen Sinnglauben war er zutiefst erfüllt. Viktor Frankl starb am 2. September 1997 in Wien.

FRANZ KÖNIG

E r war ein Brückenbauer, ein Pontifex, aber ohne Pontifikat. Für
das höchste Amt in der katholischen Kirche war er im Gespräch,
aber er strebte es nicht an und war froh, dass der Kelch im Kon-
klave des Jahres 1978 an ihm vorüberging.

Ein Brückenbauer war er trotzdem, in Österreich zwischen der katholi-
schen Kirche und der Sozialdemokratie, in der Welt zwischen den großen
Religionen, dem Christentum, dem Islam und dem jüdischen Glauben.
Und natürlich auch zwischen den verschiedenen christlichen Religionen.
Die Ökumene war ihm ein wesentliches Anliegen.

Zum Brückenbauen braucht man große menschliche und charakterliche Qualitäten: geistige Offenheit, Konzilianz und Toleranz, Geduld, Dia-

logbereitschaft, Aufgeschlossenheit gegenüber den Anliegen und Problemen des jeweiligen Gesprächspartners, feste eigene Standpunkte.

Franz König besaß alle diese Eigenschaften in reichem Maße. Er war ein Mann der Mitte und der Versöhnung, der mit Gläubigen wie mit Glaubensgegnern reden konnte, mit Theologen und Naturwissenschaftlern anregende Gespräche führte, der andere Meinungen achtete, Argumenten klug, nachsichtig, aber wenn nötig auch scharf zu begegnen wusste.

Der Kardinal war kein engstirniger Dogmatiker, sondern ein (religions-)wissenschaftlich hoch gebildeter, kultivierter, sprachenkundiger Kirchenmann, dessen weltumspannende Geistigkeit und Intellektualität der römisch-katholischen Kirche auch mit so manch kritischem Wort Wege in das 21. Jahrhundert wies. „Die Kirche der Zukunft wird in vielen Dingen ehrlicher und bescheidener sein", sagte er bei einem Vortrag in Rom im Jahre 1974. „... Sie wird sich nicht anmaßen, alles zu entscheiden, auch dort, wo ihre Zuständigkeit nicht gegeben ist. Sie wird daher eine Religion der Freiheit sein, die den Freiheitsraum und die Eigenständigkeit nicht einengt, sondern festigt und klärend erweitert. ... Die Kirche der Zukunft wird besser lernen, als wir es heute können, das Wesentliche vom Unwesentlichen zu scheiden ..." Und ein andermal formulierte er sein Idealbild der Kirche mit großartiger Bekenntnishaftigkeit so: „Die Kirche Christi ist eine einladende Kirche, eine Kirche der offenen Türen, eine wärmende, mütterliche Kirche, ... eine Kirche des Verstehens und Mitfühlens, des Mitdenkens und Mitfreuens und des Mitleidens ... eine Kirche, die ihre Kinder sucht und ihnen nachgeht, eine Kirche, die die Menschen dort aufsucht, wo sie sind ... eine Kirche der Kleinen, der Armen, Beladenen und Mühseligen, der Scheiternden und Gescheiterten im Leben, im Beruf, in der Ehe ... eine Kirche der Heiligen, aber auch der Sünder ..."

Von diesem Idealbild ist die Kirche weit entfernt. Der Kardinal wusste das natürlich. Daher mahnte er immer wieder zur Weltoffenheit und wünschte sich eine Änderung überholter Führungsstrukturen, ein Christentum der „Einheit in versöhnter Vielheit". Der große Theologe Franz König trat für eine Theologie des Ungewöhnlichen ein und plädierte für die Mitarbeit der Laien auf allen Ebenen und ein moderneres christliches Frauenbild.

An den Grundfesten des katholischen Glaubens hat Franz König nie gerüttelt, die päpstliche Autorität hat er nie angezweifelt. Das wäre ihm gar nicht in den Sinn gekommen. Dennoch war Königs liberaler Kirchenkurs den (ultra)orthodoxen Kräften im Vatikan ein Dorn im Auge. Aber auch in Österreich war der in breiten Bevölkerungskreisen beliebte Kar-

dinal so mancher Kritik aus fundamentalistischen Kleriker- und Laien-
kreisen ausgesetzt. Franz König, der kein streitbarer, gegenreformatori-
scher Glaubenskämpfer und schon gar kein Machtmensch war, ist ihr mit
Weisheit und vornehmer Entschiedenheit begegnet.

Franz König war bäuerlicher Herkunft. Er wurde am 3. August 1905 als
Sohn eines Landwirtehepaares in Warth, einem Ortsteil der Gemeinde Ra-
benstein an der Pielach (NÖ), geboren. Die Kindheit des Knaben wurde
vom frühen Tod des Vaters überschattet. Die Mutter, die außer Franz noch
fünf weitere Kinder zu versorgen hatte, heiratete ein zweites Mal. Diesmal
keinen König, sondern einen Kaiser. Die Rede ist natürlich nicht von Po-
tentaten, sondern von bäuerlichen Trägern dieses Namens.

Der Stiefvater war ein wortkarger, jähzorniger Mann, dem es gar nicht
in den Sinn kam, seinen Stiefkindern Verständnis entgegenzubringen. Er
hat sie zwar nie verprügelt, wie das in Bauern- und Arbeiterfamilien damals üblich war, aber die Kinder hatten Angst vor ihm und mieden, so
gut das ging, seine Nähe.

Franz besuchte die Volksschule in Kirchberg an der Pielach, lernte dort
am Vormittag lesen und schreiben und half am Nachmittag dem Stiefvater bei der Arbeit. Er war ein begabter, eifriger, wissens- und bildungs-
hungriger Schüler. Auf einen Schulaufsatz mit der Frage „Welchen Gegenstand hast du am liebsten?" antwortete der Neun- oder Zehnjährige
kurz und bündig: „Ich habe alle Gegenstände gern, denn ich möchte sehr
viel wissen." Seinen Wissensdurst konnte er allerdings erst ab dem 14. Lebensjahr so richtig stillen, als ihn die Eltern, wahrscheinlich auf dringen-
des Zureden des Volksschullehrers oder des Ortspfarrers, an das Stiftsgymnasium Melk schickten.

Der Stiftsgymnasiast verschlang ein Buch nach dem anderen, lernte neben Griechisch und Latein moderne Fremdsprachen, schloss jede Klasse
als Vorzugsschüler ab und maturierte im Sommer 1927 mit Auszeichnung.
Der Vorsitzende der Prüfungskommission war von Königs Leistung so beeindruckt, dass er ihm ein Stipendium für ein Hochschulstudium in England anbot. Obwohl sich der Maturant für alles Englische brennend interessierte – die Bücher Henry Newmans übten eine großen Einfluss auf ihn
aus –, entschied er sich für einen Freiplatz am Germanicum in Rom, das
ihm kirchlicherseits offeriert wurde.

Die Studenten dieses Kollegs gingen zum Studium an die Gregoriana,
die päpstliche Universität. Vom alten Rom und dem Vatikan war Franz König fasziniert. Er studierte zunächst Philosophie, schloss nach drei Jahren

mit dem Doktorat ab und widmete sich dann dem Studium der Theologie. Die Entscheidung Priester zu werden, war langsam, aber mit immer stärkerer Intensität in ihm gereift. Er fühlte sich dazu berufen, einer großen Idee zu dienen. Am 29. Oktober 1933 wurde er in Rom zum Priester geweiht. Er hatte noch die Rigorosen für den Abschluss des Theologiestudiums vor sich, als ihn der Bischof von St. Pölten, Michael Memelauer, in die Heimat zurückrief (zum Dr. theol. wurde König dann im Jänner 1936 promoviert). Der Bischof benötigte Seelsorger und schickte ihn als Kaplan nach Altpölla, eine kleine Pfarrgemeinde im Waldviertel.

Für Franz König begann damit ein neuer Berufs- und Lebensabschnitt. Der junge, hochgebildete Theologe musste sein Priestertum nun in der Praxis erproben, Neugeborene taufen, Versehgänge machen, die damals im buchstäblichen Sinn des Wortes mit weiten Fußmärschen verbunden waren, Todkranken die Sterbesakramente spenden, mit den Pfarrkindern Kontakte pflegen und sich ihrer Alltagssorgen annehmen. Diese seelsorgerischen Tätigkeiten schärften Königs Blick für die Kernaufgabe des Priesters. Die Seelsorge, das Zugehen auf die Gläubigen, die Anteilnahme am Leben der Menschen, wurden zu den wichtigsten Anliegen seiner priesterlichen Berufung, an denen er festhielt. Der Vorwurf, er sei mehr Diplomat und Wissenschaftler als Seelsorger, der ihm später von diesem und jenem seiner Kritiker gemacht wurde, hat ihn sehr getroffen.

Nach seiner Tätigkeit als Kaplan (Neuhofen an der Ybbs, St. Valentin, Scheibbs) wirkte König während des Zweiten Weltkrieges als Domkurat und Jugendseelsorger in St. Pölten und machte als Regimegegner unliebsame Bekanntschaft mit der Geheimen Staatspolizei (GESTAPO) der Nazis.

Nach Kriegsende schickte ihn der Bischof als Religionsprofessor nach Krems, wo er sich bei den Schülern rasch den Ruf eines verständnisvollen Pädagogen erwarb. In dieser Zeit habilitierte sich Franz König an der Wiener Universität als Dozent für Religionswissenschaften und wurde 1948 als Professor für Moraltheologie nach Salzburg berufen. In der Stadt an der Salzach veröffentlichte er das dreibändige Werk *Christus und die Religionen der Erde*. Es war jenem Thema gewidmet, dem ein Leben lang sein Interesse gehörte: der vergleichenden Religionswissenschaft.

Franz König wäre gerne in Salzburg geblieben, aber der Vatikan sah ihn für andere Aufgaben vor. 1952 ernannte ihn Papst Pius XII. zum Bischof-Koadjutor von St. Pölten. Vier Jahre später erfolgte nach dem Tod Kardinal Theodor Innitzers die Ernennung des zunächst Widerstrebenden zum Erzbischof von Wien, 1958 verlieh ihm Papst Johannes XXIII. die Kardinalswürde.

Zu seiner bischöflichen Devise hatte Franz König den Satz aus den Paulus-Briefen: *Veritatem facientes in caritate* (Die Wahrheit in Liebe tun) gewählt. „Sich für die Wahrheit, für das Wort Gottes, einzusetzen, verbunden mit der Kraft und Stärke der Liebe zu den Menschen", so interpretierte der Kardinal das Paulus-Wort und ließ sich bei allen seinen Handlungen davon leiten.

In den dreißig Jahren seiner Tätigkeit als Wiener Erzbsichof setzte Kardinal König kirchliche und gesellschaftpolitische Akzente von epochaler Bedeutung. Wir können sie in diesem Kurzoporträt nur andeuten. Franz König leitete eine Reihe von innerkirchlichen Reformen in die Wege, vermittelte ein neues Konkordat zwischen dem Heiligen Stuhl und der Republik Österreich und brachte schrittweise eine Normalisierung des Verhältnisses der katholischen Kirche zur Sozialdemokratie und zu den Gewerkschaften zustande. Das trug ihm die dümmliche Punzierung „roter Kardinal" ein. Er reagierte darauf mit der Feststellung: „Ich bin kein Bischof der ÖVP und kein Bischof der SPÖ, kein Bischof der Unternehmer und keiner der Gewerkschaften, nicht ein Bischof der Bauern und nicht der Städter. Ich bin der Bischof aller Katholiken."

Franz König hat auch Brücken zur Wissenschaft geschlagen. Auf seine Initiative hin wurde zum Beispiel der „Fall Galilei" vom Vatikan neu aufgerollt und die Verurteilung seiner Lehre revidiert. Durch seine Reisen in die damaligen kommunistischen Ostblockländer hielt der Wiener Erzbischof Kontakt mit den Vertretern des Judentums, des Islams und den Nichtgläubigen in aller Welt. Sein Name wird aber vor allem mit dem Zweiten Vatikanischen Konzil verbunden bleiben, zu dessen geistigen Vätern er zählte und das der Weltkirche Wege in die Zukunft wies.

Franz König war ein ausgesprochen bescheidener, demütiger Mensch. Prunk und Luxus lagen ihm fern. Der Kardinal von Wien war ein Mann des Maßes, der seinen Glauben in jeder Beziehng lebte. Seine vielseitigen geistlichen Aufgaben und intellektuellen Interessen hielten ihn geistig jung, das Wandern, das ihm als Ausgleich dazu diente, körperlich fit. 1985, im Alter von achtzig Jahren, legte Franz König mit päpstlicher Bewilligung sein Amt als Erzbischof von Wien nieder.

Dem großen, weltoffenen Kirchenmann waren fast noch zwei Jahrzehnte Lebens und Wirkens gegönnt. Er starb am 13. März 2004. Sein Leichnam wurde nach einem feierlichen Requiem, an dem zahlreiche geistliche Würdenträger und Spitzenvertreter aus Politik, Wirtschaft und Kultur teilnahmen, in der Bischofsgruft des Wiener Stephansdomes beigesetzt.

REGISSEURE, SCHAUSPIELER UND KABARETTISTEN

MAX REINHARDT

Max Reinhardt steht mir als Regisseur am nächsten. Er ist der Lehrmeister der meisten heutigen Regisseure von Bedeutung. Sein künstlerisches Schaffen, seine Reife hat eine Höhe erreicht, die ihn weit über sich hinausgewachsen erscheinen lässt. Auf seinem Gebiet ist er ein Genie, wie es ganz selten geboren wird." Dieses Urteil aus dem Jahr 1926 stammt von Gerhart Hauptmann. Reinhardt hatte zu diesem Zeitpunkt, was er nicht wissen konnte, bereits einen Großteil seines Lebens und seiner Theaterarbeit hinter sich.

Max Reinhardt hat das Theater grundlegend verändert, ihm neue Dimensionen erschlossen. Er hat die Kunst der Regie und die Figur des modernen Regisseurs geschaffen, einen neuen Theaterstil ins Leben gerufen,

Schauspielschulen gegründet, bühnentechnischen Neuerungen (Dreh-bühne, Lichteffekte usw.) den Weg gebahnt, dem Theater neue Bühnen-räume erschlossen. Er hat das Repertoire erweitert, Maler und Architek-ten als Ausstatter und Kostümbildner herangezogen, nach immer neuen Ausdrucksformen gesucht, das Ensemble, die harmonisch aufeinander ab-gestimmte Schauspielgruppe, in den Mittelpunkt seiner regielichen Tä-tigkeit gestellt. Es gab keinen Aspekt innerhalb des Theater- und Büh-nenbereiches, der von ihm unbeachtet, unberücksichtigt und unberührt geblieben wäre. Theater war für ihn mehr als nur Schau-Spiel, es war ein über den Alltag weit hinaus reichendes Fest-Spiel, ein großes, festliches Er-eignis, das alle Sinne des Zuschauers in seinen Bann ziehen sollte.

Max Reinhardt besaß das seltene pädagogische Talent, sich in jeden Schauspieler hineindenken zu können, auf seine Individualität einzuge-hen, seine Begabungen zur Entfaltung zu bringen und voll auszuschöpfen. Die meisten Schauspieler, die mit ihm gearbeitet haben, haben sich noch lange nach seinem Tod voll des Lobes über ihn ausgesprochen, haben sei-ne Visionen gepriesen, seine Fantasie, seinen Einfallsreichtum, seinen Theaterinstinkt, seine Kunst der Menschenführung.

Max Reinhardt kam zu jeder Probe mit einem bis ins kleinste Detail ausgearbeiteten Konzept, mit glasklaren inszenatorischen Vorstellungen über die Umsetzung eines Stückes in die Theaterwirklichkeit. Die erhal-ten gebliebenen Regiebücher legen Zeugnis davon ab. Er hielt jedoch kei-neswegs starr an seinen Intentionen und Zielsetzungen fest. Er war jeder-zeit bereit, Anregungen aufzugreifen und sein Konzept zu ändern, wenn die Schauspieler ein überzeugenderes anzubieten hatten. Er bezog sie in die Regiearbeit mit ein, machte sie zu Mitgestaltern seiner schöpferischen Tätigkeit. Das war eines der Geheimnisse seiner großen Erfolge. Der viel-seitige österreichische Schriftsteller Hermann Bahr hat eine Theaterpro-be mit Reinhardt so beschrieben: „Auch als Regisseur hält er sich ganz still und scheint zuerst eher ein bisschen verlegen ... Meistens sitzt er gelas-sen vorn an seinem Tisch, ein wenig vorgeneigt und horchend. Hat er ein-mal einem etwas zu sagen, so steht er auf, geht still zu ihm hin und sagts ihm ins Ohr. Will dieser antworten, weil er es anders meint, so hört er ihm willig zu, und es wird nun so lange versucht, bis er den Schauspieler oder der Schauspieler ihn überzeugt ..."

Max Reinhardt wurde am 9. September 1873 in Baden bei Wien als Max Goldmann geboren. Er entstammte einer kleinbürgerlichen jüdischen Fa-milie, die in bescheidenen Verhältnissen lebte. Vier Jahre nach seiner Geburt schlug der Vater, von Beruf Kleinhändler, seinen Wohnsitz in Wien auf, wo Max seine Kindheit und Jugend verbrachte. Der Bub wechselte nach dem Besuch der Volksschule in die Realschule über, die er jedoch nicht abschloss. Wilhelm Goldmann schickte den erstgeborenen Sohn daraufhin kurzerhand in eine Kaufmannslehre, für die Max weder Interesse noch Neigung zeigte. Der junge Mann war ganz gegen die Familientradition theaterbegeistert und wollte unbedingt Schauspieler werden. Er besuchte, so oft es sein karges Taschengeld erlaubte, die vierte Galerie im Hofburgtheater. „Ich sage immer, ich bin auf dieser vierten Galerie geboren. Dort erblickte ich zum ersten Mal das Licht der Bühne, dort wurde ich genährt ...", stellte er später einmal fest.

Das künstlerische Talent des Sohnes überzeugte schließlich auch den Vater. Max durfte Schauspielunterricht nehmen, allerdings bei einem sehr unbedeutenden Lehrer, der sich mit einem niedrigen Honorar zufrieden gab. Der später berühmte Schauspieleleve konnte auf einer kleinen Vorstadtbühne, dem Volkstheater in Rudolfsheim, sein Talent bald unter Beweis stellen. Er spielte Rollen in klassischen Stücken und wirkte auch in Schwänken von Nestroy mit.

Von Rudolfsheim gelang ihm verhältnismäßig rasch der große Karrieresprung. Otto Brahm, der angesehene Direktor des Deutschen Theaters in Berlin, holte ihn 1894 in die Reichshauptstadt. Dem langjährigen Engagement an dieser Bühne verdankt der Theaternarr, der sich längst Reinhardt nannte, ungeheuer viel. Reich an Erfahrungen, mit einem ungeheuren Instinkt und einer unzähmbaren Leidenschaft für das Theater ausgestattet, ging Max Reinhardt bald eigene und eigenständige Wege.

Er begann Regie zu führen und erzielte mit seinen fantasiereichen, farbigen Inszenierungen, die dem Theater neue, schöpferische Impulse verliehen, auf Anhieb Riesenerfolge. Sein erstes großes Meisterwerk als Regisseur lieferte der Theatermagier 1903 mit Maxim Gorkis *Nachtasyl* ab. Zwei Jahre später war die Inszenierung von Shakespeares *Ein Sommernachtstraum*, bei der er zum ersten Mal in der Theatergeschichte eine Drehbühne als dramaturgisches Mittel einsetzte, das Tagesgespräch von Berlin. Der *Sommernachtstraum* erlebte 600 Aufführungen und blieb bis 1930 auf dem Spielplan. Auch andere Stücke des englischen Dramatikers (*Der Kaufmann von Venedig*, *Was ihr wollt* usw.) gingen hunderte Male über die Bühne.

Reinhardts Repertoire war weit gespannt. Es reichte von Goethe und Schiller über den „Sturm und Drang" bis zu Henrik Ibsen, Hugo von Hofmannsthal und Gerhart Hauptmann. Tradition und Moderne miteinander zu verbinden, gehörte zu den wesentlichsten Zielen des großen Theatermannes.

Nach und nach erwarb Reinhardt eine Bühne um die andere mit jeweils anderen Schwerpunkten. In den Kammerspielen wurden kleine, intime Stücke aufgeführt, das Neue Theater war eine Experimentierbühne, in der Volksbühne hatte die expressionistische Dramatik ihre Heimstätte, im Deutschen Theater kamen alle Theatergattungen zu Wort, das Große Schauspielhaus diente Aufführungen großen Stils.

Das Berliner Theaterimperium wurde von seinem Bruder Edmund verwaltet, der ein Finanzgenie war. Edmund sorgte dafür, dass Max seine weit reichenden Pläne in die Tat umsetzen konnte. „Man sagt Reinhardt", stellte ein Kritiker fest, „aber man müsste die Reinhardts sagen, denn sein Bruder Edmund stand, ihm ergeben bis zur Selbstauslöschung, hinter seinen rein wirtschaftlichen Funktionen verschanzt ... ebenbürtig neben ihm ..."

Sein Privatleben schirmte Max Reinhardt vor der Öffentlichkeit, so gut das möglich war, ab. Der weltberühmte Regisseur war in erster Ehe mit der Berliner Schauspielerin Else Heims verheiratet, die ihm zwei Söhne schenkte: Wolfgang, der 1908 zur Welt kam, und Gottfried, den sie 1913 gebar. Das Familienleben verlief wenig harmonisch. Bereits 1917 kam es zum Bruch, als Helene Thimig am Deutschen Theater Reinhardts Weg kreuzte. Die Tochter des Burgtheaterdirektors Hugo Thimig wurde seine engste Mitarbeiterin und 1935, nach einem zwanzigjährigen Kampf um die Scheidung von Else Heims, seine zweite Frau.

Neben Berlin waren Salzburg und Wien jahrzehntelang die bedeutendsten Wirkungsstätten des unermüdlich tätigen Regisseurs. Gemeinsam mit Hugo von Hofmannsthal begründete Reinhardt die Salzburger Festspiele. Im August 1920 wurde auf dem Domplatz zum ersten Mal der *Jedermann* aufgeführt, der bis heute seine Faszination und seine Anziehungskraft auf das Theaterpublikum nicht eingebüßt hat. Es war schlicht und einfach eine geniale Idee, die Domfassade, das barocke Ambiente des ganzen Platzes, den Himmel und die Wolken über der Stadt in das *Spiel vom Sterben des reichen Mannes* mit einzubeziehen.

Bereits zwei Jahre zuvor hatte Reinhardt das vom Stadtzentrum nicht weit entfernte Barockschloss Leopoldskron angekauft, das er nach einer umfassenden Renovierung in den Sommermonaten zum glanzvollen Mittelpunkt der vornehmen Festspiel-Gesellschaft machte. Das Theatergenie, das für Prunkentfaltung nicht unempfänglich war, beschäftigte sich jahrelang mit dem Umbau der Innenräume seines Palais, den er bis ins kleinste Detail plante. Leopoldskron diente Max Reinhardt auch als Kulisse und Bühne. Er spielte dort Shakespeares *Was ihr wollt* und Molières *Der eingebildete Kranke*. Die Nazis haben das barocke Juwel dann enteignet.

In Wien gründete der geborene Altösterreicher das Reinhardt-Seminar, das sich bis zum heutigen Tag seinen hervorragenden Ruf als Ausbildungsstätte für junge Schauspieler und Regisseure bewahrt hat. Reinhardts Name ist in der Kulturhauptstadt Österreichs jedoch vor allem mit dem Theater in der Josefstadt verbunden. Die „Josefstadt", 1788 als kleines Privattheater in der Vorstadt erbaut, wurde nach dem Geschmack, den Vorstellungen und Wünschen Reinhardts im Inneren nach dem Vorbild des Teatro La Fenice in Venedig umgebaut und erneuert. Der durch Spekulationsgeschäfte in den Inflationsjahren nach dem Ersten Weltkrieg reich gewordene Bankier Camillo Castiglione stellte ihm die finanziellen Mittel dafür zur Verfügung.

Im intimen Rahmen des Theaters in der Josefstadt brachten Max Reinhardt und seine Schauspieler, die ein eingeschworenes Ensemble bildeten, Stücke von Goldoni, Hofmannsthal, Tschechow, Strindberg und anderen zeitgenössischen Dramatikern in glanzvoller Besetzung und hervorragender Inszenierung zur Aufführung.

Nach der Machtübernahme der Nationalsozialisten verließ Max Reinhardt fluchtartig Deutschland, Ende Oktober 1937 emigrierte er mit Helene Thimig in die USA. Er versuchte dort seine künstlerische Laufbahn fortzusetzen, gründete eine Theater- und Filmakademie, inszenierte einige Theaterstücke und verfilmte den *Sommernachtstraum*. Er konnte jedoch in der Neuen Welt nicht Fuß fassen. Sein letztes Lebensjahr verbrachte er in New York, wo er ein Antikriegsstück zur Aufführung brachte, dem jedoch kein Erfolg beschieden war. Die Ehrungen und Glückwünsche zu seinem 70. Geburtstag am 9. September 1943 nahm er resigniert entgegen. Sein Lebenswille war gebrochen. Zwei Wochen danach erlitt er einen Schlaganfall, der Lähmungen und eine Lungenentzündung zur Folge hatte. Der größte Regisseur in der Geschichte des deutschsprachigen Theaters schied am 31. Oktober 1943 aus dem Leben.

WILLI FORST

Willi Forst war einer der bedeutendsten österreichischen Regisseure des vorigen Jahrhunderts. Die Rolle, die Max Reinhardt für das Theater spielte, spielte er in der Filmkunst. Obwohl die beiden ganz unterschiedliche Persönlichkeiten waren, hatten sie doch manches gemeinsam. Sie waren großartige Menschenkenner, sie besaßen hervorragende Führungsqualitäten, hatten die Gabe der Einfühlsamkeit, eine ungewöhnlich geschickte gestalterische Hand und verstanden es vorzüglich, die Liebe und Begeisterung für ihr Metier auf ihre Mitarbeiter zu übertragen. Paula Wessely, die beiden Regisseuren viel verdankte und ihnen viel bedeutete, urteilte über Forst: „Der Willi konnten einen so bei der Hand nehmen und einen so sicher durch was führen." Und der Filmstar Olga Tschechowa charakterisierte ihn so: „Er war unbestechlich, unbeeinflussbar, diszipliniert, dabei immer behutsam und nie laut, aber immer bestimmt und voller Respekt."

Willi Forst war eine Kavalier der alten Schule, galant, aber auch besonnen und ungemein fleißig. Er selbst meinte über seine Regietätigkeit: „Der Schauspieler, mit dem ich gerade an einer Szene arbeite, ist für mich immer der Mittelpunkt der Welt. ... Ich muss dem Schauspieler meinen Willen als Regisseur nicht diktieren, ich kann ihn auch, falls er anderer Meinung ist, davon überzeugen, daß ich auch schauspielerisch recht habe. ... Alles übrige ist lediglich eine Behandlungsfrage. Das ist mein Regiegeheimnis!"

Der Sohn eines Porzellanmalers aus Karlsbad, der eigentlich Wilhelm Anton Frohs hieß, wurde am 7. April 1903 in Wien geboren. Er hatte schon als Kind nur einen Wunsch: Schauspieler zu werden. Noch als Schüler trat er in Wiener Vorstadt-Theatern auf, statierte an der Wiener Hofoper und ging nach dem Ende des Ersten Weltkrieges ohne jedwede Ausbildung nach Teschen in sein erstes Theaterengagement. Er blieb ein paar Jahre in Böhmen, trat dann in Berlin und Wien in Revuetheatern auf und wurde schließlich von Max Reinhardt verpflichtet, der ihn als Prinz Orlofsky in der *Fledermaus* und im Shaw-Stück *Der Kaiser von Amerika* einsetzte. Aber Willi Forsts große Stunde schlug nicht im Theater, sondern im Film. Nach einem ersten großen Erfolg in dem Stummfilm *Die drei Niemandskinder* (1927) und in zwei Streifen mit Marlene Dietrich als Partnerin gelang ihm in einem der frühesten Tonfilme mit dem Titel *Atlantik*, der den Untergang der „Titanic" zum Inhalt hatte, in einer winzigen Rolle mit dem Lied „Es wird ein Wein sein ...", das er während des Schiffsunterganges am Klavier vor sich hin trällerte, der Durchbruch zum Erfolg.

Von nun an hatte der Name Willi Forst in der Filmbranche einen guten Klang. Der melancholische Charme, den er seinen Liebhaberrollen gab, seine weiche, wohlklingende Stimme, das verführerische Timbre seiner Liebeslieder und seine legere, nonchalante Attitüde begeisterten vor allem das weibliche Publikum. Die Frauenherzen flogen ihm aus allen Himmelsrichtungen zu.

Die Musik zu einigen dieser Filme („Zwei Herzen im Dreivierteltakt", „Ein Tango für Dich") schrieb Robert Stolz, Regie führte der aus Ungarn stammende Géza von Bolváry, der das Genre der musikalischen Komödie meisterhaft beherrschte.

Die doch eher seichten Filmliebhaber-Rollen konnten Willi Forst auf die

Dauer nicht zufrieden stellen. Es drängte ihn unwiderruflich zur Regie. 1933 kaufte er eine Villa in Wien-Hütteldorf und kehrte von Berlin, wo er zu einem der beliebtesten Stars des deutschen Films aufgestiegen war, nach Wien zurück.

Der Entschluss zur Rückkehr hatte nicht nur künstlerische, sondern auch politische Gründe. Forst: „1933 war ich nach Österreich remigriert. Ich, der ich mich bis dahin nie für Politik interessiert hatte, hatte damals die Ansicht vertreten, jetzt muß man dort sein, wohin man gehört. Viele Berliner Freunde, die weiß Gott nicht mit Hitler sympathisierten, hatten mir zugeredet zu bleiben ... Mir ist im Haus der Deutschen Kunst schlecht geworden von der Gesundheit, der Kraft und dem Heldentum, die hier ... ausgestellt und vorgeschrieben waren.“

Forsts Debüt als Regisseur, ein Schubert-Film mit dem Titel *Leise flehen meine Lieder*, mit dem sensiblen Hans Jaray in der Hauptrolle, fand internationale Anerkennung und war ein Kassenschlager. Die englische Fassung (*The Unfinished Symphony*) stand ein volles Jahr lang in London auf dem Kinoprogramm.

Mit seinem dritten Film *Maskerade* errang er einen Welterfolg. *Maskerade*, das ist der Streifen, in dem die junge Paula Wessely als Leopoldine Dur mit der faszinierenden Studie eines „süßen Wiener Mädels“ von Schnitzlerschen Dimensionen die Filmleinwand eroberte. Die Wessely galt als „unfotogen“. Willi Forst war anderer Meinung. Er musste seinen Produzenten und die Schauspielerin selbst von ihrem Filmgesicht überzeugen. Dass ihm das gelungen ist, spricht für seine Sachkenntnis und für sein scharfes Auge für das Schauspielerische. Ein Kritiker schrieb nach der Premiere. „Nach Maskerade gab es mit einem Male wieder das Wiener Mädel, das man schon für ausgestorben gehalten hatte. Da bekamen sie wieder Lust und Mut zu sich selber – die Annis und die Mizzis.“

1936 gründete Willi Forst mit einem Kompagnon eine eigene Filmgesellschaft. Einen Hollywood-Vertrag, der ihm angeboten wurde, lehnte er ab. Zwei Jahre später trat ein, was er längst befürchtet hatte: Österreich wurde okkupiert und in den nationalsozialistischen Führerstaat eingegliedert. Forst wurde dazu eingeladen, in dem berüchtigten NS-Film *Jud Süß* die Hauptrolle zu übernehmen. Er lehnte mit diplomatischem Geschick, aber mit Entschiedenheit ab. Joseph Goebbels, der allgewaltige Reichspropagandaminister, war wütend, Forst musste mit dem Schlimmsten rechnen. Aber zum eigenen Erstaunen und zur Verwunderung seiner Freunde ließen ihn die Nationalsozialisten ungeschoren. Er wurde nicht einmal zur deutschen Wehrmacht eingezogen, er durfte weiterarbeiten.

Forst drehte 1938 *Bel Ami*, eine Filmkomödie nach dem gleichnamigen Roman von Guy de Maupassant, seinen persönlichsten Film, der im Februar 1939, dem Jahr, in dem Adolf Hitler mit dem Überfall auf Polen den Zweiten Weltkrieg lostrat, in Salzburg seine Premiere hatte. Der Schlager „Du hast Glück bei den Frau'n, Bel Ami" wurde zum Hit, der Regisseur des Films landauf, landab gefeiert. Es folgte ein Wien-Zyklus mit den Filmen *Operette* (1940), *Wiener Blut* (1942), *Frauen sind keine Engel* (1943) und *Wiener Mädeln* (1944). Der zuletzt genannte Streifen kam jedoch erst 1949 in die Kinos.

In diesen Filmen bot Forst die populärsten Schauspieler auf, die damals zur Verfügung standen: Hans Moser, Paul Hörbiger, Theo Lingen, Willy Fritsch, Fritz Imhoff, Leo Slezak, Siegfried Breuer, Maria Holst, Trude Marlen, Marthe Harell, Judith Holzmeister, und es gelang ihm, unterschwellig patriotische Akzente zu setzen. Forst bemerkte dazu rückblickend: „Es klingt grotesk, aber entspricht der Wahrheit, meine österreichischen Filme machte ich in der Zeit, als Österreich zu existieren aufgehört hatte."

Die Wien-Filme Willi Forsts wurden lange Zeit aus filmhistorischer Sicht mit einem offen zur Schau gestellten Überlegenheitsdünkel als romantisch verkitschte, billige Kinoware abqualifiziert. Man hat bei dieser Kritik den Zeitaspekt (geflissentlich) außer Acht gelassen. Es ging dem großen Regisseur damals auch darum, die Menschen wenigstens für ein paar Stunden dem tristen Alltag zu entreißen und sie in eine verklärte Kulturwelt österreichischer Provenienz zu entführen. Das ist ihm auch gelungen. Willi Forst hat jedenfalls auf seine Art mit den Mitteln des Films dem NS-Regime Widerstand geleistet.

Die Wiedergeburt Österreichs nach dem Zweiten Weltkrieg erfüllte Willi Forst mit großer Freude. Er hoffte, bald wieder frei von Zwängen produzieren zu können. Die politischen Zwänge fielen jetzt zwar weg, aber andere traten an ihre Stelle. Im Nachkriegsösterreich fehlte es am Allernotwendigsten, selbst das Rohfilmmaterial musste importiert werden und dazu bedurfte es der Zustimmung der alliierten Besatzer. Forst war daher mehr als erfreut, als ihn die britische Rank-Filmgesellschaft im Sommer 1946 nach London einlud, um mit ihm ein paar Filmprojekte über Kaiserin Elisabeth und Franz Lehár zu besprechen, die dann allerdings nicht zustande kamen.

Nach Wien zurückgekehrt inszenierte er für die Staatsoper, die ihren Spielplan damals in der Volksoper abwickeln musste, Jacques Offenbachs

Orpheus in der Unterwelt und stellte dann unter größten Schwierigkeiten seine *Wiener Mädeln* fertig.

Von den maßgeblichen politischen Stellen bei der Weiterentwicklung seiner Pläne nicht einmal halbherzig unterstützt, ging Forst nach Deutschland. Dort drehte er den Film *Die Sünderin* mit Hildegard Knef in der Hauptrolle, in dem er das heikle Thema der Sterbehilfe aufgriff und mit einer Nacktszene aufwartete, die bei Presse und Kritik einen Sturm der Entrüstung auslöste. Das vertrug sich ganz einfach nicht mit seinem Image. Der Film wurde trotzdem ein Publikumserfolg.

Der Regisseur, der versucht hatte, eigene filmische Wege zu gehen, machte eine Kehrtwendung. Er wandte sich wieder dem Genre der leichten Unterhaltung zu (*Im weißen Rössl, Kaiserjäger*), konnte an seine Erfolge in der Vor- und Nachkriegszeit jedoch nicht mehr anschließen. Der Zeitgeschmack hatte sich gewandelt. Willi Forst nahm es persönlich. „Mein Stil hat jetzt Pause", konstatierte er trocken und gab das Filmemachen auf. Er zog sich mit seiner Frau Melanie auf seinen Besitz in Hütteldorf zurück, kapselte sich völlig ab, pflegte kaum noch Kontakte. Aus dem herzbetörenden Charmeur von einst war ein scheuer Einsiedler geworden.

Nach dem Tod seiner Gemahlin im Jahr 1973 verkaufte er das Haus und lebte abwechselnd in einem gemieteten Penthaus in Brissago am Lago Maggiore und in Wien-Sievering. Am 11. August 1980 nahm er im Wiener Hanusch-Krankenhaus von einer Welt Abschied, die ihm nur noch wenig bedeutete und die ihn längst überlebt hatte.

HANS MOSER

E r maß nur einen Meter achtundfünfzig und war doch ein ganz Großer. Hans Moser war der Lieblingsschauspieler mehrerer Generationen von Theater- und Filmbesuchern. Wenn er auf der Bühne
oder auf der Filmleinwand auftauchte, flogen ihm die Herzen der Zuschauer zu. Sie lachten über seine unwiderstehliche Komik, sein Mienen-
spiel, die linkische Art sich zu bewegen, sein „Nuscheln", das sein Markenzeichen schlechthin war. Hans Moser war der österreichischste, gewiss aber wienerischste Mime seit den Tagen Alexander Girardis.

Grantig, misstrauisch und argwöhnisch verkörperte Moser den Prototyp
des Wieners mit dem goldenen Herzen. Er wirkte vor allem g'spaßig und
komisch. Aber es wäre weit gefehlt, wollte man ihn als bloßen Witzbold

bezeichnen. Moser war ein Vollblutkomiker vom Scheitel bis zur Sohle. Seine Komik war beglückend und ergreifend zugleich. Er war ein großer Volksschauspieler, ein begnadeter, genialer Menschendarsteller. Trotz seiner Erfolge wurde Moser nie ein Star. Er blieb als Mensch einfach und bescheiden, liebenswert und hilfsbereit, wenn auch mitunter griesgrämig und unwirsch.

Mosers Vater, Franz Julier mit Namen, war französischer Abstammung und seines Zeichens akademischer Bildhauer. Er rief seinen Sohn, der am 6. August 1880 in Wien zur Welt kam, zunächst Jean. Aber daraus wurde dann ein wienerisches „Schani".

Der „Schani" besuchte die Bürger-, danach die Handelsschule und war anschließend in der Buchhaltung einer Lederwarenhandlung beschäftigt. Mehr als das langweilige Spiel mit Zahlen interessierte ihn freilich das Theater. Wenn es sein karger Lohn erlaubte, kaufte er sich eine Stehplatzkarte im Theater an der Wien, in der „Burg" oder der Hofoper und bewunderte die Bühnenlieblinge der damaligen Zeit: Adolf von Sonnenthal, Josef Kainz, Alexander Girardi. Und mit jedem Theaterbesuch wurde der Wunsch, Schauspieler zu werden, in ihm stärker. Der Vater wollte davon nichts wissen. Der „Schani" setzte jedoch seinen Willen durch. Er trat in die Theaterschule Otto ein, deren Direktor allerdings nicht viel von dem tollpatschigen jungen Mann hielt. Der theaterbegeisterte Jüngling ließ sich aber nicht beirren. Er nahm bei Hofschauspieler Josef Moser Sprechunterricht. Dem geliebten Lehrer und Vorbild zu Ehren legte er den eigenen Namen ab und nannte sich fortan Hans Moser. Er gab seinen Job in der Lederwarenhandlung auf, wurde freischaffender Künstler und hoffte auf eine Theaterkarriere. Die machte er dann auch, aber nicht von heute auf morgen.

Wie viele andere Schauspieler begann auch Hans Moser auf einer Provinzbühne, und zwar im böhmischen Fridek-Mistek. Es war ein hartes, mühsames Leben. Die Gage war gering, er musste für seine eigene Garderobe sorgen und singen. Auch in den nächsten Theaterstationen, in Laibach, Czernowitz und Cilli, änderte sich daran nichts. Es dauerte eine geraume Weile, ehe er in seiner ersten Sprechrolle einen einzigen Satz sagen durfte. Hans Moser litt unsäglich darunter, dass er nicht Fuß fassen konnte, dass man ihn nicht ernst nahm.

Endlich, nach Jahren unersprießlicher Tätigkeit auf Provinzbühnen, erhielt er 1903 ein Engagement im renommierten Theater in der Josefstadt, das damals von Josef Jarno, einem bedeutenden Schauspieler und Talenteentdecker, geleitet wurde. Aber ausgerechnet er erkannte Mosers komödiantisches Talent nicht, degradierte ihn zum Statisten. Als Moser aufbegehrte, reagierte der Herr Direktor ausgesprochen unfreundlich und schubste den Protestierer zur Tür hinaus. Moser ging in die Provinz zurück.

Aber wenn schon beruflich nichts weiterging, privat machte er einen Volltreffer. Während eines seiner Wien-Besuche lernte er Blanca Hirschler kennen, in die er sich stante pede verliebte. Er heiratete sie am 5. August 1911. Aus der Liebe auf den ersten Blick wurde eine glückliche Lebensgemeinschaft. Blanca verschaffte ihm Engagements auf Wiener Kleinkunstbühnen. 1913 gebar sie ihm eine Tochter, Margarete. Hans Moser blickte optimistisch in die Zukunft. Da machte ihm das Schicksal einen Strich durch die Rechnung. Der Weltkrieg brach aus, und auch er wurde zu den Waffen gerufen.

1918 knüpfte er dann dort wieder an, wo er 1914 aufgehört hatte, beim Karbarett. Er setzte jetzt so unnachahmliche komödiantische Effekte, dass von nun an kein Weg mehr an ihm vorbei führte. Er hatte endlich den Durchbruch geschafft.

Moser begann seine Eigenart als griesgrämiger Raunzer zu kultivieren. Sie wurde zu einem Markenzeichen seiner schrulligen Originalität. Der neue Publikumsliebling schaffte nun mühelos den Sprung vom Kabarett auf die große Bühne, spielte Operetten im Theater an der Wien und wurde gefeiert. Kein Wunder, dass nun auch der große Max Reinhardt auf ihn aufmerksam wurde. Am 23. Dezember 1925 stand Moser wieder auf der Bühne der Wiener Josefstadt. Reinhardt gab dem Schauspieleroriginal auch bei den Salzburger Festspielen Rollen, in denen er sein Talent als Komiker entfalten konnte, etwa als Zettel in Shakespeares *Sommernachtstraum*. Mit diesem Stück unternahm Moser auch eine viel bejubelte Tournee nach Amerika. Nicht nur in Übersee, auch in Berlin, wo sein Frosch in der *Fledermaus* auf begeisterte Zustimmung stieß, wurde der Starkomiker stürmisch beklatscht.

Wie im Theater so erging es Hans Moser auch im Film. Sein großes komödiantisches Talent, seine unvergleichliche *vis comica*, wurde lange Zeit nicht erkannt. Es dauerte geraume Zeit, ehe sein Vollblutkomödiantentum auch in diesem Medium voll durchschlug und er von der Mitte der dreißiger bis zum Ende der fünfziger Jahre des vorigen Jahrhunderts in unzähligen Filmrollen als Amts-, Hotel- und Gerichtsdiener, als Darsteller von kleinen Gewerbetreibenden und Beamten durch spezifisch sprachliche Manierismen und seine ungewöhnliche Körpersprache (fahrige Handbewegungen, zappelige Schritte, schleppender Gang) im deutschen Sprachraum eine mit riesiger Popularität verbundene Massenwirkung erzielte wie kaum ein Komiker vor und nach ihm. In den Willi-Forst-Filmen *Leise flehen meine Lieder* (1933) und *Maskerade* (1934) schaffte er den Durchbruch. Plötzlich war der Komiker aus Wien gefragt, wurde er mit Angeboten überhäuft, rissen sich die Filmgesellschaften um ihn.

Unterdessen hatten die Nationalsozialisten in Deutschland ihre Diktatur etabliert. Kunst und Kultur wurden gleichgeschaltet. Jeder Schauspieler, der in einem deutschen Film mitwirken wollte, musste Mitglied der Reichsfilmkammer sein. Moser, der wie Leo Slezak, Theo Lingen und andere Theatergrößen mit einer Jüdin verheiratet war, wurde aus diesem Grund die Mitgliedschaft verwehrt. Die Nationalsozialisten legten ihm damals nahe, sich scheiden zu lassen, was er jedoch energisch ablehnte. Da Adolf Hitler und Hermann Göring jedoch Moser-Fans waren, durfte er mit einer Sondergenehmigung des Reichspropagandaministers Joseph Goebbels filmen.

Hans Moser drehte einen Film nach dem anderen und wurde zwischen 1934 und 1945 zu einem der gefragtesten Filmschauspieler des deutschen Sprachraums. Wann immer das raunzende und nuschelnde Original auf der Filmleinwand auftauchte, löste das in den Kinos Lachsalven aus.

1938 traf den von Erfolg zu Erfolg eilenden Volksschauspieler ein harter privater Schlag. Seine Frau musste Österreich verlassen. Sie ging zunächst nach Zürich und ließ sich später in Budapest nieder. Moser hat unter der Trennung von seiner geliebten Blanca sehr gelitten. Er saß nun mutterseelenallein – die Tochter hatte 1935 geheiratet – in seiner Hietzinger Villa, in der sich heute übrigens ein Moser-Museum befindet. Die Erinnerung an die glücklichen Jahre mit seiner Familie schien ihn förmlich zu erdrücken.

Die Kriegsjahre von 1939 bis 1945, in denen er mit Filmen wie *Opernball*, *Wiener Blut*, *Maske in Blau* und *Schrammeln* Millionen Menschen ein paar Stunden unbeschwerter Heiterkeit verschaffte und auf Fronttourneen die Soldaten für kurze Zeit den todbringenden Alltag vergessen ließ, waren für ihn die schwersten seines Lebens. Moser war berühmt und unglaublich populär, aber sein Herz war von Trauer und Sehnsucht nach seiner Frau erfüllt, für die er rührend sorgte.

1945 kehrte die geliebte Ehefrau nach Jahren der Trennung in das bombenzerstörte Wien zurück. Hans Moser war glücklich. Er war fünfundsechzig und bereits im Pensionsalter. Aber er dachte keine Minute an den Ruhestand. Er spielte im Theater an der Wien, drehte im Dauereinsatz Film um Film und drückte, nicht selten mit seinem kongenialen Partner Paul Hörbiger, zahlreichen Streifen den Stempel seiner eigenwilligen, unnachahmlichen Schauspielkunst auf. Ein paar Titel gefällig? *Kaisermanöver, Ober zahlen, Der Herr Kanzleirat, Hallo Dienstmann, Der Hofrat Geiger*.

Der Dienstmann war Mosers Glanzrolle, neben dem Frosch in der *Fledermaus*, dem Greißler Seiberl in *Essig und Öl* und dem Hausknecht Melchior in Nestroys *Einen Jux will er sich machen*. Moser machte den koffertragenden Dienstmann zu einem Klassiker der Filmgeschichte und sang sich mit der „Reblaus" nicht nur in die Herzen der Wiener Heurigenbesucher. Der Name Hans Moser wurde zu einer Trademark wienerischen und österreichischen Wesens.

Im hohen Alter wandte sich der Vielgefeierte und Vielverehrte wieder verstärkt der Bühne zu. 1954 verpflichtete das Wiener Burgtheater den Vierundsiebzigjährigen für die Rolle des Weiring in Arthur Schnitzlers *Liebelei*, in der er das Publikum, aber auch die Kritik und seine Schauspielerkollegen in Bann schlug. Auch ein Gastspiel Mosers an den Münchner Kammerspielen im Jahr 1959 wurde zu einem triumphalen Theatererlebnis. Im Nestroy-Stück *Höllenangst* verkörperte er 1961 im Theater in der Josefstadt den Flickschuster Pfriem und spielte im selben Jahr bei den Salzburger Festspielen das Hohe Alter in Ferdinand Raimunds *Der Bauer als Millionär*. Ein Jahr vor seinem Tod gab der begnadete Mime am Burgtheater seine letzte Rolle: die des himmlischen Polizeikonzipienten in Franz Molnárs *Liliom*. Am 19. Juni 1964 wurde er selbst in den ewigen Theaterhimmel abberufen. Hans Moser starb im 84. Lebensjahr an Krebs. Zu seinem Leichenbegängnis fanden sich nicht weniger als fünftausend Menschen ein.

CURD JÜRGENS

C urd Jürgens war in vielerlei Hinsicht eine außergewöhnliche Persönlichkeit. Ein Hüne von Gestalt (1,92 Meter), breitschultrig, blauäugig und in jungen Jahren blond gelockt, machte schon seine äußere Erscheinung Eindruck, nicht nur, aber vor allem auf das weibliche Geschlecht. Der Frauenheld, der er war, und auf dieses Image legte er Wert, war aber auch gebildet. Jürgens sprach fließend Englisch und Französisch, war in der Literatur bewandert und hatte einen kosmopolitischen Horizont.

Der „normannische Kleiderschrank", ein Spitzname, den er durchaus goutierte, stammte aus einer wohl situierten Familie. Der Vater, ein Hamburger Kaufmann und Freimaurer, verdankte seinen Reichtum lukrativen

Handelsgeschäften im zaristischen Russland, die Mutter war Südfranzö-
sin. Der Sohn, der am 13. Dezember 1915 im Münchener Vorort Solln das
Licht der Welt erblickte, wuchs wohl behütet auf. Ein kultivierter Haushalt, exquisite Genüsse, Französisch als Muttersprache waren die prägenden Erfahrungen und Einflüsse seiner frühen Kindheit. Den aufwändigen Lebensstil, in den er hineingeboren wurde, hat Jürgens dann mit osten-
tativer Eindringlich- und Aufwändigkeit selbst kultiviert, als er zum Weltstar aufstieg.

Curd Jürgens wollte Journalist werden, der Vater hätte den Sohn gerne
in diplomatischen Diensten gesehen. Jürgens wurde weder das eine noch
das andere. Er ergriff den Beruf des Schauspielers. Er nahm bei Paul Gün-
ter Unterricht und stand 1935 im Dresdner Metropoltheater zum ersten
Mal als singender Bonvivant auf einer großen Theaterbühne und noch im
selben Jahr drehte er seinen ersten Film. Willi Forst engagierte ihn nach
kurzen Probeaufnahmen für die Rolle des jungen Kaisers Franz Joseph in
seinem Film *Königswalzer*. Der Anfang war gemacht: im Theater, im Film
und in den Gazetten. Die Karriere eines großen, interessanten (Film-)
Schauspielers hatte begonnen.

Es waren keine überragenden Rollen, die Curd Jürgens in den nächsten
Jahren auf dem Theater und im Film spielte. Drei Jahre nach seinem Debüt, im Februar 1938, gelang ihm dann der Sprung auf die Bühne des Wiener Volkstheaters. Er heiratete Lulu Basler, eine Schauspielerkollegin, und
verfiel dem Zauber Wiens.

In der von ihm ins Herz geschlossenen Stadt an der Donau gelang Curd
Jürgens dann auch ein schauspielerisches Bravourstück: In der Spielzeit
1940/41 nahm ihn Direktor Lothar Müthel in das Ensemble des Burgtheaters auf. Er debütierte am 30. November 1940 als Benvolio in Shakespeares *Romeo und Julia* und spielte bis Februar 1944 an die zwanzig Rollen in Stücken von Grillparzer, Hebbel, Hauptmann, Kleist, Schiller und
Friedrich Schreyvogel. Dazwischen war er immer wieder in Filmen der
seichteren Sorte beschäftigt.

Den Zweiten Weltkrieg überstand der Schauspielerriese verhältnismäßig
glimpflich. Er wurde erst im September 1944 zur deutschen Wehrmacht
eingezogen.

Nach Wien zurückgekehrt nahm er seine Schauspieltätigkeit am Burgtheater wieder auf. Er erhielt die österreichische Staatsbürgerschaft, heiratete Judith Holzmeister und verkörperte Rolle um Rolle. Die großen Jahre seiner Theaterkarriere waren angebrochen.

Curd Jürgens' schauspielerischer Aktionsradius am Burgtheater, dem er von 1940 bis 1953 und dann wieder, von seinem Freund Ernst Haeussermann zurückgeholt, von 1965 bis 1968 angehörte, war weit gesteckt. Er reichte von der Klassik (Illo in Schillers *Die Picolomini*, Fernando in Goethes *Stella*) bis zur Moderne (Tom in Tennessee Williams *Die Glasmenagerie*, Galileo Galilei in Bert Brechts *Leben des Galilei*).

Curd Jürgens – und das passt eigentlich so gar nicht zu seinem in der Boulevardpresse kolportierten Erscheinungsbild – war ein hart arbeitender, disziplinierter Schauspieler, mit ein paar Allüren freilich, aber ein Workaholic, wie man heute sagt, ein von Arbeitswut Besessener, der neben seinen Theaterrollen nicht weniger als 140 Filme drehte. Zwischen 1973 und 1977 spielte er in Salzburg überzeugend und lebensvoll den Jedermann.

Im Film gelang dem großen Charakterdarsteller erst 1955 in der Rolle des Luftwaffengenerals Harras in *Des Teufels General* von Cal Zuckmayer der endgültige Durchbruch. Der Welterfolg dieses Films machte den Hauptdarsteller über Nacht zum Weltstar. Zuvor war er mit der temperamentvollen ungarischen Filmdiva Eva Bartok, mit der er kurze Zeit verheiratet war, in die Klatschspalten des Boulevards geraten.

Nach seinem Traumerfolg in *Des Teufels General* begann sich die internationalen Filmgesellschaften und -produzenten um ihn zu reißen. Filme wie *Die Helden sind müde*, *Und immer lockt das Weib* mit Brigitte Bardot füllten die Kinosäle. Nun erhielt er auch ein Angebot aus Hollywood. In seinem ersten Hollywood-Film, *Duell im Atlantik* (1957), spielte er einen deutschen U-Boot-Kapitän. Der Marktwert des klassischen Liebhabers stieg, Curd Jürgens konnte sich Rollen, Regisseure, Themen und Drehorte aussuchen. Er filmte in Paris, London, Rom, Madrid, Hongkong, Moskau und Mexiko. Es war viel Dutzendware darunter, aber immerhin auch so großartige Streifen wie *Der Schinderhannes* (1958), *Schachnovelle* (1960), *Die Dreigroschenoper* (1963), *Der Spion, der mich liebte* (1977), um nur einige zu nennen. Und Curd Jürgens zog alle Register seiner großen Schauspielkunst. Seine Gangster und Gendarmen, seine Spione und deutschen Offiziere, seine Spießer und Lebemänner bezeugen die Ausdruckskraft und Wandlungsfähigkeit dieses überragenden Schauspielers.

Längst hatte sich der Weltstar auf jenen Lebensstil eingeschworen, der ihm die uneingeschränkte Aufmerksamkeit der Weltpresse und der Öffentlichkeit garantierte. Und selbstverständlich durften die Frauen dabei nicht fehlen. Die Frauen waren ein wesentlicher Bestandteil seines Lebens. Nach der extravaganten Eva Bartok fiel bei einem Venedigaufenthalt sein Auge auf ein Mannequin namens Simone Bicheron. Die um zwanzig Jahre jüngere Französin wurde seine vierte und vorletzte Frau.

Es war ein glanzvolles, aber hektisches Leben, das Simone an seiner Seite führte. Curd Jürgens verwöhnte sie nach allen Regeln der Kunst, erfüllte alle ihre Wünsche. Er kaufte ihr teure Pelze, elegante Kleider und kostbaren Schmuck, schenkte ihr Rennpferde, Gemälde, Skulpturen, Grundstücke und Häuser. Curd Jürgens genoss seinen Ruhm und seinen Reichtum. „Man muss den Jahren Leben geben, nicht dem Leben Jahre", war seine Devise, an die er sich beharrlich hielt. In seiner Traumvilla in St. Jean am Cap Ferrat, einhundert Meter über dem Meer, traf sich die Schickeria aus der Film- und Theaterwelt zu rauschenden Festen. Dem splendiden Superstar machte es sichtlich Spaß, neben seiner attraktiven Frau den Gastgeber zu spielen.

Als Simone des gastlichen Treibens müde wurde, kaufte er als „Refugium der Zweisamkeit" ein fünf Hektar großes Anwesen im südfranzösischen Vence, wo sie Rosen züchteten, ein Chalet in Gstaad (Schweiz), das als Winterdomizil diente, ein Haus in Schliersee und vorübergehend ein stattliches Gebäude am Franziskanerplatz in Wien. Alle diese Domizile wurden exqusitest eingerichtet. *Noblesse oblige.* Der Glanz war freilich nicht ungetrübt. Das kräfteverzehrende Leben des Stars nagte an seiner Gesundheit. Bereits der Fünfzigjährige litt an einer lebensgefährlichen Verengung der linken großen Armarterie, die eine Operation notwendig machte. Im Februar 1967 musste ihm der erste Bypass eingepflanzt werden.

Sobald er sich wieder einigermaßen wohl fühlte, stürzte sich Curd Jürgens erneut in die Arbeit. „Denn die einzige Geliebte, die mich nie enttäuscht hat, unter der ich gelitten habe wie ein Hund, um sie nur noch beglückter umarmen zu können", schrieb er in seiner Autobiografie, „hieß Theater und mit Vornamen Arbeit."

Ehefrau Simone wurde das alles schließlich zu viel. Sie zog die Konsequenzen und verließ den alternden Lebemann.

Am 31. März 1978, einige Monate nach seiner Scheidung von Simone, ging der Weltstar seine letzte Ehe ein. Margie Schmitz, um viele Jahre jünger als er, die geschiedene Frau eines Hamburger Finanzmaklers, begleitete Curd Jürgens die letzten vier Jahre seines Lebens, pflegte und umsorgte ihn nach seiner letzten Operation im Jahre 1980. Sie weilte, als der Tod an ihn herantrat, bis zu seinem letzten Atemzug an seinem Krankenbett.

Nach einem mehrwöchigen Spitalsaufenthalt schloss Curd Jürgens am 18. Juni 1982, keine siebenundsechzig Jahre alt, in Wien für immer die Augen. Sein Herz war den Anforderungen, denen er es zeitlebens ausgesetzt hatte, nicht mehr gewachsen gewesen. Curd Jürgens, der sympathische Bonvivant und galante Verführer, der das volle, pralle Leben liebte, war am Ende seines Weges angelangt.

Der große Menschendarsteller, der sein bewegtes Leben als Schauspiel, als skandalreiches Liebes- und Seelendrama inszeniert hatte, plante sogar noch sein Begräbnis als „große Show". Es sollte in der Dämmerung beginnen und im Dunkel der Nacht enden, mit Glockengeläute, Lampionträgern neben dem hellen Eichensarg, mit flackernden Pylonen über dem Grab. Und viel Prominenz wünschte er sich ebenfalls. Die war auch auf dem Wiener Zentralfriedhof zugegen, wo er in einem Ehrengrab beigesetzt wurde. Adelige Freunde gaben dem Nobelsozialisten ebenso das letzte Geleit wie Schauspielerkollegen und Politiker. Doch auch die einfachen Leute fehlten nicht. Etwa zehntausend Menschen nahmen Abschied von ihm. Denn Curd Jürgens war nicht nur ein Weltstar, sondern auch ein Publikumsliebling.

ROMY SCHNEIDER

Ich bin eine unglückliche Frau von zweiundvierzig Jahren und heiße Romy Schneider." Diesen erschütternden Satz schrieb der Weltstar am 23. April 1981 in sein Tagebuch. Romy fühlte sich ausgelaugt, kaputt, lebensmüde. Spürte sie, dass sie am Ende angelangt war? Noch lag ein leid- und sorgenvolles Jahr vor ihr, das schwerste ihres bewegten Lebens. Sie brach sich bei Dreharbeiten den Fuß, stopfte Tabletten in sich hinein, goss Alkohol nach, verfiel in Depressionen, musste sich einer psychiatrischen Behandlung und einer Nierenoperation unterziehen. Kaum hatte sie sich davon ein wenig erholt, traf sie ein Schicksalsschlag, über den sie nicht mehr hinwegkam. Beim Überklettern eines schmiedeeisernen Zaunes rutschte ihr Sohn David unglücklich ab, ein Stab bohrte sich in seinen Unterleib. Eine Notoperation in einem Pariser Spital konnte ihn nicht mehr retten. David starb am 5. Juli 1981 vierzehneinhalbjährig an den Folgen des schrecklichen Unfalls. „Mami, mein Kind … mein Kind ist tot …", klagte sie an diesem Tag der Mutter. Es war der Aufschrei eines gebrochenen Herzens.

Was folgte, war das langsame Sterben einer völlig verzweifelten Frau. Von ihrem letzten Lebensgefährten Laurent Pétin liebevoll umsorgt, drehte sie mit letzter Kraft ihren letzten Film. Ihr Vorsatz, mit ihrem neuen Partner noch einmal von vorne anzufangen, war nichts anderes als der berühmte Strohhalm, an den sich der Ertrinkende klammert. Sie schaffte es nicht mehr. Sie war, wie sie es schon einmal formuliert hatte, unlebbar geworden: für sich und für andere.

Am 29. Mai 1982 posaunten die Gazetten dann die Nachricht von ihrem Tod in die Welt hinaus. „Romy Schneider s'est suicidée" (Romy Schneider hat Selbstmord begangen), lautete die Schlagzeile in einem französischen, „Im Morgengrauen brach ihr Herz" in einem deutschen Blatt. „Natürlicher Tod aufgrund eines Herzversagens", steht im amtlichen Totenschein. Ein Leben, das voll gestopft war mit Tragik, Affären, privaten Katastrophen, Verzweiflungsausbrüchen, Ängsten, Depressionen, Gerüchten, Verleumdungen und falschen Behauptungen, war viel zu früh zu Ende gegangen.

Die Journalisten und Fotografen, die Romy Schneider nachjagten, wie eine Meute hinter ihr her waren, bekamen die Tote nicht mehr zu Gesicht. Der Leichnam wurde aus dem Sterbezimmer, von der Öffentlichkeit unbemerkt, weggebracht und am 2. Juni 1982 auf dem Friedhof von Boissy-sans-Avoir, einem Dorf fünfzig Kilometer von Paris entfernt, beigesetzt. Die Grabplatte auf dem Grab, in dem sie gemeinsam mit ihrem geliebten Sohn David ruht, ziert nicht ihr Künstler-, sondern ihr Geburtsname: Rosemarie Albach.

Rosemarie Magdalena Albach, die am 23. September 1938 in Wien zur Welt kam, war die Tochter des bekannten Schauspielers Wolf Albach-Retty und seiner Frau Magda, geborene Schneider. Sie verbrachte ihre Kindheit und frühe Jugend bei den Großeltern. „Mamili" und „Papili" hatten keine Zeit für sie, sie drehten einen Film nach dem anderen. „Papili", ein bindungsunfähiger Charmeur und Herzensbrecher, trennte sich 1945 von Frau und Familie. Für die kleine, sensible Romy war es ein Schock, der schwere Narben in ihrer Seele zurückließ. Sie hat den schönen Papa, den sie liebte und verehrte, zeitlebens in anderen Männern gesucht. Von ihm erbte sie ihre Flatterhaftigkeit, ihren Charme und ihren Liebeshunger.

Romy wurde im Alter von zehn Jahren in ein von Nonnen geleitetes Internat gesteckt, in dem sie fünf Jahre ausharrte. Mit fünfzehn erfuhr ihr Leben dann eine entscheidende Wende. Eines Tages bat sie die Mutter, sofort nach München zu kommen, wo sie den Teenager mit der Nachricht überraschte, sie könne, Probeaufnahmen vorausgesetzt, im Film *Wenn der weiße Flieder wieder blüht* eine Rolle übernehmen. Romy war begeistert. „Ich filme, ich filme", jubelte sie in ihrem Tagebuch. Sie drehte ihren ersten Film ab, unbefangen, locker, überzeugend. Ein Traum war in Erfüllung gegangen. Der Film ließ sie nicht mehr los. Er bestimmte ihr weiteres Leben mit unabwendbarer Schicksalhaftigkeit.

Der deutsche Nachkriegsfilm brauchte junge, frische Gesichter. Romy hatte dieses Gesicht, sie strahlte Charme, Fröhlichkeit und Unbekümmertheit aus. Im Sommer 1954 spielte sie in *Mädchenjahre einer Königin* die Rolle der jungen Königin von England und schlug voll ein. Schon im Jahr darauf verkörperte sie die weibliche Hauptrolle in *Sissi*, wo, romantisch verkitscht, das Leben Elisabeths, der strahlenden Gattin Kaiser Franz Josephs, dargestellt wird.

Der filmische Dreiteiler traf den Nerv der Zeit. Er gaukelte den Menschen in der schweren Nachkriegszeit eine heile Welt vor, eine glamouröse Vergangenheit, stillte den Wunsch des Kinopublikums nach privatem Glück, ermöglichte ihm für ein paar Stunden die Flucht aus der tristen Realität. Die junge Romy war die perfekte Inkarnation der kaiserlichen Kultfigur. Sie war zum Superstar der Filmwelt geworden. Das *Sissi*-Image wurde sie nicht mehr los. Es klebte wie Pech an ihr.

Zur jungen Frau von unwiderstehlicher Ausstrahlung herangereift, strebte sie allerdings bald nach persönlicher und beruflicher Unabhängigkeit. Eines Tages brach sie die Brücken hinter sich ab und ging nach Frankreich. Dort stürzte sie sich in eine leidenschaftliche Liebesaffäre mit einem (Film-)Partner, der charakterlich und wesensmäßig überhaupt nicht zu ihr passte. Alain Delon war ein völlig unbürgerlicher Mensch, ungeschliffen, chaotisch, ein unbekümmerter Wildfang, der sich jeder Konvention entzog. Künstlerisch setzte Romy Schneider einen markanten Neuanfang. Sie lernte Französisch, nahm Stunden in französischer Phonetik, legte ihr jungmädchenhaftes Image ab und wurde vom italienischen Regisseur Luchino Visconti zur großen Schauspielerpersönlichkeit geprägt. Mit einer Theaterrolle in einem Inzestdrama eines englischen Renaissance-Dichters gelang ihr der Durchbruch. Die Kritik feierte sie überschwänglich. In anspruchsvollen Filmproduktionen unter der Regie von Orson Welles und Otto Preminger setzte sie ihre Erfolgsserie fort und stieg zum Weltstar auf.

Persönlich erlitt sie Schiffbruch. Die Liaison mit dem untreuen Partner ging nach zahlreichen Streitereien und Exzessen, die von der Boulevardpresse weidlich ausgeschlachtet wurden, in Brüche. Romy Schneider unternahm einen Selbstmordversuch, von dem mehr zurückblieb als nur eine winzige Narbe am Handgelenk.

Nach ihren wilden Boheme-Jahren in Paris sehnte sich der exzentrische Weltstar nach einem zuverlässigen Partner und einem festen Halt in einer ehelichen Bindung. Das alles hoffte sie an der Seite des um vierzehn Jahre älteren Regisseurs und Schauspielers Harry Meyen zu finden, den sie in Berlin kennen lernte und 1966 heiratete. Romy brachte ihren Sohn David zur Welt und führte einige Jahre lang ein zurückgezogenes Leben als Hausfrau und Mutter. Das Hausmütterchenspiel und die patriarchalische Bevormundung durch den Ehemann, der sie seine intellektuelle Überlegenheit spüren ließ, gingen ihr jedoch bald auf die Nerven. Romy Schneider war erfolgsverwöhnt, sie brauchte für ihr angeschlagenes Selbstbewusstsein die Anerkennung durch die Öffentlichkeit. Als ihr eine Filmrolle angeboten wurde, griff sie zu. Sie ging wieder ins Filmgeschäft. Der Traum vom trauten bürgerlichen Leben war ausgeträumt. Die Ehe mit Meyen zerbrach. Mitte 1973 ging sie mit ihrem Sohn David wieder nach Frankreich. Sie richtete sich in Paris eine Wohnung, später ein Haus ein. Frankreich war zu ihrer geistigen Heimat geworden. Dort akzeptierte man sie, nahm sie, im Gegensatz zu Deutschland, wie sie war.

Romy stürzte sich wieder in die Arbeit. Sie arbeitete hart, professionell und diszipliniert, sie identifizierte sich völlig mit ihren Rollen. „Endlich spiele ich die richtigen Rollen in meinen Filmen, Frauen, die unterschiedlich vom Charakter her sind, die aber eines verbindet. Sie erleben eine Liebesgeschichte. Und Liebesgeschichten finde ich wunderbar. Am liebsten würde ich nur solche Rollen annehmen", ließ sie sich vernehmen. Die schauspielerischen Leistungen des ehrgeizigen Filmstars wuden mit Auszeichnungen belohnt. Zweimal, 1976 und 1979, erhielt sie als beste Darstellerin des Jahres den César, den französischen Oscar, 1977 wurde ihr das Filmband in Gold verliehen.

Die erfolgreiche Filmarbeit, das war die eine Seite der Medaille. Die andere war ihr turbulentes Privatleben. Immer wieder stürzte sie sich in Liebesbeziehungen, die sie emotional überforderten und die sie mit Tabletten und Alkohol zu bewältigen versuchte. Nach Beendigung der Dreharbeiten für *Trio Infernal* ließ sie sich auf ein Verhältnis mit einem um zehn Jahre jüngeren Mann ein, das schwer wiegende Folgen haben sollte. Er hieß Daniel Biasini, war französisch-italienischer Abstammung und erinnerte ein wenig an Alain Delon.

„Er hat denselben unabhängigen Charakter, den gleichen Charme und Humor", fand Romy. Biasini war ein cooler Playboytyp. Er fuhr gerne schnelle Autos, trug teure Anzüge und unternahm kostspielige Reisen. Und das alles natürlich auf ihre Kosten und mit ihrem Geld. Im Dezember 1975 heiratete sie ihren Galan. Ein paar Monate später erlitt Romy Biasini, wie sie nun hieß, nach einem Autounfall eine Fehlgeburt. Ein dreiviertel Jahr später war sie wieder schwanger. Am 21. Juli 1977 schenkte die Neununddreißigjährige nach einer komplizierten Geburt einer Tochter das Leben, die auf den Namen Sarah Magdalena getauft wurde. Von einem harmonischen Eheleben konnte keine Rede sein. Es gab gegenseitige Beschuldigungen, Streitigkeiten, Prügeleien, hässliche Auftritte in der Öffentlichkeit.

Gibt es eine Erklärung für Romy Schneiders tragisches menschliches Scheitern? Der Regisseur ihres vorletzten Filmes meinte: „Ich glaube, sie brauchte die Liebe einfach, um zu leben. Und wenn sie liebte, wollte sie jede Minute alles und gab in jeder Minute alles, total und ausschließlich. Vielleicht sind auch deshalb manche Männer erschreckt vor ihr davongelaufen." Auf eine so einseitige und triviale Formel lassen sich komplexe seelische Beziehungslabyrinthe freilich nicht bringen.

PAULA WESSELY

aula Wessely war eine der größten Schauspielerinnen des deutschsprachigen Theaters im 20. Jahrhundert. „Die Wessely" war be-
rührend, wortinnig, charmant, fesselnd, erschütternd. Mit diesen
paar Vokabeln lässt sich ihre Schauspielkunst freilich nur höchst unzu-
länglich beschreiben. Ihre ungeheure Ausdrucks- und Darstellungskraft
reichte von der beseelten Stimmung bis zum eruptiven Ausbruch, von nai-
ver Bescheidenheit bis zur stolzen Selbstbehauptung, von leiser Melancholie bis zum ausgelassenen Übermut. Zur unerschöpflichen Wandlungs-
und Verwandlungsfähigkeit ihrer Gestik und Mimik kam ihr unverwechselbares persönliches, spezifisch wienerisches Sprachmelos, ihr traum-
wandlerisches Gefühl für die Bedeutung und Sinnhaftigkeit des Wortes.

Ein einziger von ihr gesprochener Satz, vorher in hunderten Facetten geprobt, durchlebt und durchlitten, konnte einen Theaterabend zum unvergesslichen Erlebnis machen. Schauspielerisches Genie gepaart mit künstlerischer Gewissenhaftigkeit: Aus dieser Kombination erwuchs ihr unvergleichliches Künstlertum.

Paula Wessely war ungeheuer fleißig, sie war streng gegen sich selbst, sie ging ganz in ihrer Rolle auf, verschmolz mit der Gestalt, die sie zu verkörpern hatte. Sie war eine Perfektionistin, deren Strahlkraft sich kein Theaterbesucher oder Filmfreund entziehen konnte.

Auch die große Wessely, die am 20. Jänner 1907 als Tochter eines theaterbegeisterten Fleischhauermeisters in Wien zur Welt kam, musste nach Absolvierung der Akademie für Musik und darstellende Kunst am Deutschen Volkstheater klein anfangen, Zofen, Dienstmädchen und jugendliche Naive spielen. Sie hauchte diesen Rollen Atem ein, aber sie verschafften ihr keine innere Befriedigung. Die junge Schauspielerin wollte wachsen und reifen. Sie suchte nach immer neuen Gestaltungsmöglichkeiten, stellte immer höhere Ansprüche an sich selbst, setzte sich immer höhere Ziele. Nur nicht ausruhen, nicht stillstehen, sich ständig erneuern und verinnerlichen: Das war ihre künstlerische Devise.

Als die Direktion des Wiener Volkstheaters ihrem Wunsch nach besseren, tragfähigeren Rollen nicht nachkam, ließ sie sich für ein Jahr beurlauben und ging nach Prag. Dort musste sie zwar auch vorwiegend Boulevard spielen, aber in Prag feierte sie schöne Erfolge, das Engagement war für sie von großer Bedeutung.

Nach Wien zurückgekehrt fühlte sie sich abermals unausgeschöpft, zu wenig gefordert. Sie löste in beiderseitigem Einvernehmen den Vertrag und übersiedelte an das Theater in der Josefstadt. Das kleine, intime, traditionsreiche ehemalige Vorstadttheater gehörte in den zwanziger und dreißiger Jahren des vorigen Jahrhunderts zum Bühnenimperium von Max Reinhardt. Der legendäre Theatermann, der an die „Verzauberung des Menschen durch die Kraft der Bühne" glaubte, hatte das Theater im Stil des Teatro La Fenice in Venedig umbauen lassen und es in kurzer Zeit mit so hervorragenden Schauspielerinnen und Schauspielern wie Adrienne Gessner, Hilde Krahl, Käthe Gold, Hermann und Hans Thimig, Hans Moser, Hans Jaray (den sie schon lange kannte) und Attila Hörbiger (den sie jetzt näher kennen lernte), um nur ein paar zu nennen, zu einer kultivierten Sprechbühne wienerisch-österreichischer Prägung gemacht. Zu diesem berühmten, eingespielten Ensemble stieß nun die junge Wessely. Die Josefstadt, an der sie mit Unterbrechungen bis in die Zeit nach dem Zweiten Weltkrieg wirkte, wurde zu ihrem Mutterhaus, zur künstlerischen Heimat.

Der Theatermagier Max Reinhardt hatte längst erkannt, aus welch tiefem menschlichen und schauspielerischen Urquell die Wessely schöpfte. Er bot ihr für den Salzburger Festspielsommer des Jahres 1930 die Rolle der Luise in Schillers *Kabale und Liebe* an. Sie akzeptierte nach kurzer selbstzweiflerischer Überlegung das Angebot und feierte mit ihrer ersten klassischen Rolle einen wahren Triumph.

Auf die nächste klassische Rolle, das Gretchen in Goethes *Faust*, musste sie noch ein paar Jahre warten. Das lag wohl daran, dass man sie trotz ihres Riesenerfolges in Salzburg noch immer als Volksschauspielerin einstufte. Zwischen ihrer Luise und ihrem Gretchen lagen bemerkenswerte Partien, vor allem Gerhart Hauptmanns Rose Bernd. In der Hauptrolle des gleichnamigen Stückes, das anlässlich des 70. Geburtstages des Dichters im September 1932 im Deutschen Theater in Berlin aufgeführt wurde, erspielte sich die Wessely ein für allemal einen Spitzenplatz im deutschen Theaterhimmel. Der greise Dichter, der der Aufführung beiwohnte, war begeistert. Er suchte die Garderobe der Künstlerin auf, stattete ihr seinen Dank ab und sagte: „Ich habe noch nie eine so junge Rose Bernd gesehen, aber auch nie eine so gute." Der Erfolg war sensationell, die Kritik in sämtlichen Zeitungen hymnisch. Mit der Darstellung der Christine in Schnitzlers *Liebelei* im Theater in der Josefstadt verzeichnete die 26-jährige, zur Berühmtheit aufgestiegene Schauspielerin im nächsten Jahr einen weiteren Triumph.

Nun folgte das Gretchen. Paula Wessely spielte die Rolle zum ersten Mal bei den Salzburger Festspielen im Sommer 1933 unter der Regie Reinhardts. Es war die letzte Inszenierung des Theatermagiers in der Festspielstadt vor seiner Emigration in die Vereinigten Staaten von Amerika. Paula Wessely zog alle Register ihrer unvergleichlichen Schauspielkunst. Ihr Gretchen war *das* Theaterereignis des Jahres.

Nach diesen spektakulären Bühnenerfolgen wurde die Wessely von den Tonfilmproduzenten mit Angeboten überhäuft. Paula Wessely scheute davor zurück, eine Filmrolle zu übernehmen. Der Film hat ganz andere Gesetze als das Theater. Und: War sie überhaupt fotogen genug? Sie überlegte es sich lange, schickte Verträge zurück, verwarf Drehbücher, ehe sie sich dann doch dazu entschloss, ihre Darstellungskunst in dem für sie völlig neuen Medium zu erproben. *Maskerade* hieß der Streifen, in dem sie 1934 ihre Premiere gab. Das Drehbuch schrieb der erfahrene Filmpionier Walter Reisch, Regie führte Willi Forst und die Hauptrolle, ein Wiener Mädel namens Leopoldine Dur, spielte Paula Wessely. Sie spielte diese Rolle so quellfrisch und überzeugend, dass bereits ihr erster Tonfilm zum Welterfolg wurde und sie beinahe über Nacht zum viel gefeierten und bewunderten Filmstar aufstieg. Und schon klopfte Hollywood bei ihr an mit einem verlockenden, beinahe unwiderstehlichen Angebot. Die Wessely lehnte ab. Sie war viel zu selbstkritisch und zu klug, um nicht die Gefahren zu sehen, die ihr und ihrer Karriere von der amerikanischen Zelluloid-Traumfabrik drohten.

Unterdessen hatte sich die politische Szene in Deutschland und Österreich radikal verändert. Am 30. Jänner 1933 wurde Adolf Hitler, der Führer der Nationalsozialistischen Deutschen Arbeiterpartei (NSDAP) zum Reichskanzler ernannt. Hitler zertrümmerte in wenigen Monaten die republikanische Staatsordnung und errichtete eine Einparteiendiktatur. Die politischen Gegner wurden brutal ausgeschaltet, Regimekritiker und Juden, unter ihnen eine große Anzahl von prominenten Wissenschaftlern und Künstlern, Schauspielern und Literaten, wurden Opfer der Nazis. Auch zahlreiche frühe Förderer der Wessely wie Rudolf Beer, Leopold Kramer, Emil Geyer und der Kritiker Ludwig Ullmann zählten dazu. Die Kultur wurde gleichgeschaltet, Presse, Theater und Film der Reichskulturkammer unterstellt. Die Mitgliedschaft in dieser Zwangsorganisation war die Voraussetzung für die künstlerische Betätigung im NS-Staat.

In Österreich schaltete Bundeskanzler Engelbert Dollfuß das Parlament, das Verfassungsgericht und die demokratischen Parteien aus und errichtete einen autoritären, halb faschistischen Ständestaat.

Auch im Privatleben der Paula Wessely gab es eine gravierende Veränderung. Am 23. November 1935 heiratete sie den um elf Jahre älteren Schauspielerkollegen Attila Hörbiger, nachdem dessen erste Ehe zunächst von „Tisch und Bett" geschieden und dann von der katholischen Kirche annulliert worden war.

Das neu vermählte Paar bezog die von der Gattin erworbene und umgebaute „Villa" in der Himmelstraße Nr. 24 im Weinort Grinzing, die bis zu beider Tod ihr viel geliebtes Domizil blieb.

Paula Wessely gebar am 8. Februar 1936 ihr erstes Kind, eine Tochter, die auf den Namen Elisabeth getauft wurde. Zwei weitere folgten: Christiane, geboren am 13. Oktober 1938, und Maresa, die am 29. Jänner 1945 zur Welt kam. Die Töchter des berühmten Schauspielerehepaares sind in die Fußstapfen der Eltern getreten, tragen und geben das ihnen in die Wiege gelegte Erbe weiter.

Paula Wessely und Attila Hörbiger waren in der NS-Zeit viel beschäftigt. Sie hatten in Berlin, Wien, Salzburg und an anderen Spielorten großartige Theatererfolge und übernahmen auch zahlreiche Filmrollen. Vor der widerlichen Propaganda und den Gräueltaten des Nazi-Regimes schlossen sie, wohl aus Karrieregründen, die Augen. Attila Hörbiger trat der NSDAP bei, Paula Wessely stellte sich 1941 für den antisemitischen und rassistischen NS-Propagandafilm *Heimkehr* zur Verfügung, eine schwer entschuldbare schauspielerische und menschliche Verfehlung, die ihr lange nach dem Ende des Dritten Reiches zu Recht zum Vorwurf gemacht wurde und die sie sich nur zögernd eingestand.

Ab dem Winter 1943/44 steuerte der Zweite Weltkrieg auf eine militärische Niederlage Hitler-Deutschlands zu. Da halfen alle Durchhalte- und Endsiegparolen der NS-Machthaber nichts mehr. Die deutschen Armeen befanden sich an allen Fronten auf dem Rückzug, die alliierten Luftwaffenverbände bombardierten deutsche Städte. Der Theaterbetrieb wurde eingestellt.

Das Ehepaar Wessely-Hörbiger erlebte mit seinen drei Töchtern das Kriegsende im Tiroler Ort Sölden, wo es in einem Hotel Unterschlupf gefunden hatte. In Wien hoben Karl Renner und seine politischen Mitstreiter die Zweite Republik aus der Taufe. Über Paula Wessely und ihren Mann wurde von den Alliierten ein Berufsverbot verhängt, Attila Hörbiger musste sich einem Entnazifizierungsverfahren unterziehen. Das Ehepaar kehrte im Frühjahr 1946 in sein Wiener Domizil zurück und war bald wieder auf der Bühne der „Josefstadt" und im Film zu sehen. Schließlich verpflichtete man die beiden an das Burgtheater, dessen Ensemble sie jahrzehntelang angehörten. Paula und Attila Hörbiger haben an der Burg, bei den Salzburger Festspielen und an deutschen Theatern in zahlreichen klassischen und modernen Rollen, in Lustspielen und Tragödien mit ihrer großartigen Schauspielkunst das Publikum begeistert.

Die große Wessely zog sich 1987 mit einem Leseabend endgültig von der Bühne zurück. Im selben Jahr starb ihr Lebenspartner. Nach dem Tod ihres Mannes lebte sie zurückgezogen in ihrer Grinzinger Villa, ließ in der Erinnerung ihr ereignisreiches (Theater-)Leben Revue passieren und zeigte sich nur noch selten in der Öffentlichkeit. Paula Wessely schied am 11. Mai 2000 aus dem Leben. Sie fand auf dem Grinzinger Friedhof an der Seite ihres Attila ihre letzte Ruhestätte.

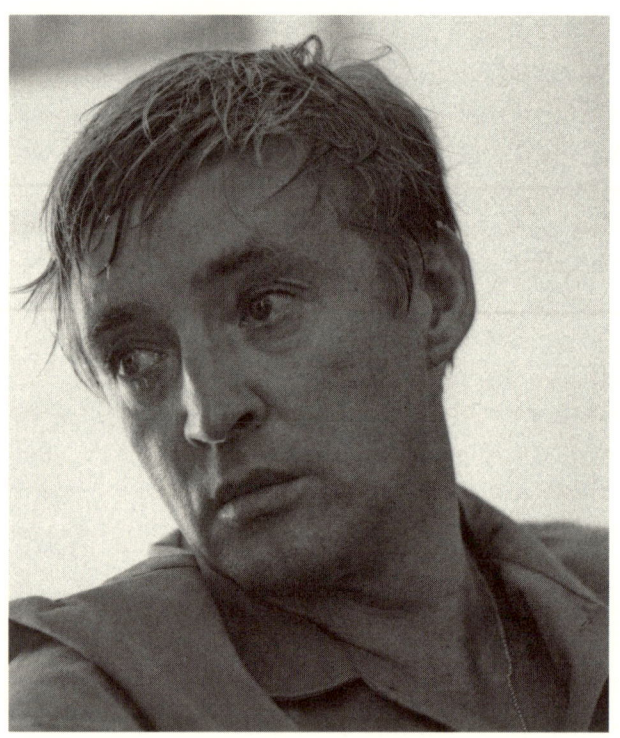

OSKAR WERNER

Oskar Werner war ein Ausnahmekünstler, ein schauspielerisches Naturtalent, ein begnadeter Mime, dem das Schicksal einen angeborenen Theaterinstinkt und eine geniale darstellerische Begabung in die Wiege gelegt hatte. Er war ungeheuer feinnervig, er hatte eine außerordentlich nuancenreiche Stimme, eine Sprachmelodik, die ihresgleichen suchte. Hans Moser, den er sehr verehrte, nannte ihn ein Wunderkind, Herbert von Karajan, der mit Lob sparsam war, pries nach einer Aufführung *König Heinrichs V.* seine „musikalische Kadenz der Sprache" und bezeichnete die Darstellung dieser Figur als einmaliges Erlebnis. Ernst Haeussermann, in dessen Ära als Direktor Werner seinen Vertrag mit dem Burgtheater löste, hielt ihn für einen einmaligen Schauspieler, eine Persönlichkeit, wie es sie nur alle heiligen Burgtheaterzeiten einmal gibt.

Oskar Werner war ein schwieriger Einzelgänger, ein Nonkonformist, der sich in ein Ensemble nicht einordnen, der sich nicht beugen und unterordnen konnte. „Ich werde nie gehorchen – nie", war eine seiner unverrückbaren Lebensmaximen. Er war ein unangepasster, ein innerlich zerrissener Mensch, der höchste Ansprüche an sich selbst stellte, ein Perfektionist, der nie mit dem zufrieden war, was er erreicht hatte. „Ich bin nicht der Künstler geworden, der ich gerne geworden wäre", sagte er einmal und dieser Satz ist ein beredter Ausdruck seiner tief sitzenden Überworfenheit mit sich und der Welt.

Oskar Werner spielte zahlreiche Rollen, in denen er brillierte: Hamlet, Don Carlos, Tasso, Thomas Beckett, aber er spielte viele nicht, die er gerne gespielt hätte, durfte sie nicht spielen. Er kam mit so manchem Regisseur nicht zurecht.

Der ungewöhnliche Mime verzauberte seine Zuschauer und Zuhörer durch die Echtheit seiner Gefühle, wurde umjubelt, gefeiert, verehrt, angehimmelt. Er genoss Popularität und Weltruhm, er eilte von Erfolg zu Erfolg. Dennoch: Seine Vorstellung vom Theater hielt nicht Schritt mit der Entwicklung der Zeit. Als das Startheater, das er in seiner Person verkörperte, zum Regietheater wurde, als die Klassikerverherrlichung, auf die seine Schauspielkunst ausgerichtet war, zur Klassikerverachtung mutierte, fühlte er sich seiner Lebensaufgabe beraubt, ging sein persönlichster Lebenssinn in Brüche, den er seit seiner Kindheit in sich gespürt und geradezu zu einem Kult entwickelt hatte. „Ich bin ein Protestant, ich protestiere gegen den heutigen Zeitgeist." Mit diesen Worten begründete er seine maßlosen Ausfälle, seine rabiaten Rundumschläge gegen alles, was seinen Zorn herausforderte: die Theaterkritik, die Burgtheaterbürokratie, das Wienertum, das Fernsehen.

Der romantisch veranlagte Idealist, dessen „Kapital die Fantasie war", der unentwegt versuchte, sich selbst treu zu bleiben, kam mit der Welt nicht zurecht, mit der „Epoche des Exkrementismus", wie er die Zeit bezeichnete, in die er hineingewachsen war. Er fand es zunehmend schwerer, „Mensch zu sein, im Leben und auf der Bühne". War die Asynchronität zwischen seinen Träumen und Wunschvorstellungen und einer durch ihre manische Technikbesessenheit und menschliche Raffgier aus den Fugen geratenen Zeit der Grund für sein vorzeitiges Scheitern? Wohl auch, aber nicht nur. Er ist gewiss ebenso in seinem Charakter zu suchen, in seiner selbstzerstörerischen Aggressivität, seiner quälenden inneren Unruhe, seiner launenhaften Exaltiertheit und depressiven Veranlagung, seiner krankhaften Trunksucht.

Oskar Josef Bschließmayer, wie Oskar Werner mit bürgerlichem Namen hieß, wurde am 13. November 1922 geboren. Er war ein echtes Wiener Vorstadtkind. Der Vater war Versicherungsbeamter, die Mutter, die sich scheiden ließ, als der Bub sechs Jahre alt war, arbeitete in einer Damenhutfabrik. In der Zimmer-Küche-Kabinett-Wohnung, in der Oskar aufwuchs, ging es kleinbürgerlich-proletarisch zu. Die wichtigste Bezugsperson des Knaben war die Großmutter, die gelegentlich Burgtheateraufführungen auf dem Stehplatz besuchte. Sie, die er heiß liebte, scheint die Liebe zum Theater in sein junges Herz gepflanzt zu haben. Ein Onkel mütterlicherseits, der sich als Beleuchter bei der Sascha-Film sein Brot verdiente, begeisterte den kleinen Oskar für das Kino.

Oskar Werner machte schon als Kind durch schauspielerische Faxen auf sich aufmerksam. Er imitierte alle Leute, die ihm auf der Straße begegneten, spielte im Hof seines Wohnhauses für sich allein Theater und zog im Alter von elf Jahren bei einer Schüleraufführung die Aufmerksamkeit auf sich. Der Wunsch, Schauspieler zu werden, beherrschte bald sein ganzes Fühlen und Denken. Er trat auf einer kleinen Vorstadtbühne auf, spielte im Theater „Die Insel" den dritten Argonauten in Grillparzers *Das goldene Vlies* und stand Ende 1937 zum ersten Mal mit schlotternden Knien vor einer Filmkamera.

Das prägendste Erlebnis seiner Jugendjahre waren die Ereignisse im März 1938. Der Sechzehnjährige sah die Synagogen brennen, beobachtete, wie die jüdischen Mitbürger verhöhnt und misshandelt wurden. Faschismus und Diktatur wurden damals zum weltanschaulichen Feindbild, an dem er lebenslang festhielt. Der pazifistisch gesinnte junge Mann, der bei der Matura aus Englisch, Französisch und Mathematik durchgefallen war, wurde 1941 zum Arbeitsdienst einberufen. Er hasste die Uniform, den militärischen Drill und geriet so sehr aus dem seelischen Gleichgewicht, dass er an Selbstmord dachte. Da erhielt er eines Tages wie ein Blitz aus heiterem Himmel ein Telegramm von Lothar Müthel, dem damaligen Direktor des Wiener Burgtheaters, mit dem Ersuchen, bei ihm vorzusprechen. Er tat es, für einen Tag vom Dienst beurlaubt, und der größte Wunsch seines jungen Lebens ging in Erfüllung. Müthel engagierte ihn für eine kleine Rolle. Zwei Monate später musste Werner zum Militär.

Oskar Werner stellte sich bei allen Dienstobliegenheiten so linkisch und unsoldatisch an, dass man ihn bald wieder nach Wien zurückschickte, wo er bei der Bahnhofwachkompanie am Meidlinger Südbahnhof und am Westbahnhof eingesetzt wurde. Tagsüber steckte er in der feldgrauen Uniform, am Abend spielte er sich im Burgtheater in die Herzen des Publikums.

Im Frühjahr 1944 heiratete er Elisabeth Kallina, eine Schauspielerkollegin, die ihm eine Tochter schenkte. Als Trauzeuge fungierte Raoul Aslan. Ende 1944 desertierte Oskar Werner von der Wehrmacht und überstand, gehetzt, gejagt und an verschiedenen Orten Zuflucht suchend und findend, mit Frau und Kind das Inferno des Zweiten Weltkrieges.

In den ersten Nachkriegsjahren spielte Oskar Werner an der Burg, am Volkstheater und an der „Josefstadt", am Salzburger Landestheater, in Basel und Zürich Molnár, Molière, Shaw, Schiller, Goethe, Nestroy und Zuckmayer und profilierte sich als einer der besten und anerkanntesten Schauspieler des deutschen Sprachraumes. Als er im Frühjahr 1949 ohne Erlaubnis der Burgtheaterdirektion zu den Dreharbeiten der englischen Version des Filmes *Der Engel mit der Posaune* nach London reiste, wurde sein Vertrag fristlos gekündigt. Oskar Werner kehrte noch zwei Mal an die Burg zurück, aber es gelang nicht mehr, ihn für längere Zeit und für mehr als ein paar Stücke an das Haus zu binden.

1950 drehte er in Hollywood *Entscheidung vor Morgengrauen* und überzeugte als idealistisch-herrischer Offizier Happy. Eine Hollywoodkarriere lehnte er ab. In weiteren Filmrollen hat Oskar Werner großartige, faszinierende Leistungen erbracht (*Oberst Redl, Der letzte Akt, Jules und Jim, Das Narrenschiff*).

Auf dem Theater markierte 1953 sein Hamlet in Frankfurt am Main unter der Regie Müthels einen der großen Höhepunkte seiner Karriere. „Dieser junge Schauspieler erschüttert seit Monaten das sonst so kühle und kritische Publikum der Goethe-Stadt und reißt es zu unerhörten Beifallsstürmen hin", schrieb Franz Theodor Czokor. „Er spielt den Hamlet. Vielmehr er spielt ihn nicht. Er *ist* Hamlet." Es war die Rolle seines Lebens. Er hatte, wie er es selbst formulierte, in Hamlet seinen Zwillingsbruder gefunden.

Im Oktober 1959 starb Werner Krauß, sein großes schauspielerisches Vorbild und sein Zechgenosse. „Er war ein großer Alkoholiker. Aber was für ein Trunkenbold! Ich kann gar nicht beschreiben, was er mir bedeutet hat, auch wenn er einer meiner strengsten Kritiker war", fasste der Jüngere sein Urteil über den großen Charakterdarsteller zusammen. War es ein bloßer Zufall, dass Oskar Werner ausgerechnet in diesem Jahr seine eigene Schauspieltruppe gründete, sich langsam von allen Bindungen löste und seine eigenen, eigenwilligen Wege ging?

Für Skandale hatte er längst gesorgt. 1955 war er wegen Trunkenheit am Steuer vorübergehend in Polizeigewahrsam, mit dem ORF führte er einen jahrelangen Prozess. Seine Ehe ging in Brüche. 1966 wurde ihm ein Sohn geboren, den er heiß liebte. Die deutsche Schauspielerin Antje Weisgerber begleitete ihn jahrelang durch sein bewegtes Leben.

Künstlerisch schlug er die Menschen weiterhin in Bann. Seine Tourneen waren erfolgreich, seine Filme glänzend besucht, seine Rezitationsabende überfüllt. Wenn der blondschopfige, bubenhaft aussehende Mime, der wie Dorian Gray nicht zu altern schien, mit dem unvergleichlichen Timbre in seiner einmaligen Stimme Rilke und Weinheber las, hielt das Publikum den Atem an.

Nach und nach wurde er immer schrulliger, zog er sich immer öfter vor der Öffentlichkeit zurück. In seinem feudalen Haus im liechtensteinischen Triesen machte er die Nacht zum Tag, schrieb, umgeben von 6.000 Büchern und 2.000 Langspielplatten, Drehbücher und Gedichte, trank eine Unmenge von Alkohol, kochte als sein eigener Küchenchef ungewöhnlich zubereitete, zuweilen missglückte Gerichte und dirigierte im Stil seines Idols Arturo Toscanini ohne Orchester Werke von Mozart. Die Musik war die große Liebe seines Lebens.

Oskar Werner, das liederliche Genie, der hypersensible „Mensch, der aus purer Poesie" bestand, verlor mehr und mehr den Kontakt zur Realität. Seine öffentlichen Auftritte gerieten zuletzt zur Peinlichkeit, wenn er, nicht selten alkoholisiert, vor einer Hand voll Zuhörer Klassiker zum Besten gab.

Die letzten Jahre seines Lebens verbrachte er in seiner Heimatstadt Wien, mit der ihn eine Hassliebe verband. Sein körperlicher Verfall machte unaufhaltsame Fortschritte, aus Dorian Gray wurde ein müder, alter Mann.

Oskar Werner starb einen einsamen, schmerzlosen Tod. Am 23. Oktober 1984 entschlief er in einem Hotelbett in Marburg an der Lahn seinem ekstatischen, von Leidenschaftlichkeit erfüllten Leben.

KARL FARKAS

Die Bonmots des großartigen Kabarettisten und Altmeisters des
Humors waren witzig und geistreich, von hintergründiger Dia-
lektik, seine Pointen treffsicher, sein Wortwitz umwerfend, seine
Komik und sein Humor zwerchfellerschütternd.

Karl Farkas war ungeheuer vielseitig. Er schrieb Texte für Revuen und
Chansons, er verfasste Filmdrehbücher, Einakter und Sketches. Und ungeheuer wandlungsfähig war er auch: Er glänzte als Schauspieler und Con-
férencier, er war ein ideenreicher Regisseur.

Der mit allen Wassern gewaschene Publikumsliebling wurde als Sohn
eines aus Ungarn stammenden jüdischen Schuhwarenfabrikanten am
28. Oktober 1893 in Wien geboren. Der gestrenge Vater hätte gerne einen

Advokaten aus ihm gemacht. Aber Jura wollte der Sohn absolut nicht studieren, und er übernahm auch nicht die Fabrik, wie es der Vater gerne gesehen hätte.

Karl Farkas besuchte das Realgymnasium, schrieb bereits im Alter von sechzehn Jahren einen Einakter, mit siebzehn Gedichte, seine „ersten Jugendsünden", wie er es nannte, und beschloss nach der Matura, Schauspieler zu werden. Zu diesem Zweck bezog er die Akademie für Musik und darstellende Kunst. Zu seinen Studienkollegen zählten Elisabeth Bergner, Maria Eis, Fritz Kortner und Alma Seidler, die später zu den Stützen des Wiener Theaterlebens zählten.

Nach Absolvierung der Akademie landete Karl Farkas nicht auf dem Theater, wie er es sich erträumt hatte, sondern auf dem Kasernenhof. Der Erste Weltkrieg war ausgebrochen, aus dem er verwundet, aber geistig ungebrochen in das Privatleben zurückkehrte.

Die erste Station in der Theaterkarriere, die er nun, um einige Jahre verspätet, beginnen konnte, war Olmütz. Von dort ging es nach Mährisch-Ostrau, wo er in Lustspielen, aber auch bereits als Regisseur Erfolge verbuchte. Sein nächstes Engagement fand er in Linz. Am dortigen Landestheater spielte er den Dorfrichter Adam in Heinrich von Kleists *Der zerbrochene Krug*, gab den Mephisto in Goethes *Faust* mit „diabolischer Ausstrahlung", wie ein Kritiker schrieb, und versuchte sich als Franz Moor in Schillers *Die Räuber*. Auch als Opernregisseur stellte er damals schon sein Können unter Beweis. Er inszenierte Richard Wagners *Meistersinger*, Verdis *Aida* und engagierte Sänger vom Kaliber eines Richard Tauber. Um die Gagen für seine Künstler zahlen zu können, organisierte er Freilichtaufführungen, die beim Publikum gut ankamen. Mit diesen „Linzer Festspielen" wies Farkas bereits in den 20er-Jahren des vorigen Jahrhunderts Wege in die Zukunft.

Im Herbst 1921 schlug Karl Farkas seine Zelte in der Theatermetropole Wien auf. Er spielte an kleineren Bühnen und landete schließlich im Kabarett „Simpl", aus dem er bald nicht mehr wegzudenken war. Karl Farkas schlug sofort ein, begeisterte mit seiner schauspielerischen Wandlungsfähigkeit, seinem genialen Einfallsreichtum und seiner frappierenden Schlagfertigkeit von allem Anfang an das Publikum und avancierte beinahe über Nacht zum Lokalmatador des Wiener Kabaretts. Der Starkomiker des „Simpl" war damals zunächst allerdings nicht er, sondern Fritz Grünbaum, mit dem er Doppelconférencen spielte, die längst zur Legende geworden sind. Nicht immer waren die beiden allerdings ein Herz und eine Seele.

Die zwanziger Jahre des vorigen Jahrhunderts waren die Zeit der heißen Rhythmen. Die Menschen wurden vom Jazzfieber ergriffen, Charleston und Shimmy, die neuesten Modetänze, erregten die Gemüter. Farkas nahm den Trend auf und schrieb die Texte der Ausstattungsrevue, die mit schönen, langbeinigen Girls und viel nacktem Fleisch auch in Wien ihren Siegeszug antrat.

Neben seinen Revuen und Theaterstücken, seinen Kabarettsketches und Schlagertexten war der Vielbeschäftigte weiter im „Simpl" tätig und fand sogar Zeit, sich einem neuen Medium zu widmen. Als 1924 mit der Gründung der Radio Verkehrs AG, kurz RAVAG genannt, auch in Österreich das Radiozeitalter anbrach, war Farkas von allem Anfang an dabei. Er schrieb die erfolgreiche, heiter-ironische Revue „Alles per Radio", kommentierte das Zeitgeschehen und brachte Couplets zu Gehör.

Der Name Karl Farkas hatte in der Welt der gehobenen Unterhaltung einen guten Klang, man riss sich um ihn, Tantiemen aus aller Welt flossen auf sein Sparkonto.

So erfolgreich der geistsprühende Kabarettist auch war, privat war er vom Pech verfolgt. Sein geliebter einziger Sohn Robert (Bobby) aus der Ehe mit der Schauspielerin Anny Hán erkrankte an einer Gehirnhautentzündung und landete schließlich in einer Pflegeanstalt. Farkas hat über diesen schweren familiären Schicksalsschlag öffentlich nie gesprochen. Überwunden hat er ihn zeitlebens nicht.

Über die Ehe hat er sich, der selbst ein treuer und vorbildlicher Gatte war, des Öfteren lustig gemacht. „Wie glücklich könnte ein Mann mit seiner Frau leben", witzelte er, „wenn er sie nie kennen gelernt hätte."

Als die Zeiten schlechter wurden, die Weltwirtschaftskrise von Amerika aus auch auf Österreich übergriff und die renommierte Creditanstalt, die größte Bank des Landes, und zahlreiche andere Institute im Gefolge zusammenbrachen, kommentierte Farkas das wirtschaftspolitische Erdbeben unüberhörbar spitz: „Leute mit Plattfuß sind jetzt die glücklichsten", konstatierte er trocken, „sie sind die Einzigen, die ihre Einlagen herausnehmen können."

Er selbst verwendete seine Spareinlagen zum Ankauf eines Hauses in Dörfl an der Rax, einer geräumigen Wiener Mietwohnung und eines Automobils Marke Buick. Karl Farkas blieb trotz der Wirtschaftskrise auf Erfolgskurs. Nach dem überwältigenden Erfolg, den das Singspiel Im weißen Rössl in Berlin erzielt hatte, adaptierte er das Stück für Wien. Er schrieb einige Szenen um und führte bei der Aufführung im Stadttheater Regie. Dazu wirkte er auch als Darsteller mit und begeisterte als Sigismund Sülzheimer mit dem Schlager „Was kann der Sigismund dafür, dass er so schön ist", die Zuseher. Das *Weiße Rössl* wurde zum erfolgreichsten Singspiel des Jahrhunderts.

Mit seinen Revuen unternahm Farkas auch Gastspiele in Deutschland und wurde binnen kürzester Zeit zum Liebling des dortigen Kabarettpublikums. Mit dem 30. Jänner 1933, dem Tag, an dem Adolf Hitler zum deutschen Reichskanzler ernannt wurde, änderte sich das schlagartig. Die Werke jüdischer Autoren wurden verboten, nicht-arische Künstler erhielten Aufführungsverbot. Im März 1938 kam für den jüdischen Kabarettisten dann auch in seiner Heimat das Ende. Farkas verließ buchstäblich im letzten Augenblick Wien und flüchtete über Prag, Frankreich, Spanien und Portugal in die Vereinigten Staaten. Der Emigrant landete in der Neuen Welt zunächst in einem Internierungslager. Er kam gegen eine Kaution, die Freunde für ihn erlegten, frei und schlug sich mit miserabel bezahlten Kabarett-Auftritten und Übersetzerarbeit in New York schlecht und recht durch das Leben. Nur langsam gelang es ihm, Fuß zu fassen. Gemeinsam mit Robert Stolz veranstaltete er Musikabende und entfachte in den USA eine regelrechte Operettenbegeisterung, die mit der *Fledermaus* von Johann Strauß ihren Anfang nahm. Stolz dirigierte, Farkas textete und feierte in der Rolle des Frosch wahre Triumphe. Ein deutschsprachiges Blatt schrieb: „Das Publikum wälzte sich vor Lachen. Farkas war ein Schlager für sich."

Der Bann war gebrochen. Es folgten Aufführungen der Lehár-Operette *The Merry Widow*, die mit Martha Eggerth in der Titelrolle und Jan Kiepura als Danilo ein Jahr lang am Broadway lief und anschließend in zahlreichen anderen Großstädten mit riesigem Erfolg aufgeführt wurde. Neben dieser Bühnenarbeit schrieb Farkas Filmdrehbücher für Hollywood, Texte für Broadway-Stücke und trat in Emigrantencafés und in Amüsierlokalen auf. Ein Erfolg reihte sich an den anderen, aber das Emigrantenherz des Karl Farkas wurde von Heimweh geplagt. Er sehnte sich nach seiner Familie.

Auf seine Heimkehr musste er dann doch länger warten als ihm lieb war. Erst am 22. Juli 1946, etwas mehr als ein Jahr nach dem Ende des Zweiten Weltkriegs, kehrte er nach Wien zurück und wurde hier mit großer Herzlichkeit empfangen. Bereits zwei Tage danach und nach achtjähriger Abwesenheit spielte er wieder Theater und landete alsbald in seinem geliebten „Simpl". Seine Pointen waren noch geschliffener und präziser als früher, sein Humor noch bezwingender. Er hatte wieder sein Publikum, er lebte wieder in seiner Muttersprache. Karl Farkas übernahm die künstlerische Leitung der Kleinkunstbühne, die kaufmännische Direktion hatte Baruch Picker inne. In den nächsten beiden Jahrzehnten steuerte das Zweigespann das traditionsreiche Haus über alle Klippen und Fährnisse.

An der Dramaturgie des „Simpl" änderte sich gegenüber der Vorkriegszeit wenig. Die Sketches blieben strukturell die gleichen, Farkas verstand es jedoch meisterhaft, sie zu aktualisieren und der jeweiligen politischen Situation anzupassen. Er veränderte die Standorte und sein eigenes Profil. Seinem fortgeschrittenen Alter entsprechend wurde er zum abgeklärten Doktor honoris causa des Wiener, des österreichischen Kabaretts. Als sein Doppelconférence-Partner fungierten der Erzkomödiant Ernst Waldbrunn, der blendend zu ihm passte und den Dummen mimte, und der unvergessliche Maxi Böhm. Es waren Sternstunden kabarettistischer Unterhaltung.

In den letzten fünfzehn Jahren seines Lebens arbeitete Karl Farkas für Rundfunk und Fernsehen. Der Mann mit der signifikanten Nase wurde zu einer der populärsten Persönlichkeiten Österreichs. Im „Simpl" stand er weiterhin Abend für Abend auf der Bühne und versäumte selbst als schwer kranker, vom Tod gezeichneter Mann keine Vorstellung.

Der große Kabarettist schied am 16. Mai 1971 aus dem Leben.

HELMUT QUALTINGER

Er war ein Multitalent, ein vielschichtiges, chamäleonhaftes Original, ein melancholischer Grantler und grantiger Melancholiker, ein
genialer Komiker und Kabarettist, ein großartiger Menschenimitator, ein zeitkritischer Schriftsteller, ein Telefonscherze treibender Witzbold, ein Bürgerschreck, ein polternder Moralist. Er war alles das neben-
und hintereinander in verschiedenen Situationen und zu verschiedenen
Zeiten, aber er war auch – und das wissen die wenigsten – ein scheuer, sensibler, verletzbarer Mensch, der keiner Fliege etwas zuleide tun konnte.
Und privat, so seine zweite Frau Vera Borek, sei er ein furchtbar geselliger Mensch gewesen.

Qualtinger kämpfte in den verschiedensten Rollen mit offenem Visier gegen Dummheit, Ignoranz und Indolenz, Korruption, kleinbürgerliche Engstirnigkeit, Feigheit, Bequemlichkeit und Intoleranz. Er hielt, ein moderner Sokrates, seinen Landsleuten unverdrossen, unablässig und kompromisslos den Spiegel vor das Gesicht.

Helmut Qualtinger, am 8. September 1928 als Sohn eines Mittelschulprofessors geboren („Ich bin Chemiker, mein Sohn ist Komiker"), war schon als Kind kein „Waserl". Die Opposition gegen alles, was nach Autorität roch, gehörte zu seiner charakterlichen Grundeinstellung. Daher lehnte sich der zarte, blonde Helmut zunächst einmal gegen den autoritären Vater, dann gegen die Schule und schließlich sogar gegen sein Hitlerjungen-Dasein auf. Das hätte schlimm ausgehen können, wie später viele seiner Späße, die oft weit über einen Spaß hinausgingen.

Der junge Qualtinger überstand den Zweiten Weltkrieg seelisch unbeschädigt und betätigte sich im Nachkriegs-Wien auf vielerlei Weise. So rannte der Siebzehnjährige mit einer roten Armschleife herum, auf der mit einem gelben Faden in russischer Sprache das Wort „Theater-Kommissar" eingestickt war, und gab vor, vom kommunistischen Vizebürgermeister Karl Steinhardt ermächtigt worden zu sein, ein links gerichtetes Theater zu gründen, was den kommunistischen Parteiapparat in Aufregung versetzte. Er statierte an der Staatsoper, arbeitete als Verlagslektor und Übersetzer und belebte als Schleichhändler das Wirtschaftsleben.

Ende 1946 schloss sich der Theaternarr einer Studentenbühne, dem „Studio der Hochschulen", an und verdiente sich in Kabarettprogrammen und in Stücken von Horváth, Sternheim und Shakespeare seine ersten Sporen als Schauspieler. Eine Tätigkeit als Kulturkritiker bei der von der französischen Besatzungsmacht herausgegebenen Zeitung *Welt am Abend* endete für den stets zu (üblen) Scherzen aufgelegten Witzbold mit seinem unwiderruflichen Hinausschmiss.

Für seine Karriere wesentlich bedeutsamer wurde Qualtingers Bekanntschaft mit dem Altmeister des Wiener Kabaretts, Carl Merz. Merz sah sich zwar gezwungen, den ungestümen, wild extemporierenden Exzentriker zunächst einmal aus seinem Kabarett hinauszuwerfen, aber er nahm ihn wieder auf. Seit damals - so Merz - arbeiteten sie zusammen und wurden zu einem meisterhaften, sich großartig ergänzenden, die Wiener Kabarettszene beherrschenden Autorenteam. Als sich 1950 Michael Kehlmann und Gerd Bronner zu dem Duo gesellten, hatte die Sternstunde des Wiener Kabaretts geschlagen. Dem Quartett Qualtinger-Merz-Kehlmann-Bronner glückte 1951 mit einer in die damalige Zeit transponierten

Neufassung von Schnitzlers *Reigen* im Konzerthauskeller ein überwältigender Publikumserfolg. Das schöpferische Team beschloss daraufhin, weiter zusammenzuarbeiten. und hob im Herbst 1952 im Theater in der Liliengasse die Kabarett-Revue „Brettl vor'm Kopf" aus der Taufe. Die Revue fand beim Publikum riesigen Zuspruch und wurde auch von den maßgeblichen Kritikern begeistert akklamiert.

Der mimosenhafte Grobian und radikale Querdenker Helmut Qualtinger, der sich blitzschnell in die verschiedensten Charaktere verwandeln konnte, war von allem Anfang an der geistsprühende, füllige Mittelpunkt der Gruppe. Dem Vielseitigen, der alles kritisierte, was ihm in die Quere und ins Visier kam – Zustände, Befindlichkeiten, Auswüchse, Ämter und Personen –, blieb sogar noch Zeit für die Liebe.

1952 heiratete Qualtinger die Journalistin Leomare J. Seidler. Nach sechsjährigem Beisammensein wurde dem Paar ein Sohn geboren, der auf den Namen Christian Heimito getauft wurde. Heimito deshalb, weil kein Geringerer als der Schriftsteller Heimito von Doderer (*Die Strudlhofstiege*, *Die Dämonen*, *Die Wasserfälle von Slunj* usw.) als Taufpate fungierte. Der Filius ist Grafiker und betätigt sich auch als Texter und Musiker.

Das nächste Kabarettprogramm hieß nach einer wöchentlich im *Kurier* erscheinenden Kolumne „Blattl vor'm Mund". Zu den Highlights dieses und des nächsten Programms „Spiegel vor'm G'sicht" zählen die zum Großteil von Gerhard Bronner getexteten und komponierten, von Qualtinger unverwechselbar interpretierten Musiknummern „Der Halbwüchsige", „Der g'schupfte Ferdl" und „Der Papa wird's schon richten", die längst zu Klassikern geworden sind.

Qualtinger, Merz und Bronner kreierten den „Travnicek", die Figur des bornierten, präpotenten Kleinbürgers und Besserwissers, der über alles und jedes nörgelt und mit sprichwörtlicher Ahnungslosigkeit Missstände des öffentlichen Lebens aufzeigt.

1959 übersiedelte das erfolgreiche Kabarett-Team in das „Neue Theater am Kärntnertor" in der Walfischgasse, wo es nun ein eigenes Haus und ein größeres „Dachl über'm Kopf" hatte. 1961 beendete Qualtinger mit dem „Hackl im Kreuz" seine Karriere als Kabarettist. „Man muss den Leuten des Hackl ins Kreuz hauen, damit sie aufwachen", sagte er einmal. Er tat es auch. Es war seine Kabarettphilosophie. Aber die Leute schmerzte das Hackl im Kreuz nicht allzu sehr. Also gab er auf.

Dann aber gelang es ihm in gemeinsamer Arbeit mit Carl Merz doch noch, die Alpenrepublik aus ihrem großkoalitionären Vergangenheitsverdrängungsschlaf zu reißen. Der „Herr Karl", ein literarischer Geniestreich sondergleichen, traf die Österreicher mitten ins Herz. Der „Herr Karl" ist ein käufliches, rückgrat- und charakterloses, spießbürgerlich-boshaftes Subjekt, ein raunzender, brutaler Mitläufer, der sich mit biedermännischem Charme und kriecherischer Subalternität durch die Wechselfälle der österreichischen Zeitgeschichte geschwindelt hat.

Als der „Herr Karl" am 15. November 1961, elf Tage vor der Premiere im Wiener Konzerthaustheater, seine TV-Uraufführung erlebte, brach ein Sturm der Entrüstung los. Die Telefone liefen heiß, die Zeitungsredaktionen wurden mit empörten Leserbriefen überschwemmt, die beiden Autoren erhielten Morddrohungen, von öffentlichen Stellen hagelte es Proteste, im Parlament gab es eine dringliche Anfrage zum Thema. Mit einem Wort: In der kleinbürgerlichen Alpenrepublik war die Hölle los. „Man hatte einem bestimmten Typus auf die Zehen steigen wollen", meinte der Kritiker Hans Weigel, „und die ganze Nation schrie auf."

Der Aufschrei der österreichischen Seele konnte dem Siegeszug des „Herrn Karl" überhaupt nichts anhaben. Die Aufführungen in Wien waren monatelang ausverkauft, die Theaterkritik jubelte. Der Publikumserfolg in Wien setzte sich in den Bundesländern und im deutschsprachigen Raum fort.

Der „Herr Karl" war Helmut Qualtingers größter Triumph. Aber der Riesenerfolg hatte auch seine Schattenseiten. Qualtinger wurde mit der Rolle identifiziert. Aber er war nicht und er wollte nicht nur der „Herr Karl" sein. Er spielte, vielseitig und vielschichtig wie er war, zahlreiche andere Rollen. Große und kleine, auf dem Theater, im Film und im Fernsehen. Sein darstellerischer Radius reichte von Raimund und Nestroy über Anzengruber und Wedekind bis Schiller und Goethe. In unvergesslicher Erinnerung sind auch seine Lesungen aus Karl Kraus' *Die letzten Tage der Menschheit* und aus Hitlers *Mein Kampf*.

Der „Menschenimitator" Helmut Qualtinger war ein Schauspieler von ungeheurer Wandlungsfähigkeit. Er hatte viele Gesichter, er verfügte über ein gewaltiges, breites Stimmregister, über eine fein nuancierte Gestik. Im Leben eher scheu, war er als Schauspieler prall und deftig, eine „dynamische Kugel", wie seine Kollegin Louise Martini feststellte.

Seine Sprachbeherrschung, seine intime Textkenntnis und ingeniöse Einfühlungsgabe demonstrierte Helmut Qualtinger bei seinen Rezitationsabenden mit eigenen (u. a. „Das letzte Lokal", „Dreiviertel ohne Takt") und fremden Texten. Er war ein Wortmagier, der sein Publikum mit sparsamsten Mitteln in seinen Bann zog. Mit einer Handbewegung, einem Blick, mit leiser, mokanter Stimme, die sich im Nu zum Furioso steigern konnte, vermittelte er eine Haltung, charakterisierte und demaskierte er eine Persönlichkeit. Qualtingers Einmann-Theater war von aufregender Eindringlichkeit und einmaliger Unwiederholbarkeit.

Der Autor Helmut Qualtinger hat nicht nur den „Herrn Karl" geschrieben und einprägsame Kabarettprogramme, er verfasste auch Theaterstücke. Sein erstes, *Jugend vor den Schranken,* wurde 1949 in Graz uraufgeführt. Mit Carl Merz schrieb er *Alles gerettet, Die Hinrichtung* und *An der lauen Donau.* Er verfasste aber auch Kurzprosa, satirische und zeitkritische Texte.

Zu seiner Heimatstadt Wien hatte der vielseitige, notorische Raunzer ein gespaltenes Verhältnis. 1970 „flüchtete" er nach Deutschland, wurde Mitglied des Hamburger Thalia-Theaters und heiratete nach der Scheidung von Leomare die Schauspielerin Vera Borek. Nach Wien zurückgekehrt setzte Qualtinger seinen seit eh und je kräfteverzehrenden, selbstzerstörerischen Lebensstil fort. Er unternahm Lesetourneen, spielte Theater, drehte Filme und griff immer häufiger zu einem Glas Alkohol. Sein Körper war diesen Anforderungen auf die Dauer nicht gewachsen. Am 29. September 1986 löschte „die Kerze aus, die an beiden Seiten gebrannt und immer sehr viel Licht gegeben hatte" (Gerhard Bronner).

NAMENVERZEICHNIS

WEISSENSTEINERs ERFOLGSBÜCHER

Weissensteiners Werk: „Insgesamt ein informativer, außerordentlich gut lesbarer und verdienstvoller Beitrag zur Erhellung einer symptomatischen Episode der österreichischen Geschichte, der Neues in anregender und fesselnder Form bietet." *(Die Presse)*

„In seinen Lebensbildern ist Friedrich Weissensteiner einmal mehr ein eindrucksvoller literarischer Bogen gelungen." *(Ö1/ Wissen aktuell)*

„Erzähltalent, Faktentreue und kluge Interpretation kennzeichnen alle Bücher des ehemaligen Gymnasialdirektors Friedrich Weissensteiner." *(Wiener Zeitung)*

BIOGRAFIE

PORTRÄT EINER FACETTENREICHEN PERSÖNLICHKEIT

Hanne Egghardt

Prinz Eugen

Der Philosoph in
Kriegsrüstung

192 Seiten
Format 13,5 x 21 cm
Französische Broschur
ISBN 978-3-218-00770-2
Kremayr & Scheriau, 2007

Facetten einer außergewöhnlichen Persönlichkeit: Türken-bezwinger, Diplomat, Botaniker, Bauherr, Philosoph und Mäzen – Prinz Eugen war ein außerordentlich vielseitiger Mensch. Die reich illustrierte Biografie von Hanne Egghardt erzählt lebendig und einfühlsam, wie aus dem jungen, unscheinbaren Mann der berühmte österreichische Kriegsherr und Staatsmann wurde.

„Hervorragend in Wort und Bild." *(Wiener Zeitung)*